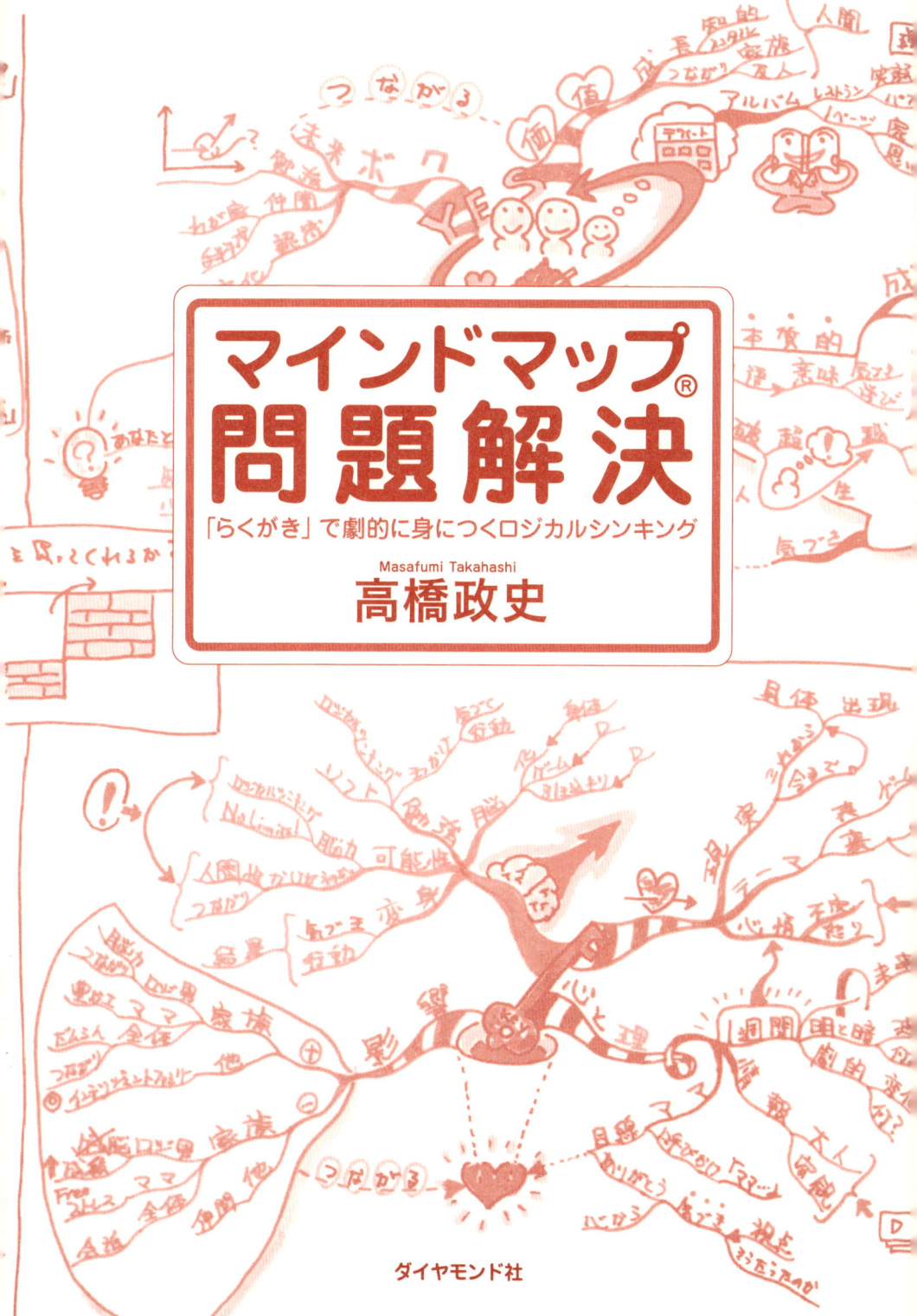

マインドマップ®および Mind Map®は英国 Buzan Organisation Ltd. の登録商標です。日本国内では、ブザン・ワールドワイド・ジャパン株式会社がマインドマップの商標権を含む知的財産権の利用を正式に許可された唯一の団体です。

Mind Map®is a registerd trademark of the Buzan Organisation.

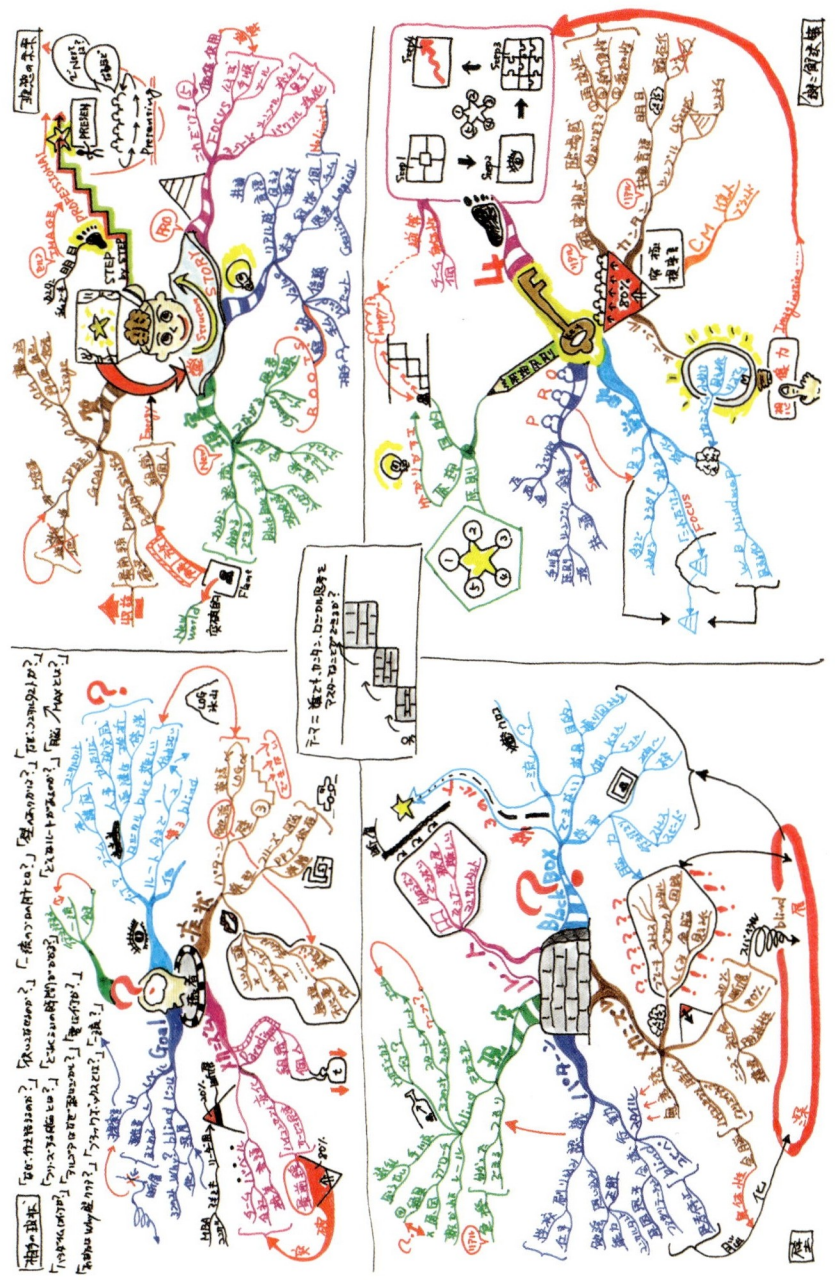

本書の企画にあたって描いた「ソリューション・ボックス」

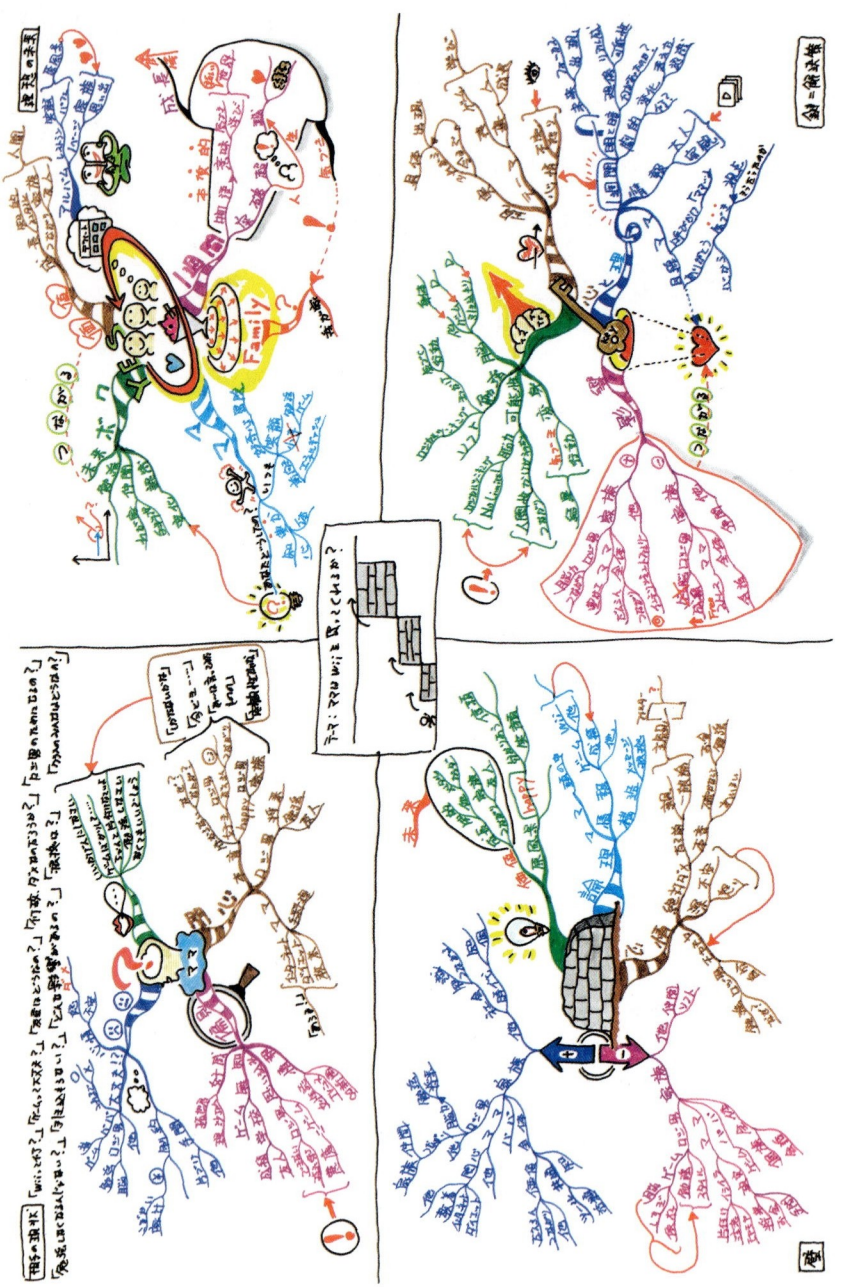

ロジ男の「ソリューション・ボックス」(206ページ参照)

まえがき

ロジカルシンキングは、
勉強するほど、
難しくなる。

私はこのパターンに、はまってしまった。
　私はロジカルシンキングを一生懸命勉強していた。しかし、挫折を経験する。そして、ある日、勉強をやめた。これが幸いした。その10年後の今、私は本を書き、ロジカルシンキングの講義をしている。

　ロジカルシンキングの講義の中で、こんな質問を受ける。
　「マインドマップと、ロジカルシンキングは、どう使い分けたらいいのですか？」
　マインドマップとは、"思考を地図化"する思考法である。
　私はこの思考法のインストラクターもしている。そのため、このような質問を受ける。
　また、私はマインドマップの講義の中でも、次のような質問をよく受ける。
　「ロジカルシンキングと、どう使い分けたらいいのですか？」

　私はいつもこう答える。
　「いっしょに使う」。

　マインドマップとロジカルシンキングは、「いっしょに使う」。
　その理由は、「いっしょに使う」と相乗効果があるからだ。
　事実、この２つの思考法を、いっしょに使っている人はたくさんいる。一流のコンサルタント、著名な経営者、そして成功した起業家などさまざまだ。

　「いっしょに使う」とどんなことが起こるのか。

- 初心者でも、最短最速でロジカルシンキングをマスターできる。
- ロジカルシンキングで行き詰まっていた人が、行き詰まりから解消される。
- あなたの提案書が、相手を「なるほど！」と納得させるロジカルな提案書に生まれ変わる。

「いっしょに使う」ことで、あなたは最短最速で問題解決のプロになれる。

「本当なのか？」
この疑問に答えて実施したのが、本書のベースとなっている講義だ。
「マインドマップなら、ロジカルシンキングが2日間で身につく」というタイトルの講義だ。
結果はどうだったのか。

論より証拠。受講生のコメントを紹介しよう。

> 我流で学んだロジカルシンキングは、個別の知識にすぎず、ビジネススキルとしてはちっとも身についていなかったことを思い知らされました。また、ロジカルシンキングというものは、とてもレベルの高い思考法だと勝手に思い込んでいました。講座のなかでしばしば登場する「拡散」と「収束」の連続が、階段を上るステップとして構築されているところが、とても実践的でありがたいです（教材販売会社管理職）。
>
> 「原理原則」、思考プロセスの「4つのステップ」、「3つの思考ツール」という、非常に整理された思考法が用意されているおかげで、問題解決へ向けた道筋をシンプルにとらえることができました。まったくの初心者として参加したため、自分のものにするにはもう少し時間がかかりそうですが、軸となる考え方と思考ツールはこの2日間で十分に身につけ

> ることができました (出版編集者)。
>
> 　思考力を働かせるには、構造にとらわれず思いつくままどんどん書いていく「らくがき」が大切。ロジックツリーやMECEであることに目が奪われがちになるが、問題解決には相手があり、目的があることを忘れてはいけない。メッセージを伝えるときは、共感から入り、相手が行動できるようなイメージしやすい物語にして伝えること。といった気づきを得ました (通販会社取締役)。

　私はこのコメントを読んで、「そうか！」と気づいた。
　多くの人は、「ロジカルシンキングは難しい」、「勉強しなければマスターできない」と信じている。
　だから、膨大な時間とエネルギーをかけて勉強する。しかし、なかなかマスターできない。ロジカルに考えようとすると、思考が固まる。ロジカルシンキングの技術が使いこなせない。ロジカルに考えようとすると、かえって時間がかかる。そして、ロジカルシンキングの勉強をやめる。
　また、はじめから「ロジカルシンキングは難しい」、「私には無理」と思い込み、ロジカルシンキングの勉強を躊躇してしまう人もいる。

　そして、**多くの人が、ロジカルシンキングを「あきらめる」**。
　多くの人が、「ロジカルシンキングができない」まま、長い年月を過ごす。
　ロジカルシンキングに対する苦手意識が抜けない。ロジカルな文章を書こうとすると固まってしまう。報告書ひとつロジカルに書けない。上司やクライアントから評価されるような提案書が書けない。文章でもって、人を動かすことができない。そして、ロジカルシンキングが使いこなせないパターンから抜け出せない。

「ロジカルシンキングが使いこなせない」パターンには３つある。

パターン１：ロジカルシンキングを勉強したけど、「挫折」するパターン。
パターン２：ロジカルシンキングを勉強することを「躊躇」してきたパターン。
パターン３：ロジカルシンキングを勉強してきたけど、「結果」につながらないパターン。

■**パターン１：ロジカルシンキングを勉強したけど「挫折」するパターン**
　ロジカルシンキングの本には、「能力には差はない。誰でも身につけられる」とある。
　これって本当だろうか？
　確かに人間の潜在的な能力には差はない。しかし、**顕在化された能力には歴然とした差がある。**
　たとえば、文章をひとつとっても、小学校の作文以来、ずっと文章に慣れ親しんできた人と、作文が苦手で文章を書くことを避けてきた人とでは、書く文章には歴然とした差がある。
　ロジカルシンキングの場合、長年、論理的な思考能力を磨いてきた人とそうでない人では「スタート地点」がちがう。
　いわゆるMBA（経営大学院）など、論理的な思考能力を使わざるを得ない環境で過ごしてきた人とそうでない人では、脳に刻まれた思考回路の歴史がちがう。

　ロジカルシンキングの「スタート地点」には、ちがいがある。
　この事実を認識しておく必要がある。

じつは、この顕在化された能力の差が、私たちがロジカルシンキングを勉強するとき、**巨大な壁**となって横たわっていた。そして、この巨大な壁が障害となり、ロジカルシンキングを身につける前に「挫折」するパターンが繰り返される。

■パターン2：ロジカルシンキングを勉強することを「躊躇」してきたパターン
　「私には難しそう……」ということで、ロジカルシンキングを躊躇してきた人は、じつに多い。
　仕事では、報告書を書いたり、提案書をつくったり、会議で発表したり、メール一本にしても、文章で結果を出すことが求められる。ロジカルな文章を書けるかどうかが、仕事の出来を左右する。ロジカルシンキングをマスターすれば、仕事のスピードと質が変わることは分かっている。しかし、ロジカルシンキングを勉強することを躊躇してしまう。

　そして、文章の書き方や提案書のつくり方など、ノウハウ本を買い求める。あるいは、思考法の本を読んだりセミナーに参加する。しかし、提案書は、パワーポイントを立ち上げ、テンプレートに文字を打ち込むだけ。最終的なアウトプットがロジカルでないため、「結果」につながらない。いつまでたってもロジカルに考えるスキルが上達しないパターンが繰り返される。

■パターン3：ロジカルシンキングを勉強してきたけど、「結果」につながらないパターン
　書店に行けば、ロジカルシンキングや思考法の本が山積みだ。勉強家の人は、こうした本をよく読んでいる。しかし、「結果」が出せない。報告書やメールでロジカルシンキングを使うことはできても、相手を「なるほど！」と納得させる提案書が書けない。**ロジカルだけど、「結果」に**

つながらない。ロジカルシンキングの勉強が、自分の仕事の評価に直結しない。ロジカルシンキングの本を買い込んで、あれもこれも知識や技術を覚える。ケーススタディを勉強する。それが結果につながらない。

そして、勉強すればするほど、ロジカルシンキングの目的やポイントがどんどんボヤけていく。「ロジカルシンキング・マニアですか？」と言いたくなるほど、知識や技術をたくさん知っている。ところが、「結果」が出せない。いつまでたっても勉強に費やした膨大な時間やエネルギーが、「結果」という果実に結びつかない。

この３つのパターンに共通するもの、それは、**ロジカルシンキングを「使いこなせない」まま長い年月を過ごす**ということだ。

その一方で、仕事ではロジカルな思考力が求められる。その機会は増えることはあっても減ることはない。しかし、考えをまとめるのに時間がかかる。残業の毎日。アウトプットがロジカルでない。そして、思うような「結果」が出ない。このパターンが繰り返される。

このパターンから抜け出す方法はあるのか？

方法はある。パターンを解消するためには、パターンを知ればいい。パターンに翻弄されなくなり、パターンから抜け出せる。**「勉強しても、使えない」パターンを知り、パターンから抜け出し、ロジカルシンキングをマスターする。それが本書の目的**だ。

この本は、ズバリ、**ロジカルシンキングが苦手な人が、問題解決のプロになるための実用書**だ。

本書は、ロジカルシンキングを勉強するための本ではない。ロジカルシンキングを使いこなすための本だ。明日から問題解決で使う本だ。

・プレゼン下手が、上司やクライアントから評価されるロジカルな「提案書」ができるようになるまでの、最短距離である。
・クライアントから、「〇〇さんにお任せしたい」と名指しで指名されるようになるための、最も有効な方法である。
・仮説出しに苦しむコンサルタントが、連夜の残業から解放されるための、カンタンなやり方である。
・ベンチャーキャピタルや投資家から出資金を引き出すための、最速の思考法である。
・ヘッドハンティング会社から電話がかかってくるための、最強な地頭力になれる。

　つまり、**あなたが仕事のステージを変えるための本**だ。周りから、「仕事ができる」と評価され、次々と活躍のステージを変えていくための本である。
　ロジカルシンキングを使いこなせるようになるために、長い時間をかけてロジカルシンキングを勉強する必要はない。
　ロジカルシンキングは、勉強するほど、難しくなる。
　ロジカルシンキングで結果を出すためには、学ぶことは必要最小限にして、あとは実践するだけだ。
　そのために必要なことはこの本の中にすべてある。
　この本の中に何があるのか。
　それは「らくがき」をしながら、誰もが、カンタンに、ロジカルに問題解決できる思考「システム」である。

　誰もが、カンタンに、ロジカルに問題解決ができる思考「システム」とは？

まえがき

　私がこれから話そうとすることは、次の3つのことがベースとなっている。

① 「挫折」を乗り越え「結果」を手に入れた、私の実体験
② 突破的な「結果」が出る、一流のプロの思考プロセス
③ 潜在能力を顕在化させてくれる、頭の良くなる「らくがき」、マインドマップ

①は、私の実体験だ。
　私はかつてロジカルシンキングを一生懸命勉強していた。本を何冊も買い込み、ロジカルシンキングの講座にも足を運んだ。挫折も経験した。勉強しては、挫折をする。この繰り返しだった。
　しかし、ある日、勉強をやめた。そして、10年後の今、ロジカルシンキングを人に教えている。この間、10年。いったい何が起きたのか。
　その実体験をお話ししよう。

②本書の思考システムは、一流のプロが無意識でやっている独自の思考プロセスを結晶化したものだ。
　私は10年間、3つのタイプの一流のプロに師事してきた。
　外資系コンサルティング会社の元パートナー、クリエイティブディレクター、カリスママーケッターだ。
　一流のプロの思考プロセスはいたってシンプル。しかし、突破的な結果が出る。**一流のプロが無意識に行っていた思考プロセスを観察し、分析し、誰もが使える道具と手順に結晶化した。**
　そのすべてを、お見せしよう。

③は私がインストラクターをしている「マインドマップ（＝脳の地図化）」

という脳の潜在能力を引き出す思考ツールだ。

「思考のOS」にたとえられ、脳へのインプット、脳からのアウトプットを非常に効率的に高めてくれる。誰もが、短期間に、脳のパフォーマンスを高めることができる。

私はこの技術を知ることで、思考のスピードとキレを加速させた。**ロジカルシンキングの行き詰まりをスッキリ解消し、脳本来のパフォーマンスをどうやったら引き出せるのかが分かった。**ロジカルシンキングとマインドマップをいっしょに使うことの相乗効果を説明できるようになった。

問題解決で「結果」を出すためには、本書をすべて読まなくても大丈夫。

たとえば、本書の中に登場する4つの思考ステップ。ステップ1と2を実践するだけでも面白いように結果が出る。しかも、明日から使いこなせる。**今日読んで、「明日」には結果が出る。**明日から、あなたの問題解決のスピードと切れが変わるはずだ。

ページを読み進めるごとに、あなたのロジカルシンキングに対するこれまでの認識が変わっていくことに気づくだろう。

商品やサービスのアイデア、事業アイデアが優れていても、ロジカルに伝わらなければ、「結果」につながらない。いくら行動力があっても、その裏付けとなるロジック（論理）が間違っていたら「結果」は生まれない。感情だけでは人は動かない。感情は、強力なロジック（論理）の裏付けのもとで、人や組織を動かす。

「結果」につながる筋道をつくるロジカルシンキング。ビジネスシーンで、あなたが活躍する上で最強の武器になる。あなたの次のステージを切り拓く最強の武器、ロジカルシンキングを手に入れてほしい。

まえがき ……………………………………………………………… 1

序章 ロジカルシンキングは、「これだけ！」で大丈夫　19
誰でも、カンタンに、最短最速で、ロジカルシンキングが身につく！

第1節　なぜ、今ロジカルシンキングなのか？ ……………… 21
1. 頭で儲ける時代の「知の錬金術」、それがロジカルシンキング！

第2節　「第2ルート」
そこにある現実とは？ ……………………………………… 24
1. 抜け出せない3つのパターン「躊躇」「挫折」「停滞」

第3節　「第2ルート」
なぜ、ロジカルシンキングで行き詰まるのか？ ……… 27
1. なぜ、ロジカルシンキングで行き詰まるのか？
2. なぜ、「勉強しなければ、使いこなせない」という思い込みがネックとなるのか？
3. なぜ、「勉強しても、使えない」パターンが繰り返されるのか？

第4節　「第3のルート」
誰でも、最短最速で、ロジカルになれる！ …………… 33
1. 勉強をやめ、一流のプロのやり方で、明日から実践する
2. 「第3のルート」とは、どのようなものなのか？
3. 「必要最小限」「一流のプロ」「らくがき」が3つの鍵だ

第5節　ロジカルな「らくがき」
キーワードは、「削る」「足す」「強化する」 …………… 37

第6節　本書の全体像
ズバリ、「これだけ！」で問題解決のプロになれる …… 41

[Column]　毎日が「究極の提案書」………………………………… 44

基礎編 第1章　ピラミッド1 「削る」　45
ロジカルシンキングを知る

第1節　「あれも、これも」詰め込まない
削り取って「これだけ！」にする ……………………… 46

1. ロジカルシンキングでは、「あれも、これも」覚えなくてはいけないのか

第2節　Key Word ❶「メッセージ」
ロジカルシンキングの「たったひとつ」の原則 ………… 50
1. ロジカルシンキングの定義とは？
2. 何を押さえればロジカルシンキングになるのか？
「たったひとつ」の原則（ルール）とは？

第3節　Key Word ❷「問題解決」
ロジカルシンキングの目的 ……………………………… 56
1. そもそもロジカルシンキングの目的とは何か？
2. 問題解決の「5つの要素」とは？
3. 問題解決に必要なことは「映画」に学んだ

第4節　Key Word ❸「分かりやすさ」
ロジカルシンキングの原理 ……………………………… 65
1. 映画の予告編の「分かりやすさ」とは？
2.「分かりやすさ」をチェックする「3つの質問」とは？

まとめ　ロジカルシンキングから削り出されたエッセンスは、「これだけ！」……… 72
[Column]　「言葉」が世界を創る。 ……………………………………… 74

基礎編 第2章　ピラミッド2
「足す」
一流のプロの思考を借りる
75

第1節　ロジカルシンキングの「3つの壁」とは？ ………………… 76
1. ロジカルシンキングの「3つの壁」
2. 理想の未来（＝一流のプロ）と比較すると見えてきた
ロジカルシンキングの壁
3. なぜ、壁の存在はこれまで語られることがなかったのか？
4. 壁をクリアする鍵は、一流のプロの思考にあった

第2節　突破的な結果を生む
「3つのタイプ」の一流のプロとは？ ……………………… 82
1. 私が出会った「3つのタイプ」の一流

第3節　一流のプロから借りる「3つの鍵」とは？ ………………… 89
1. 一流のプロの思考が詰まった「50冊のノート」
2. 一流のプロの思考から借りる「3つの鍵」とは？

第4節　一流のプロから借りる鍵 ❶「手順」
　　　　一流のプロの思考プロセス「4ステップ」………… 92

第5節　一流のプロから借りる鍵 ❷「原則」
　　　　一流のプロが押さえる思考のツボ「プロ思考5原則」…… 95
　　　　1. 一流のプロの思考の核、それは「想像力!」
　　　　2.「プロ思考5原則」とは?

第6節　一流のプロから借りる鍵 ❸「技」
　　　　一流のプロの思考は「手」にあらわれる ………… 102

まとめ　一流のプロの思考を借りると、ピラミッドはこうなる! ……… 104
[Column]　未来が描かれた「紙ナプキン」………………… 106

基礎編 第3章　ピラミッド3「強化する」　107
頭が良くなる「らくがき」、マインドマップを知る

第1節　何を「強化する」のか?
　　　　ワープするために欠かせない「道具」とは? ………… 108
　　　　1. 一流のプロの技を「道具」でカバーする
　　　　2. この「らくがき」には、あなたの一生を変えるほどのインパクトがある

第2節　マインドマップ（=脳の地図化）って何? ………… 114
　　　　1. 脳の中を地図化するとは?
　　　　2. 脳（内スクリーン）を地図化できると、どんな効果が得られるのか?

第3節　なぜ、この「らくがき」なのか? ………………… 120
　　　　1. 全脳思考とは?
　　　　2. シナジェティックな「らくがき」の秘密とは?

第4節　右脳への質問のチカラを体感する
　　　　手元でマインドマップが描けるとなにが起こるのか? ……… 125
　　　　1. 右脳への質問（その1）……「ゲシュタルト」のチカラ
　　　　2. 右脳への質問（その2）……「カタチ」のチカラ
　　　　3. 右脳への質問（その3）……「地図化」のチカラ

まとめ　マインドマップで強化したら、ピラミッドは完成だ! ……… 130
[Column]　イメージする脳 ……………………………… 133

| 基礎編 第4章 | ピラミッド4 ロジカルな「らくがき」 　　　　　　　　　　　　　　　　135
4Stepsの概説─ピラミッドの全体像（システム）を確認する |

第1節　「目的」と「原理」…………………………………… 137
　　　1. ロジカルシンキングの「目的」
　　　2. ロジカルシンキングの「原理」

第2節　「プロ思考5原則」………………………………… 140
　　　原則1.──「結果思考」の原則
　　　原則2.──「イメージ」の原則
　　　原則3.──「質問」の原則
　　　原則4.──「拡散と収束」の原則
　　　原則5.──「メッセージ」の原則

第3節　ロジカルな「らくがき」 4Steps ……………… 145
　　　1. ロジカルシンキングとは、ジグソーパズルだ!
　　　2. なぜ、第2ルートでの思考パズルでは、脳がフリーズするのか?
　　　3. これが、4Stepsの「ジグソーパズル」だ!

第4節　ロジカルな「らくがき」
　　　3つの思考ツール ……………………………… 152
　　　Step1：「見わたす」……　思考ツール①「ソリューション・ボックス」
　　　Step2：「見える化」……　思考ツール①「ソリューション・ボックス」
　　　Step3：「構造化」………　思考ツール②「ソリューション・ツリー」
　　　Step4：「物語」…………　思考ツール③「ストーリー・ピラミッド」

第5節　各ステップのすすめ方 …………………………… 163
　　　1. すべてのステップが5つの節で構成されている
　　　2. キー・ストーリー：ロジ男の「らくがき」の概説

[Column]　魔法の数字「3」……………………………… 161

| 実践編 第5章 | Step1 「見わたす」　　　　　　　　　　　　　　163
「ソリューション・ボックス」を準備する |

第1節　本ステップの目的を明確にする ………………… 166
　　　1. 何の「準備」をしているのか?

　　　　2. 何のために「準備」するのか？
第2節　「ソリューション・ボックス」のインストール ……… 171
第3節　サブステップ ……………………………………………… 172
　　　　手順1. 思考の断片を入れる箱を用意する
　　　　手順2. 箱のまん中にイラストを描く
　　　　手順3. 提案書のテーマを設定する
第4節　ロジ男の「らくがき」……………………………………… 176
第5節　ポイント解説 ……………………………………………… 179
　　　　ポイント1.「考えること」を考える
　　　　ポイント2. 想像力豊かに問題解決の全体像をイメージする
　　　　ポイント3. ショートカットや、機械的な作業にしない
[Column]　まず、はじめにビジョンありき! ……………………… 184

実践編
第6章

Step2
「見える化」　　　　　　　　　　　　　　185
「ソリューション・ボックス」に思考の断片を洗い出す

第1節　本ステップの目的を明確にする ………………………… 188
　　　　1. 短時間で質の高い思考を大量に手に入れる
　　　　2. Step3、Step4の作業効率をアップする「下ごしらえ」
第2節　マインドマップのプチインストール …………………… 191
第3節　サブステップ ……………………………………………… 193
　　　　手順1. 左上:「相手」に関する思考の断片(ピース)を洗い出す
　　　　手順2. 右上:「理想の未来」に関する思考の断片(ピース)を洗い出す
　　　　手順3. 左下:「壁」に関する思考の断片(ピース)を洗い出す
　　　　手順4. 右下:「鍵」に関する思考の断片(ピース)を洗い出す
　　　　手順5. U字で各スペース(箱)を見渡しながら、追記していく
第4節　ロジ男の「らくがき」……………………………………… 202
第5節　ポイント解説 ……………………………………………… 207
　　　　ポイント1.「相手の視点」で考え、イメージする
　　　　ポイント2. 判断という「ろ過器」を通さない
　　　　ポイント3.「質問」を「引き金(トリガー)」にする
　　　　ポイント4. 箱単位で、「小分け」して考える
[Column]　その「視点」に世界が嫉妬する! ……………………… 211

実践編 第7章 Step3 「構造化」 213
「ソリューション・ツリー」で思考のパズルを完成させる

第1節 本ステップの目的を明確にする …………………… 216

第2節 「ソリューション・ツリー」のインストール ………… 218
 1. ソリューション・ツリーの「3つのルール」とは?
 2. タテ方向に分解する法則（ルール）―MECE
 3. テーマの「切り口」の法則（ルール）―フレームワーク
 4. ヨコ方向に分解する法則（ルール）―So How?

第3節 サブステップ ………………………………………… 243
 手順1. 相手の「問い」を分類する
 手順2. 軸となるフレームワークを見つける
 手順3.「MECE」と「So How?」で全体を部分に分解する
 手順4. 解決策を対応させる
 手順5. 解決策の検証をする

第4節 ロジ男の「らくがき」 ……………………………… 246

第5節 ポイント解説 ………………………………………… 253
 ポイント1.「見ながら」組み立てる
 ポイント2. 迷ったら「戻る」
 ポイント3.「書き直す」ことをためらわない
 ポイント4.「フレームワーク」をあてはめる
 ポイント5.「想像力」のスイッチはONのままにしておく

[Column] 肝心なのは、「MECE感」! ………………………… 258

実践編 第8章 Step4 「物語」 259
「ストーリー・ピラミッド」で「ひとつの物語」に結晶化する

第1節 本ステップの目的を明確にする …………………… 263
 1.「伝わる」物語に結晶化する
 2.「ストーリー・ピラミッド」を使いこなせるようになる
 3. 物語で「結果」につながる

第2節　「ストーリー・ピラミッド」のインストール……………266
　　　　1. 物語って何？
　　　　2. すぐれた物語には「3つの要素」がある
　　　　3. カンタン、確実に、伝わる物語がつくれる！──「ストーリー・ピラミッド」
　　　　4. 構成を組み立てる道具──「3幕構成」
　　　　4. 思考をメッセージに結晶化する道具──「So What？／Why So？」
　　　　5. 「ストーリー・ピラミッド」とは？

第3節　サブステップ……………………………………………293
　　　　手順1. 物語の「ラストシーン」を想像する
　　　　手順2. 物語の「フォーカス」を決める
　　　　手順3. 物語の「クライマックス」を決め、物語の「3幕構成」をつくる
　　　　手順4. 物語の中身を肉付けし、「メッセージ」を抽出する
　　　　手順5. 物語全体の構造を整え、「メイン・メッセージ」に結晶化させる
　　　　手順6. 「ストーリー・ピラミッド」を「メディア（提案書）」に展開する

第4節　ロジ男の「らくがき」……………………………………302

第5節　ポイント解説……………………………………………309
　　　　ポイント1. 物語は、「見ながら」つくる
　　　　ポイント2. フォーカス！　フォーカス！　フォーカス！
　　　　ポイント3. 「手」をフル活用する
　　　　ポイント4. 想像力のスイッチをオフにしない
　　　　ポイント5. 「So What？／Why So？」で、物語をチェックする

　　［Column］物語を消費する時代

終章　ラストシーン　316
明日から使う「4Steps」

　　　　1. 「4Steps」を振り返る
　　　　2. 明日から「4Steps」を使うためのヒント
　　　　3. 「明日への旅立ち」

クイックスタディ・ガイド……………………………………328

参考・引用文献…………………………………………………330

謝辞………………………………………………………………332

序章

誰でも、カンタンに、最短最速で、ロジカルシンキングが身につく！

ロジカルシンキングは、「これだけ！」で大丈夫

「なぜ、ロジカルシンキングを学ばないの？」
　私はかつての同僚にこんな質問をしてみた。彼の答えは、
「あのときやっておけばよかった……」
　彼は41歳。コンピュータ会社に勤務する。大学を卒業し、私と同期で、ある会社に入社した。その後、彼も私も転職をする。2人とも結婚をし、家庭をもった。大学、入社、転職、結婚、家庭、同じように見える人生。ただ、ひとつだけ違うところがあった。

　私は、ロジカルシンキングを武器として使いこなしている。しかし、彼は"ロジカルシンキングをマスターしていなかった"。この違いはいったい何を意味するのだろうか？

　あなたは、「ロジカルシンキングをマスターしたい」と思っているかもしれないし、そうでないかもしれない。
　ひとつ質問してもいいだろうか。あなたは、ロジカルシンキングが使いこなせることが可能であると知っているだろうか？

　あなたはこの本を読むことで、「ロジカルシンキングが苦手」という悩みが解消されていくだろう。そして、この本を読み終える頃、**「ロジカルシンキングで新しい現実をつくる」**、その第一歩を踏み出す大きな決断をしているにちがいない。

　第1節に入る前に、想像してみてほしい。
「ロジカルシンキングができる人とは？」と聞かれて、あなたの脳裏にどのような映像が思い浮かぶだろうか？

なぜ、今ロジカルシンキングなのか？

1 頭で儲ける時代の「知の錬金術」、それがロジカルシンキング！

(1) なぜ、外資系コンサルタントは年収2000万円を超えるのか？

外資系コンサルタントは人気の職業だ。外資系の大手コンサルティング会社の場合、平社員でも年収1000万円。さらにコンサルタントと肩書きがつけば年収2000万円、シニアコンサルタントやリーダーと名がつくことで年収3000万円といわれる[※1]。

なぜ、外資系コンサルタントの年収は高いのか。
「提案書」に高い値段がつくからだ。
彼らの数十ページの「提案書」に数百万円、数千万円の価値がつく。

※1『あの人の年収がズバリ！わかる本』KAWADE夢文庫 p27 より

クライアントは、彼らの「提案書」に大金を投じる。紙にインクで模様が印刷されることで、「紙幣（お金）」に変わるように、紙とインクからできた「提案書」が、無限の価値に変わる。

価値はどこで生まれるのか。答えは、**「頭の中」**。コンサルタントの頭の中で生まれる。そこで生まれた思考がお金という価値と交換される。頭の働きが、価値を左右する。では、コンサルタントの頭の働きのちがいを生み出しているのは何か。答えは「ロジカルシンキング」だ。

これはコンサルタントの世界に限ったことではない。**あなたの頭の中で描いたシナリオが、現実をつくり出す。**つまり、1本の提案書が生み出す価値がケタ違いに大きくなってきている。Googleは、物をつくってはいないが、彼らは一人一人が頭の中で描いた思考を、バーチャルの世界で形にしていっている。そのため、Googleでは入社時に全員に課されるスキルとしてロジカルシンキングがある。

新たな知的生産の世界へアクセスした人からこれからの時代のビジネスが切り拓かれていく。**あなたがGoogle世代のビジネス環境で活躍するための「知の錬金術」、それがロジカルシンキングだ。**

ロジカルシンキング。それは、ズバリ、あなたが自由で豊かな人生を手に入れるための武器だ。ロジカルシンキングで、あなたの「仕事」「収入」「自由」が大きく変わる。

(2) ロジカルシンキングにはメリットがこんなにたくさん！

ロジカルシンキングができると、じつに多くのメリットがある。
- プレゼン下手が、上司やクライアントから評価されるロジカルな「提案書」ができるようになるまでの、最短距離である。
- クライアントから、「○○さんにお任せしたい」と名指しで指名されるようになるための、最も有効な方法である。

- ベンチャーキャピタルや投資家から出資金を引き出すための、最速の思考法である。
- ヘッドハンティング会社から電話がかかってくるための、強力な磁力になる。

(3) ロジカルシンキングができないとどうなるのか？

　逆に、ロジカルシンキングできないまま放置しておくと、どんな状況になるのか。提案書のレベルが低い、人を動かす文章が書けない、会議でその場の意見をまとめることができないなど、自らが仕事をリードすることができない。また、仕事の効率が悪い、仕事を安心して任せられないなど、能力評価に直結する。結果、**仕事が選べなくなる**。仕事が選べないどころか、リストラの憂き目にもあう。転職しようにもできない。つまり、自由や豊かさを手にすることができなくなる。

　鉄は熱いうちに打て。
　「あのときやっておけばよかった」と後悔しない。ロジカルシンキングのマスターは早ければ早いほどいい。マスターした瞬間から、仕事が変わる。生涯年収が変わる。そして、自由度が変わる。極端な話、人生が変わる。それくらい、**ロジカルシンキングができるかどうかは、あなたの人生に大きなインパクトがある。**

第2節

「第2ルート」
そこにある現実とは？

1 抜け出せない3つのパターン「躊躇」「挫折」「停滞」

（1）ロジカルシンキングを身につける2つのルートとは？

「ロジカルシンキングが必須なのは分かった。でも、どうやって身につけたらいいのか？」

その疑問に、これから答えていこう。

ロジカルシンキングを身につけるには、2つのルートがある。

● 第1ルートは、MBA、外資系コンサルティング会社コース

ロジカルシンキングと聞いて、真っ先に思いつくのは何か。MBA（経営大学院）、外資系コンサルティング会社ではないだろうか。ロジカルシンキングを身につけるのには最高の環境だ。

外資系コンサルティング会社では、短くて1カ月間の研修でロジカルシンキングをみっちり叩き込まれる。その後、コンサルティング活動の現場でOJTを通して、先輩コンサルタントから指導を受け、ロジカル

シンキングのスキルを鍛え上げていく。
　MBAでは2年間で膨大な数のケーススタディをこなし、それに対するレポートを提出する。これがぜんぶロジカルシンキングのスキルを鍛えるトレーニングになる。
　しかし、外資系コンサルティング会社やMBAは、いずれも狭き門だ。ロジカルシンキングを身につける一般的なルートではない。そこで、多くの人が進むルートがある。第2ルートだ。

● 第2ルートは、書籍や講座でロジカルシンキングを勉強するコースだが…

　ロジカルシンキングを身につけようとする多くの人は、第2ルートに進む。第2ルートとは、書籍や講座で勉強してロジカルシンキングを身につけるアプローチだ。書店に行けばロジカルシンキングの本はたくさんある。インターネットで検索したらロジカルシンキングの講座はたくさん出てくる。第2ルートはあなたが手を伸ばせばすぐそこにある。
　これなら、手軽に始められそうだ。
　しかし、ここで問題が発生する。何か。「行き詰まり」だ。
　多くの人が、ロジカルシンキングを勉強しようとして、行き詰まる。ロジカルシンキングを勉強しても、使いこなせない現実に直面する。
　行き詰まる現実とは、どのようなものなのか。

　よく人事担当者の方から、こんな話を聞く。
　「うちの社員にはロジカルシンキングは難しすぎる。私自身、やってみたが途中で挫折した」
　「研修で管理職にロジカルシンキングの研修を受けてもらった。しかし、その後、社員がどのようなかたちで使いこなしているか分からない」

　また、私の講座に参加した受講生からは、こんな話を聞く。

「以前、ロジカルシンキングの講座に参加したが、途中で挫折してしまった」

「自分には難しいものと思いこんでいた…」

なぜ、ロジカルシンキングで行き詰まるのか。ロジカルシンキングの行き詰まりには、パターンがある。多くの人がそのパターンにはまってしまう。

(2) ロジカルシンキングのそこにある現実とは

ロジカルシンキングの行き詰まりには、3つのパターンがある。

> 1) ロジカルシンキングを避ける…「躊躇」
> 2) ロジカルシンキングでくじける…「挫折」
> 3) ロジカルシンキングで結果が出ない…「停滞」

「躊躇」とは、「ロジカルシンキングって、私には難しそう」と決めつけ、ロジカルシンキングを学ぶ一歩が踏み出せないケース。

「挫折」とは、ロジカルシンキングを勉強したものの、その難しさに挫折してしまうケース。

「停滞」とは、ロジカルシンキングに時間とエネルギーをかけたものの、結局は使えないケース。

ロジカルシンキングを勉強する人は、みな熱心な勉強家だ。一生懸命勉強している。しかし、使えない。**「勉強しても、使いこなせない」、これが現実**だ。「ロジカルシンキングは大事だ」と分かっていても、使いこなせない。「使える」という実感がない。使える実感がないまま、長い年月を過ごす。そして、行き詰まりのパターンから抜け出せない。このようなケースはじつに多い。

「第2ルート」

なぜ、ロジカルシンキングで行き詰まるのか？

1 なぜ、ロジカルシンキングで行き詰まるのか？

「ロジカルシンキングは一生懸命勉強しないと身につかない」と思い込んでいる人は多い。

それはまるで、「英語は一生懸命勉強しなければ、使いこなせるようにならない」という思い込みといっしょだ。

勉強しなくても英語は話せる。アメリカでは子どもでも英語を話す。

勉強しなくてもロジカルな人はたくさんいる。ロジカルシンキングを勉強したことがなくても、相手を「なるほど！」とうならせる提案書をつくる人はたくさんいる。事実、私の出会った一流のプロの2人にひとりはロジカルシンキングを勉強したことがない。しかし、超がつくほどロジカルだ。

じつは、この「勉強しなければ、身につかない」という思い込みがネックとなり、多くの人が、ロジカルシンキングを使いこなす一歩を踏み出せないでいる。

2 なぜ、「勉強しなければ、使いこなせない」という思い込みがネックとなるのか？

例えば、英語の勉強。

勉強すれば、知識は増える。しかし、使えない。物知りだけど、実践できない。使えないから、もっと一生懸命勉強する。別の教材に変えてみる。英会話学校へいく。あれも、これも手当たりしだい勉強する。しかし、使えない。そして、このパターンが繰り返される。

「勉強⇒使えない⇒勉強⇒使えない⇒…」。こうして、**勉強しても使えないという現実が繰り返される**。そして、このパターンが学習される。パターンはより頑丈になる。勉強するほど、できなくなる。そして、しまいには、「自分には無理」、「自分には必要ない」という具合に、自分に対して都合のいい言い訳をしはじめる。そして、結局、「あきらめる」。

じつは、**ロジカルシンキングでも、この「勉強しても、使えない」パターンが繰り返される**。

多くの人が、ロジカルシンキングの勉強をしようとして、「躊躇」、「挫折」、「停滞」を経験する。「勉強しても、使えない」パターンが繰り返される。そして、ロジカルシンキングを、結局、「あきらめる」。

3 なぜ、「勉強しても、使えない」パターンが繰り返されるのか？

なぜ、パターンは繰り返されるのか。

それは、確信がないからだ。「こうすれば、必ずできるようになる」という確信がないからだ。

なぜ、確信がないのか。

それは、ロジカルシンキングに触れる前に、知っておかなくてはならない、**「大切なこと」**が見えていないからだ。そして、「大切なこと」が見えないまま、ただ走り続ける。「大切なこと」が見えないから、「勉強しなければ……」と思い込み、いつものパターンから抜け出せない。

「大切なこと」とは何か？
それは、「ゴール地点の映像」だ。

(1) 大切なこと、「ゴール地点の映像」

「ゴール地点の映像」とは、ロジカルシンキングが自然に使われている風景だ。自分がロジカルシンキングを使いこなしている理想のあるべき姿の映像だ。要は、**「ビジョン（理想の未来）」**。ビジョンとは、「使えている」という実感のあるリアルな映像である。多くの人はビジョンが見えていない。ビジョンがないから、どこに向かって走っているのかが分からない。

どうすれば、「ゴール地点の映像」が、頭の中に映し出されるのか。
その環境に身を置いてしまえばいい。英語でいえば、まわりは外国人しかいない環境に数年間身を置いたら、誰でも話せるようになる。そのとき、英語の勉強がいかに無駄だったかわかる。これと同じように、コンサルティング会社のような、ロジカルシンキングが共通言語の環境に数年間身を置いたら、誰でも、ロジカルシンキングが使いこなせるようになる。

つまり、ゴール地点が目の前にある。**勉強する以前に、使わなければ生きていけない環境**がそこにある。こうした環境に身をおけば、誰でも自然と口からロジカルな言葉が出てくる。

しかし、多くの人は、そうした環境にいない。目の前に、ロジカルシンキングが飛び交う風景がない。「使えている」という実感のあるリアルな映像が頭の中にない。確信がもてず、ただひたすら勉強する。
　「そんな環境が目も前にあれば、苦労して勉強なんかしないよ」
　もっともだ。では、どうしたらいいのか？
　その答えは、本書の中にある。

　「大切なこと」は、まだある。
　それは、**スタート地点**だ。

(2) 大切なこと、「スタート地点」
　「ロジカルシンキングの本は、難しい」
　あなたはこのように感じたことはないだろうか。それは、自然な反応だ。なぜ、ロジカルシンキングの本が難しいと感じるのか。ロジカルシンキングには、前提があるからである。
　数学の授業が算数の知識を前提として、授業が進められるように、ロジカルシンキングの勉強にも、前提がある。それは、スタート地点で備えておかなければならない能力だ。その能力とは何か。
　それは、「**顕在化した能力**」だ。

　もともと、ロジカルシンキングは、外資系コンサルティング会社のコンサルタントやMBAの学生を対象に開発された。すでに彼らがもっている知識や能力を前提としている。彼らは成績が優秀だった。「勉強ができた」、「文章が書ける」、「物を考える力がある」、「知識が豊富」……。それが、彼らがコンサルティング会社やMBAに合格した理由だ。
　こうした「**顕在化した能力**」を大前提としたロジカルシンキングでは、「これはできてあたりまえ」というところは**省略されている**。掛け算の

九九ができる人を対象に、わざわざ九九をやらないように。

　ロジカルシンキングの本が難しく感じるのは、このためだ。つまり、「顕在化した能力」がないと、ロジカルシンキングは難しい。この前提を無視して、いきなりロジカルシンキングを勉強するのは、必要最低限な英単語も知らずにいきなりヒアリングをするようなものだ。聞きとれず、ストレスになり、挫折してしまう。
　まず、ロジカルシンキング以前の基礎体力（顕在化した能力）が必要だということを知っておくことが大事だ。
　こうした前提を認識した上で、スタートする。では、どうやって？
　答えは、本書の中にある。

　最後に、もうひとつだけ、「大切なこと」がある。それは何か？
　「時間」だ。

(3) 大切なこと、「時間」

　ロジカルシンキングが使いこなせるようになるためには、どれくらいの時間が必要か。多くの人は修得時間の見積もりもせず、ロジカルシンキングをスタートすると、「いったいいつになったらたどり着くのだろうか？」と不安になる。
　では、どれくらいの時間をかけたらいいのか？
　答えは、「2年間」。
　著名なコンサルタントの方は言う。「2年間みっちり鍛えたら、ロジカルシンキングはものにできる」と。

　「2年間も時間がかかるのか……」
　じつは、これは最低の時間だ。

外資系コンサルティング会社に入社してくる若手コンサルタントが、平均して2年くらいでロジカルシンキングをものにしている。つまり、「顕在化した能力」のある人が、ロジカルシンキング漬けの日々の中で、2年間という意味だ。
　普通の人がロジカルシンキングをものにするには、どれくらいの時間が必要になるのだろうか？
　どうやら、2年以上はかかりそうだ。

　確かに、外資系コンサルティング会社に入社するか、MBAなどに2年間通い、みっちりロジカルシンキングを鍛えればモノになるかもしれない。しかし、多くの人にとっては現実的ではない。
　では、どうするのか。他に選択肢はないのか。
　選択肢はある。他のルートがある。現実的なルートだ。そのルートには、普通な人にとって、現実的で即効性あるやり方がある。いったい、それは何なのか？
　その答えは、本書の中にある。

(4)「ゴール地点」、「スタート地点」、そして「時間」を認識するのが第一歩

　以上、「ゴール地点」「スタート地点」「時間」を知らぬまま、勉強してしまう現実を見てきた。
　それはまるで、ゴール地点もスタート地点もわからず、しかも燃料がどれくらいかかるのか分からず、ただひたすら車を運転しているようなものだ。そして、燃料がなくなって、途中でいつもガス欠になって止まってしまう。
　これからこの3つの「大切なこと」への疑問に答えていこう。

第4節

「第3のルート」
誰でも、最短最速で、ロジカルになれる！

1 勉強をやめ、一流のプロのやり方で、明日から実践する

　「それなら、覚悟して、最低2年間、みっちりロジカルシンキング漬けの毎日をおくろう。そのために、ロジカルシンキング以外の勉強もしっかりやって基礎体力（顕在化した能力）を身につけよう」とあなたは考えるだろうか。

　まるで修業のようだ。ロジカルシンキングのマスターのためには、このような修行僧が歩むようなルートしかないのならば、しかたがない。しかし、多くの人にとって、このルートは現実的でない。膨大な時間とエネルギーを犠牲にして、ロジカルシンキングを使いこなせるように努力しても、結局「あきらめる」ことになったらどうするのか。

　では、どうしたらいいのか？

　「別のルートで行く」

　これが、本書の答えだ。

なぜ、そう言えるのか。私自身、以前は、膨大な時間をかけてロジカルシンキングを勉強してきた。しかし、「挫折」する。そして、私は勉強をやめた。その後、私は「別のルート」を歩んだ。その10年後、こうしてロジカルシンキングの本を書き、ロジカルシンキングを教えている。

　私が歩んだ「別のルート」とは。
　ロジカルシンキングに必要なことは、一流のプロから学んだ。これが、私の歩んだルートだ。
　「別のルート」を歩んだことで、はじめて分かったことがある。
　"「ロジカルシンキングは、勉強しなければ、使いこなせない」というのは、思いこみにすぎなかった"ということだ。ロジカルシンキングを使いこなせるようになるためには、膨大な時間やエネルギーも必要なければ、まして顕在化された能力など必要ない。時間をかけず、顕在化した能力がなくても、ロジカルシンキングは、使いこなせるようになる。
　そのためには、
　「**勉強をやめ、一流のプロのやり方で、明日から実践する**」
　これが、本書の提案する「第3のルート」、**ロジカル**な「**らくがき**」だ。

2 「第3のルート」とは、どのようなものなのか？

　「第3のルート」とは、端的に言うと、
　誰でも、カンタンに、最短最速で、ロジカルな提案書ができるようになるルートだ。
　そのための実践的な「やり方」と「ツール」を提供する。

　私は、この本で、あなたが最短最速でロジカルシンキングを使いこな

せるようになる方法をお教えしたい。

「勉強しても、使えない」パターンから抜け出し、最短最速でロジカルシンキングを使いこなせるようになるルート、それが「第3のルート」だ。

「環境」や「能力」、「時間」にも関係なく、誰でも、カンタンに、最短最速で身につくルート、それが「第3のルート」だ。

「第3のルート」は、環境、能力、時間という「壁」を一気にワープするようなものだ。

3 「必要最小限」「一流のプロ」「らくがき」が3つの鍵だ

「壁」をワープするための鍵は3つある。

それは、①「必要最小限」、②「一流のプロ」、③「らくがき」である。

① **「必要最小限」**——勉強は、実践欠かせない「これだけ！」に絞り、「時間」の壁をワープする
② **「一流のプロ」**——一流のプロの思考を借りることで、「環境」の壁をワープする
③ **「らくがき」**——頭のよくなる「らくがき」を使い、「能力」の壁をワープする

環境、能力、時間の「壁」をワープする。それが、「第3のルート」だ。「第3のルート」とは、本書のロジカルな「らくがき」だ。

ロジカルな「らくがき」とは、ロジカルシンキングを、「削る」「足す」「強化する」ことにより、体系化された思考システムだ。

> 「必要最小限」にするために、「削る」。
> 「一流のプロ」の思考を借りて、「足す」。
> 「らくがき」を取り入れることで、「強化する」。

ロジカルな「らくがき」とは、どのようなものなのか？

第5節

ロジカルな「らくがき」

キーワードは、「削る」「足す」「強化する」

鍵その①…「削る」──知識は、「必要最小限」に

使いこなす秘訣は、「捨てる」こと。

みなさんも経験がないだろうか。何かをマスターしようと勉強したけど、マスターできなかった。膨大な時間とエネルギーをかけて勉強したけど、今は何の役に立っていない。たとえば、英語。

> 「実は、短期間でも、英語がしゃべれるようになる秘訣があるのだ。この秘訣は、あまりにも単純。……秘密を教えよう。最短時間で、英語を流暢に話せるようになるためには……「捨てること」が大事なのである」
>
> （神田昌典『お金と英語の非常識な関係』）

使いこなせないのには、理由がある。何か。

「ピント（焦点）」がぼやけているから。

ピントがぼやけているので、何を勉強したらいいのか分からない。あれも、これも必要に見えてくる。手当たりしだい、知識を追い求める。

どんどん、ピントがぼけていく。あれも、これも詰め込み、身動きがとれなくなり、肝心な一歩が踏み出せなくなる。

どうすればいいのか。**ピントを合わせる**。ピントを「使いこなす」という一点に絞る。「使いこなす」のに、いらないものは、ぜんぶ「**捨てる**」。

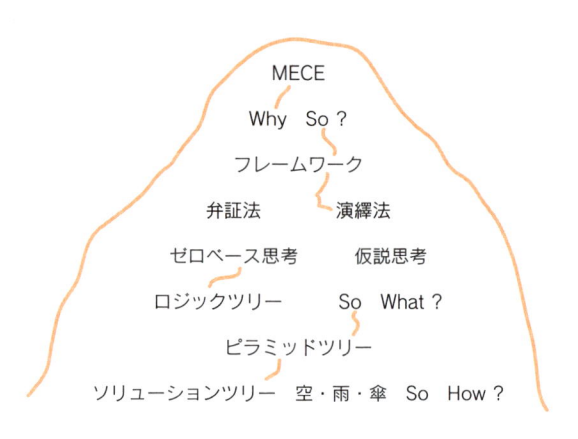

```
                    MECE
                 Why  So ?
                フレームワーク
            弁証法        演繹法
            ゼロベース思考   仮説思考
            ロジックツリー    So  What ?
                ピラミッドツリー
         ソリューションツリー  空・雨・傘  So  How ?
```

図 0-1

図 0-1 は、ロジカルシンキングで勉強する理論や道具の一部だ。あれも、これも覚えなくてはならない。ぶ厚い氷でおおわれた氷山を攻略するようなものだ。そこで、厚い氷におおわれた氷山を、思いきって「**削る**」。そして、知識は、「使いこなす」ために必要最小限だけにした。それはまるで、ダイヤの鉱山からダイヤの原石だけを削り出すようなものだ。

「削る」ことで、あなたが、明日から「使いこなす」ために、必要最小限のダイヤモンドを手に入れる。そのために、第3のルートでは、これさえ理解していれば、ロジカルシンキングが使いこなせるようになる「**3つのコト**」にフォーカス（焦点）した。

鍵その②…「足す」──「一流のプロ」の思考プロセスを借りる

　ロジカルな「らくがき」は、修行僧が修行をつうじて身につけるようなロジカルシンキングではない。

　修業を積んで、険しい崖を登れるようになるアプローチではなく、**誰でも登れる階段（やり方）**を用意した。しかも、この誰でも登れる階段は、一流プロ仕様だ。一流のプロが無意識にやっている独自の思考の階段を、誰でも、使いこなせるように結晶化したものだ。

　以降の章で詳しく話すが、今までのロジカルシンキングが1つのステップ（階段）だけだとすれば、ロジカルな「らくがき」では、4つもステップ（階段）がある（図0-2）。

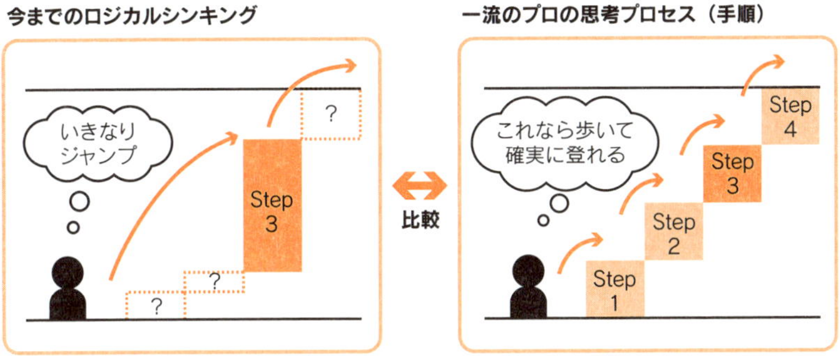

図0-2

　今までのロジカルシンキングでは、最終ゴールにたどりつくためには、ジャンプする必要があった。ジャンプするためには、**基礎脚力（顕在化した能力）**が必要だ。それは、基礎脚力のある人だけがジャンプして登れる階段だ。もともと基礎脚力を持っているか、修行する人しか登れない1段のステップ（階段）、それが第2ルートだった。

　「第3のルート」のロジカルな「らくがき」は、「**4つのステップ（階段）**」。一流のプロの思考プロセスを借りて、4つの階段を用意した。**誰でも登**

れる、4つのステップ（階段）。ジャンプしなくても、歩いて登れる。基礎脚力は必要ない。誰でも、カンタンに、最短最速で登れる階段（ステップ）。それがロジカルな「らくがき」だ。

鍵その③…「強化する」── 潜在能力を引き出してくれる「らくがき」を使う

さらに、ロジカルな「らくがき」では、顕在化した能力がなくても使える新しい思考の「道具」を用意した。誰でも、カンタンに使えて、おまけに潜在能力が引き出してくれる。それが、**頭の良くなる「らくがき」、マインドマップ**だ。「**道具**」をつかうことでワープするのである。

人間の潜在能力には差はない。しかし、潜在能力を顕在化するのには時間がかかる。すでに顕在化した能力のある人、能力を顕在化させるために膨大な時間をかけられる人を対象としたのが、第2ルートだ。

「第3のルート」は、別の切り口でアプローチする。今までのアプローチは、時間をかけて能力を鍛える。ダイエットにたとえれば、軍隊式のきついトレーニングでダイエットするようなものだ。確かに効果は出る。挫折しなければ。ダイエットは、「道具」を使ったほうがずっとカンタンな場合がある。**鍛えるのでなく、「道具」でカバーする。**

「第3のルート」で使う道具は、科学と実証に裏づけられた優れもの。脳のパフォーマンスを自然に引き出してくれる頭の良くなる「らくがき」、それがマインドマップだ。

マインドマップは、「**なぜ、天才の思考は「らくがき」から生まれるのか？**」という観点で、理論と実証を積み重ねて結晶化されたメソッドだ。しかも、誰でも、カンタンに、できるようになる。脳のメカニズムをベースとしたこの「らくがき」を使うと、短時間で潜在的な能力が顕在化する。つまり、**鍛えるのでなく、道具を変えることで能力を最短最速で顕在化する。**それが、「第3のルート」だ。

第6節

本書の全体像

ズバリ、「これだけ！」で
問題解決のプロになれる

1 本書であなたが身につけることは、「これだけ！」

(1) ロジカルな「らくがき」、4Stepsをマスターする

　ロジカルな「らくがき」は、4つのステップで「らくがき」をしていく。そして、最終的に、**相手を「なるほど！」と納得させるロジカルな提案書ができあがる**。これが、本書のゴールだ。

　そのためにあなたがマスターすることはたったひとつ。それは、『ロジカルな「らくがき」・4Steps』である。4つのステップで「らくがき」するやり方をマスターする。本書であなたがマスターするのは、「これだけ！」だ。

(2) 本書は、基礎編と実践編からなる

　本書の流れは、ロジカルな「らくがき」の「**システム(Pyramid)**」を知り、その後に「**4つのステップ(4Steps)**」で使いこなしていく。

- 基礎編：ロジカルな「らくがき」の「システム（Pyramid ピラミッド）」を知る
- 実践編：ロジカルな「らくがき」の「ステップ（4Steps）」を使いこなせるようになる

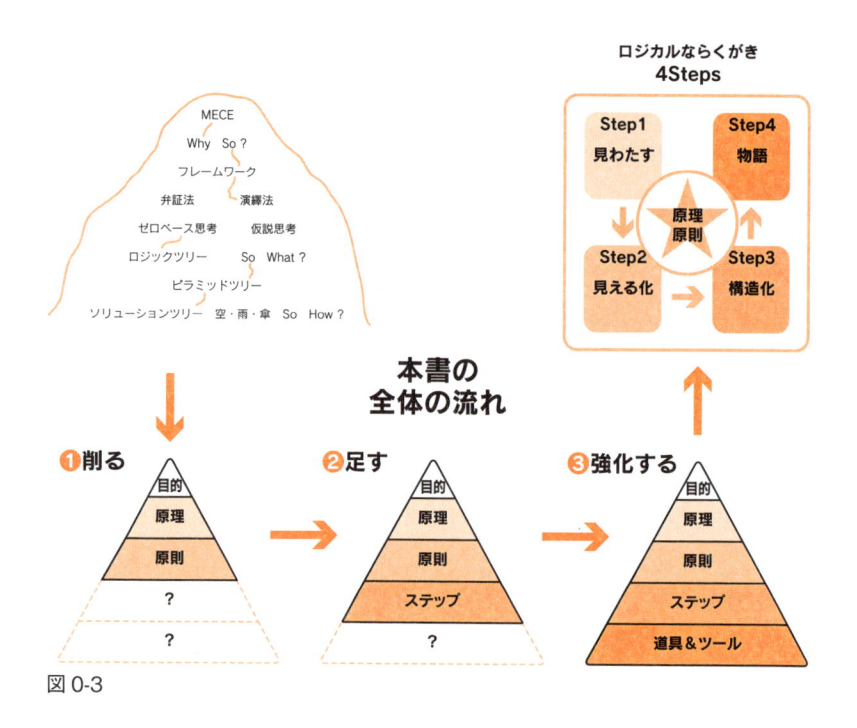

図0-3

図0-3のように、あなたはまず、①⇒②⇒③でロジカルな「らくがき」のシステムの全体像（Pyramid）を理解する。これが基礎編だ。つづく、実践編では、このシステム（Pyramid）が結晶化された「4Steps」の使い方をマスターする。その結果、**あなたは、相手が「なるほど！」と納得してくれる提案書に思考を結晶化させることができるようになる。**

まずは基礎編からはじめることにしよう。

2 基礎編へ

● 1・2・3でシステム（Pyramid）を完成させる
──ロジカルな「らくがき」のシステム（全体像）！

　基礎編は4つの章から成る。

1…第1章　ピラミッド1「削る」──ロジカルシンキングを知る
2…第2章　ピラミッド2「足す」──一流のプロの思考プロセスを借りる
3…第3章　ピラミッド3「強化する」──頭の良くなる「らくがき」、マインドマップを知る

　そして、第4章でピラミッドの完成！

　さっそくロジカルな「らくがき」のPyramid（ピラミッド）の建築にとりかかろう。ジグソーパズルのように、パズルのピースをひとつひとつあてはめていき、ピラミッドを完成させよう。

Column　毎日が「究極の提案書」

究極に触れる。
これが技やスキルを最短距離で上達する近道といわれる。提案書を極めるには、「究極の提案書」に触れる。「究極の提案書」と聞いて、あなたは何を思い浮かべるだろうか。

「究極の提案書」は、私たちの日常に溢れている。わたしたちはほぼ毎日、「究極の提案書」に触れている。いったい何か。

それは、ＴＶ番組だ。１億人に伝わる「メディア（提案書）」、それがＴＶ番組だ。誰が見ても理解できる。もしも視聴者に理解できないニュース番組があったらどうだろうか。
ＴＶの世界の命は、「分かりやすさ」。そのために、お金と知が結集し、ＴＶ番組の「伝わるロジック」が構成される。そこには、豊かな「想像力」と緻密に計算された「ロジック」がある。ＴＶ番組を見て、そこにある「伝わるロジック」を分析してみる。「なるほど！究極の提案書だ」とうなずける。

放送作家の小山薫堂氏はこんな話をしている。
「僕にとってテレビは、そしてものづくりは「誕生日プレゼント」そのものです。誕生日は、１年に一回巡ってくるイベント。そのイベントに、どんなプレゼントを、どんな演出をして渡すのか、相手の趣味や性格を考慮しながら、一生懸命、頭をひねる。相手の驚いた顔、喜ぶ姿・・・そんなことを想像している時間が、たまらなくたのしいのです。」
(小山薫堂『サービスの正体』)

「伝わるにはわけ理由がある」。
１億人という「相手」に贈る、誕生日プレゼント。ＴＶのスイッチを入れたら、そこに「究極の提案書」がある。ロジカルシンキングのトレーニングに、ＴＶを活用してみてはいかがだろうか。

基礎編

第1章

ロジカルシンキングを知る

「削る」
（ピラミッド1）

第1節

「あれも、これも」詰め込まない
削り取って「これだけ！」にする

1 ロジカルシンキングでは、「あれも、これも」覚えなくてはいけないのか

（1）ロジカルシンキングといえば……

「まるで受験勉強みたいだね……」

私の友人は右上のリストを見てそう言った（図1-1）。あなたはこのリストを見てどう感じただろうか。このリストは、ロジカルシンキングの本の中に登場する言葉の一部だ。演繹法、弁証法など、なにやら哲学的な言葉から、MECE、フレームワーク、ピラミッドツリーなど、耳慣れない横文字が登場する。なじみのない言葉ばかりだ。

ロジカルシンキングの勉強は、こうした専門用語との格闘になる。ロジカルシンキングに登場するこれらの専門用語をすべてしっかり理解するためには、どれくらいの時間とエネルギーが必要になるのだろうか。

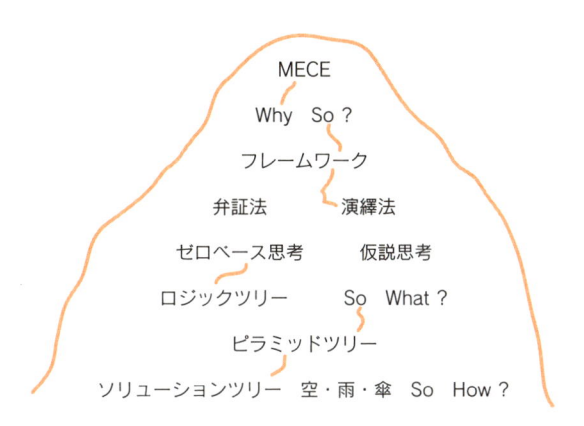

```
                    MECE
                 Why  So？
                フレームワーク
            弁証法     演繹法
         ゼロベース思考   仮説思考
        ロジックツリー    So  What？
            ピラミッドツリー
     ソリューションツリー 空・雨・傘 So  How？
```

図1-1

（2）理論や技術の詰め込みをやめて、一日も早く実践に移行する

　ロジカルシンキングでは、「あれも、これも」覚える必要があるのか？答えは、NOだ。

　あれも、これも詰め込む必要はない。ゴルフの理論をいくら勉強してもゴルフが上達しないように、あれもこれも理論や技術を詰め込む必要はない。ロジカルシンキングを使いこなすためには、必要なものだけ学んで、あとは実践するだけだ。詰め込みをやめて、一日も早く実践に移行する。

　具体的に、どうやって？
　答えは、「**削る**」。
　ロジカルシンキングで覚えることを「削る」。「あれも、これも」覚えるのでなく、削って、覚えることは必要最小限にする。ロジカルシンキングの膨大な理論や知識の中から必要最小限のことだけ削り出す。**詰め込まず、「削る」。徹底して「削る」。削りに削って、「これだけ！」にする。ロジカルシンキングの純度の高いダイヤの原石だけ削り出す。**

なぜ分かるのか。私自身、そうだったからである。ロジカルシンキングの本を何冊も買い込み、ロジカルシンキングの講座にも足を運んだ。しかし、戦略系のコンサルティング会社に入社すると、歯が立たなかった。これが現実だ。挫折を味わった。膨大な時間とエネルギーを費やしたが、ロジカルシンキングを使いこなせない現実を目の当たりにする。そして、私は勉強をやめた。しかし、これが幸いした。その後は、実践を通してスキルを磨いていった。「これだけ！」以外の知識はほとんど忘れた。それで十分だった。

では、どれくらい削ったらいいのか？

(3)「3つのキーワード」だけで、ロジカルシンキングの本質が分かる！

本書の執筆にあたって、ロジカルシンキング関連の書籍数十冊に目を通した。かつて受講したロジカルシンキングの講座も振り返ってみた。この10年間のロジカルシンキングの実践を振り返ってみた。そして、ロジカルシンキングを使いこなすという観点から、「勉強はこれだけ」という必要最小限を削り出した。

削り出し、最終的に残ったのは「3つのキーワード」。「たったこれだけ？」と思うかもしれないが、「これだけ！」だ。「3つのキーワード」を理解したら十分だ。「あれも、これも」、広く浅く覚えるのではなく、「3つのキーワード」だけ徹底して理解する。「3つのキーワード」が分かれば、あとは、実践するだけ。とてもシンプルだ。

ロジカルシンキングの必要最小限の「3つのキーワード」とは？
①「メッセージ」　②「問題解決」　③「分かりやすさ」

たったこれだけだ。この「3つのキーワード」が分かれば十分。あとは実践。第1章では、この「3つのキーワード」を理解する。すると、あなたのロジカルシンキングに対する認識が変わっていくことに気づくことだろう。「なんだ、ロジカルシンキングってそういうことだったんだ！」と。ロジカルシンキングが難しいと感じたのは、「あれも、これも」詰め込もうとしていたからだ。詰め込まずに「削る」。さっそく、「3つのキーワード」を見ていこう。

　はじめは、「メッセージ」だ。

第2節

Key Word ❶
「メッセージ」

ロジカルシンキングの「たったひとつ」の原則

　学ぶべきことを必要最小限にして、効率よくマスターするためのコツは何か？

　答えは、「公式」を理解すること。数学の効率的かつ実践的なマスターのコツは、公式を理解することだといわれる。複雑に見える問題も公式を応用すれば解ける。公式をあてはめれば問題が解ける。問題解答集を買い込んで、解法を覚えなくてもいい。知識をあれもこれも詰め込まずに、公式だけしっかり理解したらいい。公式とは、「ルール（原則）」のことだ。そのルール（原則）に基づいて問題に取り組めば、必ず解ける。それがルール（原則）だ。

　ロジカルシンキングも同じだ。公式、つまりルール（原則）を理解すればいい。その**ルール（原則）に基づいて、考えていけば、ロジカルに問題が解決できる**。しかも、ロジカルシンキングのルール（原則）は「たったひとつ」。「たったひとつ」の原則が理解できたら、「あれもこれも」詰め込まなくても大丈夫だ。

その「たったひとつ」の原則は、「**メッセージの原則**」だ。ひとつ目のキーワード、「メッセージ」がロジカルシンキングの原則だ。「メッセージの原則」とはどのようなものなのか。まず、ロジカルシンキングの定義を踏まえつつ、「メッセージの原則」について理解していこう。

1 ロジカルシンキングの定義とは？

●一般的なロジカルシンキングの定義とは？

ロジカルシンキングとは？ その定義について見ていくことにしよう。まず、ロジカルシンキングの本ではロジカルシンキングをどう定義しているのかを見ていく。

一般的なロジカルシンキングの定義

定義1
　論理の3要件。結論が課題（テーマ）の「答え」になっている。縦方向に結論を頂点としてSo what？／Why so？の関係が成り立つ。横方向に同一階層内の複数の要素がMECEな関係にある。
（照屋華子、岡田恵子『ロジカルシンキング』）

定義2
　論理構造とは、ある「根拠」に基づいて何らかの「主張（結論）」が成立していること。
（波頭亮『思考・論理・分析』）

定義3
　論理的とは、客観的に筋道がたっていること。結論や主張に至るプロセスが明確。第三者が納得する理由が必要。
（西村克己『論理的な考え方が身につく本』）

「何だか難しそう」と感じられたのではないだろうか。

キーワードに分解してみよう。「結論（メッセージ）」「テーマ」「So What ?／Why So ?」「MECE」「根拠」「筋道」「第三者（相手）」「納得」「理由」といったキーワード。こうしたポイントを押さえるのがロジカルシンキングで大事そうだ。定義をもう少し嚙み砕いて、表現し直してみよう。

本書ではロジカルシンキングをどう定義するのか？

● **本書におけるロジカルシンキングの定義とは？**

> **本書のロジカルシンキングの定義**
>
> ロジカルシンキングとは、「問題（問い）」に「解答（答え）」すること。そのとき「解答（答え）」が「根拠」に基づいていること。
>
> ①まず「テーマ」がある。「テーマ」とは大きな「問い」のこと。
> ②相手の「問い」に対する「答え（メッセージ）」を提供する。
> ③メッセージは、確かな「根拠」に基づいて構築されているもの。
>
> 「テーマ（問い）」「メッセージ（答え）」「根拠」の3点セットがロジカルシンキングの要件となる。

要は、何か。

ロジカルシンキングとは、思考を、「メッセージ」に結晶化させるための思考法である。

このとき、「メッセージ」が、「メッセージの原則」にしたがって結晶化されていれば、それをロジカルシンキングという。

「メッセージの原則」とは何か？

2 何を押さえればロジカルシンキングになるのか？「たったひとつ」の原則（ルール）とは？

●「メッセージの原則」とは？

　ロジカルシンキングでは、「メッセージ」が命だ。いくら時間をかけて考えても、「メッセージ」がなければロジカルシンキングでない。複雑な問題を、シンプルな「メッセージ」で言いきる。これがロジカルシンキングだ。ロジカルシンキングの最終結果は、「メッセージ」に結晶化される。「メッセージ」の良し悪しが、結果を左右する。相手が「なるほど！」と納得してくれる「メッセージ」かどうかが、ロジカルシンキングの肝となる。「メッセージ」でもって、"人を動かす"。それがロジカルシンキングだ。

　「メッセージ」とは何か？
　結論、意見、主張、答え……。さまざまな表現がある。要は何か。**メッセージとは、"ひとことで言えること**※"。
　「要するに、ひとことで言うと何か？」という問いに対する答えとなる**「ひとこと」**。これがメッセージだ。「問い」に対する「ひとこと」の答えがあるとき、そこにメッセージがあるという。

　そして、このメッセージがロジカルシンキングであるためには、次の3つの要件を満たす必要がある。

①「相手」の「問い」に対する「答え（メッセージ）」となっていること。
②「相手」が納得する「根拠」に基づいていること。

※野口悠紀雄『「超」文章法』より

③「相手」の頭の中に、次の「行動」が具体的なイメージとして刻みこまれること。

「メッセージ」があり、かつそのメッセージが①〜③の条件を満たしているとき、原則に基づいてロジカルシンキングができているという（図 1-2）。

ロジカルシンキングの3点セット

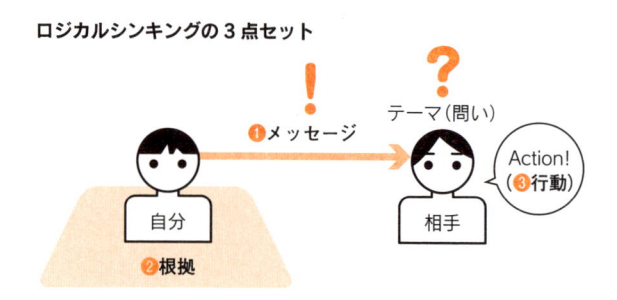

図 1-2

そして、このロジカルシンキングの原則を、「**メッセージの原則**」と呼ぶことにする。

「メッセージの原則」に基づき思考をしているとき、そこにロジカルシンキングがある。

> **メッセージの原則**──相手の「問い」に対する「答え」を、「根拠」に支えられた、イメージできる「ひとこと」に結晶化させる。

「なんか難しくなってきたぞ」と思われた方もいるのではないだろうか。安心していただきたい。現時点では、「メッセージの原則さえ押さえておけば、ひとまず OK だ」という程度の認識でかまわない。残りのあと 2 つのキーワード、「問題解決」と「分かりやすさ」について見てい

くと、グッと理解が進むはずだ。

次のキーワードに行く前に、メッセージの本質をズバリ言い当てた言葉を紹介しよう。

●「人を動かす」、これがメッセージの目的だ！

アップルのCEOであるスティーブ・ジョブズは、こんなことを言っている。

> 『プレゼンテーションとは、「限られた時間の中で情報をわかりやすく伝え、理解させ、動機づけさせる。最終的には目的の行動をさせる」ことをいう。メッセージは伝えるものではなく、人を動かすもの。プレゼンはメッセージを受け止める側に話し手の希望通りの行動をさせるということが目的なのだ』
>
> (「GQ」2005年12月号)

いかがだろうか。メッセージとは、理解、動機付け、行動を促すもの。メッセージは、人の心に火をつけ、行動させるものだ。そう、「**人を動かす**」**メッセージ**。メッセージとは伝えるのが目的ではなく、人を動かすためのもの。ロジカルシンキングでは、メッセージの原則に基づいて思考し、思考を一つのメッセージに結晶化させる。そして、メッセージでもって人を動かす。

「人を動かす」、これがロジカルシンキングの目的だ。では、「人を動かす」とはどのようなものなのか？

ロジカルシンキングで「人を動かす」ことを理解するのが2つ目のキーワード、「**問題解決**」だ。さっそく次のキーワード、「問題解決」に移ることにしよう。

第3節

Key Word ❷
「問題解決」

ロジカルシンキングの目的

1 そもそもロジカルシンキングの目的とは何か？

（1）何のためにロジカルシンキングをするのか？

　質問がある。
　「あなたは何のためにロジカルシンキングをするのか？」

　報告書、提案書、企画書、メール、会議、議事録、事業計画、戦略立案、社内通達文書……。このように、私たちはいろんな用途でロジカルシンキングを使う。だが、これは「何のため？」の答えにはなっていない。これらはすべて手段にすぎない。たとえば、あなたは提案書という手段を使って、何を実現するのか。何の目的で提案書を書くのか。

　ロジカルシンキングは、「メッセージの原則」に基づき人を動かすもの。なぜ、相手にメッセージを伝え、相手に理解してもらい、相手の心に火をつけ、相手に行動してもらうのか？　なぜ、ロジカルに考え、相手を

動かす必要があるのか？　ロジカルシンキングで、「人を動かす」ことで何を実現するのか？

　答えは、「**問題解決**」。

ロジカルシンキングで人を動かし、問題を解決する。これが、ロジカルシンキングの目的だ。ロジカルシンキングのゴールには、問題解決という「結果」がある。いくらロジカルに考えたところで、「問題が解決した！」という「結果」がもたらされなければ、時間とエネルギーは無駄になる。
　最短距離で「結果」につながる問題解決を導き出す。そのための最強の手段がロジカルシンキングなのである。

ロジカルシンキングの目的、「問題解決」とはどのようなものなのか？

2 問題解決の「5つの要素」とは？

● 問題解決のフレームワーク

　問題解決を一枚の絵で理解しよう。まず、次のページの図1-3を見てほしい。

問題解決のフレームワーク

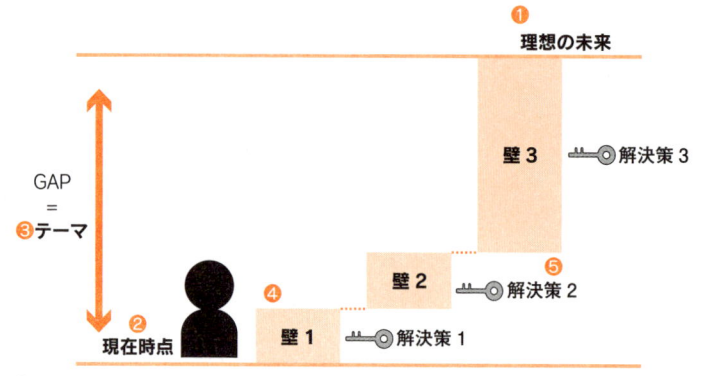

図1-3

　この絵は、問題解決のフレームワークだ。フレームワークとは、枠組み。物事を理解するための枠組みがフレームワークだ。物事の全体像が理解できる便利な思考の道具だ。問題解決の状況が一目瞭然である。絵を眺めながら理解していこう。

　問題解決は、まず①ビジョン（＝理想の未来）がある。そこから逆算して、②**現在時点**を眺めると、③**大きなギャップ（＝テーマ「？」）**がある。このテーマをクリアし、理想の未来に到達するために、一歩踏み出すと④**壁（＝課題）**が立ちふさがる。ひとつひとつの壁をクリアするためには、⑤**鍵（＝解決策）**を手に入れなくてはならない。鍵を手に入れ、壁をクリアしていき、理想の未来を実現する。この一連の物語が問題解決だ。

　そして、この「ビジョン（＝理想の未来）」「現在時点」「テーマ（大きな「？」）」「壁（＝課題）」「鍵（＝解決策）」を問題解決の５つの要素と呼ぶことにする。

　例を話そう。

● 例) 保険の営業マンが営業成績で支店トップになる

　Aさんは保険の営業マン。営業成績は平凡だ。そんなAさんが来期は営業成績で支店トップになり、同僚や上司から祝福されているビジョン（＝①理想の未来）を描いたとする。すると、Aさんの状況（＝②現在時点）との間に大きなギャップ（＝③テーマ）が生まれる。支店でトップになるためには営業成績を20％アップしなくてはならないとすると、テーマは「Aさんはいかにして営業成績を20％アップするか？」だ。

　理想の未来に向かって、一歩踏み出すと、そこに壁（＝④課題）がある。この壁は大きなギャップ（テーマ：いかにして営業成績を20％アップするか？）を小分けしたものだ。たとえば、訪問件数の壁、成約率の壁、再契約率の壁の3つの壁に小分けできるとする。このひとつひとつの壁をクリアするための鍵（＝⑤解決策）を見つけ、Aさんは問題を解決していく。こんな流れだ。

　つまり、「**ビジョン（理想の未来）**」を描いた**瞬間**、そこに「**テーマ**」が**あらわれる**。そのテーマをクリアするためには、いくつもの**壁**を乗り越えていかなくてはならない。壁を乗り越える鍵を手に入れ、壁を乗り越え、テーマをクリアし、理想の未来にたどりつく。

　5つの要素で、問題解決の一連の物語が構成される。

3 問題解決に必要なことは「映画」に学んだ

(1) 問題解決の格好の教材は映画だ

　問題解決の5つの要素がどのように構成されるのか。実感をともなって理解をするためには、実践を積むことが一番だ。では、実践経験の少ない場合はどうしたらいいのか。格好の教材がある。5つの要素を体感

できる格好の教材だ。格好の教材とは何か？
　それは、「**映画**」だ。
　問題解決に必要なことは「映画」に学んだ。これは私が実感をもって言えるひとことだ。事実、映画での問題解決の疑似体験が、私の提案書づくりにもたらした影響ははかりしれない。映画を通して学ぶ。すると、問題解決の5つの要素をしっかりイメージできるようになる。フレームワークで理解したことが、手触り感覚で理解できるようになる。問題解決とは何か、頭でなく腹で分かるようになる。問題解決を臨場感をもって理解できるようになる。実践経験がなくても、最短距離で問題解決の本質が分かる。そのためには、映画が一番。さっそく、映画から問題解決を学ぼう。

(2) 映画とは、最大の謎を解き明かす旅だ

　映画ではドラマが展開される。主人公のドラマだ。
　たとえば、サスペンス・ドラマ。平凡な日常を送っていた主人公はある事件にまきこまれる。事件をきっかけに、主人公の前には次々障害（＝壁）が訪れる。そのたびに、主人公は壁を突破する鍵を手に入れ、障害を解決していく。そして、結末はすべての障害がクリアされ、成長した主人公の未来が訪れる。

　これはアクションものでも、ヒーローものでも変わらない。映画の構成は、平凡な日常をおくっている主人公にあるきっかけ（事件など）が発生する。その後、つぎつぎと壁が立ちはだかる。その壁をクリアする鍵を手に入れ、結末をむかえる。主人公はこの一連の旅を通して成長を遂げる。このように、映画は平凡な主人公がドラマを通してヒーローに成長していく旅になぞらえる。そのため、映画は、「ヒーローズ・ジャーニー（主人公がヒーローになるための旅）」といわれる。

(3)「問題解決の5つの要素」で、映画鑑賞してみると……

　映画の中で主人公がやっていることは、ズバリ問題解決だ。**映画＝問題解決の物語**といえる。

　問題解決は、映画的に理解したらいい。あなたが企業再建を依頼されたコンサルタントだとしよう。あなたはクライアントに企業再建に関する提案書を提出しなくてはならない。この設定で、問題解決のフレームワークに基づき、映画的に問題解決の5つの要素をながめてみよう。

①テーマ

　テーマとは、その映画の**最大の謎（＝問い）**のことだ。恋愛映画なら、「2人の恋の行方はどうなるのか？」。アドベンチャー映画なら、「主人公は宝を手に入れることができるのか？」。これがテーマだ。

　主人公が、テーマの謎解きをする旅に出かけるのが映画の物語だ。

　企業再建を請け負ったあなたの問題解決の最大の謎、テーマは何か？「企業は再建できるか？」だ。これが問題解決の大きなテーマだ。提案書は、このテーマの謎解きをしていく。提案書の中で、主人公であるクライアントがどのようにして再建を遂げていくか、クライアントのヒーローズ・ジャーニーの物語が展開される。

②理想の未来（＝ビジョン）

　理想の未来（＝ビジョン）とは、映画の**ラストシーン**だ。恋愛映画なら、2人の恋の行方の結末が明らかになる。このラストシーンを目指して、2人の主人公の旅が展開していく。

　提案書で言えば、最後の一枚。最終的に、この再建の提案を実行したらどんな未来が出現するのか、そのビジョンがあらわれる。そして、提案書では、未来のビジョンの実現に向けて具体的な問題解決のアプローチが展開されていく。

③現在時点

　映画のスタートは、現在時点。現在時点とは、主人公の平凡な日常だ。ある事件をきっかけに、主人公は平凡な日常から抜け出し、物語の世界へ。ラストシーンに向けて、物語が展開していく。

　提案書では、最初の数ページ。「現在、御社はこれこれこういう状況にあります……」という現状説明の部分だ。ここから最後の一ページに向けて、どのようにして問題解決をしていくのかが語られる。

④壁

　映画では、主人公がラストシーン（＝理想の未来）に向けて旅をはじめると、次々と目の前に障害（＝壁）が立ちはだかる。

　提案書では、解決すべき問題＝壁がある。**壁の見極めが適切かどうかで提案書のクオリティは変わる**。ビジョンにつながる筋道にある壁をクッキリ浮かび上がらせる。そこではじめて、どんな解決策（＝鍵）を探したらいいかが分かる。

⑤鍵

　映画では、主人公は壁に遭遇するたびに壁を突破する鍵を手に入れる。あるときは仲間であったり、またあるときは思わぬ道具であったりと。壁があるからドラマがある。壁があるから物語が次へと展開する。

　提案書では、鍵とは具体的な解決策のことだ。壁の存在が明らかになったら、あとはひとつひとつの壁の解決策を提示していくだけだ。

　このように、問題解決とは、5つの要素で構成される一連の物語だ。映画で展開される物語のように、問題解決を映像的に頭の中にイメージできるようになる。これが問題解決のコツだ。いかに想像力豊かに、5つの構成要素からなる物語をイメージできるかが、問題解決における肝

となる。**問題解決を文章だけを使って考えるのに比べたら、問題解決を動画でとらえる効果ははかりしれない。**問題解決のフレームワークで映画を眺めてみると、提案書づくりの参考になることがじつに多いことがよく分かると思う。

　問題解決のポイントを整理しておこう。
① 問題解決とは、問題解決の「5つの要素」から構成される物語だ。
② 問題解決には、問題解決の「フレームワーク」をあてはめ対象を眺めてみること。
③ 問題解決に必要なことは「映画」で学んだ。問題解決を動画で把握するには格好の教材だ。

「理想の未来（＝ビジョン）」から逆算して、問題解決の筋道をつくり、具体的に実現していく。
　これがロジカルシンキングの目的である。

　以上、ロジカルシンキングの原則と目的についてみてきた。
　ロジカルシンキングとは、「メッセージの原則」に基づき思考し、その目的である「問題解決」を実現する。これを図にすると、こうなる。

> 「メッセージの原則」⇒「ロジカルシンキング」⇒「問題解決」

　原則と目的は分かった。もうひとつ、私たちが知っておくべきことがある。それは、なにか。
「ロジカルシンキングとは何か？」
　この問いの答えを知らなくてはならない。
　原則（ルール）と目的（ゴール）が分かっても、「サッカーとは何か？」が分かっていなければ、サッカーがゲームとして成り立たないように、

ロジカルシンキングでも、原則(ルール)と目的(ゴール)のまん中の「ロジカルシンキングとは何か?」について知っておく必要がある。

それがなければ、その対象が成り立たないもの。これを「原理」という。ロジカルシンキングを問うことは、原理を知ることにほかならない。

原理とは、料理人にとっての「料理の心得」のようなものだ。レシピ(原則)を知っていて、「おいしい」のひとこと(目的)が分かっていても、何かが足りない。これが原理であり、心得だ。

そして、このロジカルシンキングの原理にあたるのが、第3のキーワード、「分かりやすさ」だ。

ロジカルシンキングの構図は、こうなる(図1-4)。

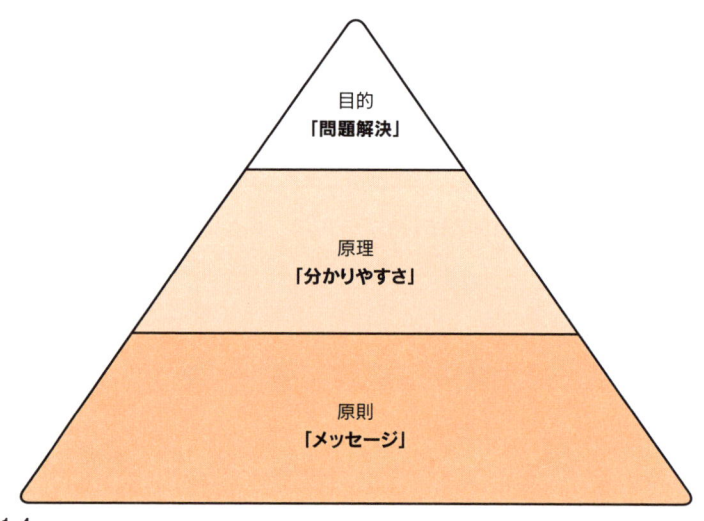

| 「メッセージ(原則)」 → 「分かりやすさ(原理)」 → 「問題解決(目的)」 |

目的
「問題解決」

原理
「分かりやすさ」

原則
「メッセージ」

図1-4

第4節

Key Word ❸
「分かりやすさ」
ロジカルシンキングの原理

「要は、ロジカルシンキングとは何か？」
その答えが、**「分かりやすさ」**だ。
「分かりやすさ」という言葉は、私たちが普段何気なく使う言葉だ。
そこで、質問。
「『分かりやすさ』とは何でしょうか？」
うまく答えられただろうか。この質問に多くの人がうまく答えられない。何気なく使うけれど、いざ質問されると分からない。それが「分かりやすさ」という言葉である。
たとえば、チャリティへの参加を呼びかける提案書。
この場合、「分かりやすさ」とは何だろうか。提案書が分かりやすいとは、どのようなものなのだろうか。
その提案書の内容を聞いた相手が、その提案書の内容を完全に理解してくれた上で、「なるほど！」と納得してくれ、最終的に提案書の呼びかけに参加してくれる。これが「分かりやすさ」だ。つまり、提案書で得たい結果＝「参加」につながっている。

そのためには、思わず「なるほど！」と膝をたたいて相手に納得してもらう必要がある。どうやって、相手の「なるほど！」を引き出すのか。大前提は、提案書の内容を「完全に理解してもらえている」ことだ。

　ここでの、完全に理解してもらえる状態とは、どのような状態なのか。
　答えは、「再現性」。こちらの提案した内容を、相手が他の人に伝えられるレベルで理解してくれる。つまり、相手が自分の言葉で提案書の内容を再現できること。相手が再現できるレベルで理解してくれた場合、そこに再現性があるという。

　ところがここでひとつの疑問が生まれる。「分かりやすさ」とは、どのようにしてチェックすればいいのか？
　答えは「3つの質問」でチェックする。
　「3つの質問」とは何か？　ひとつ目は、**「再現性」**。2つ目が、**「納得性」**。そして最後が、**「参加性」**だ。
　例をあげよう。

1 映画の予告編の「分かりやすさ」とは？

　提案書は映画の予告編という話をした。
　映画の予告編の「分かりやすさ」について考えてみよう。
　映画の予告編は多額のお金を投じてつくられる。観客に向けての映画の提案書、それが映画の予告編だ。予告編が伝えているもの、それは「メッセージ」である（図1-5）。

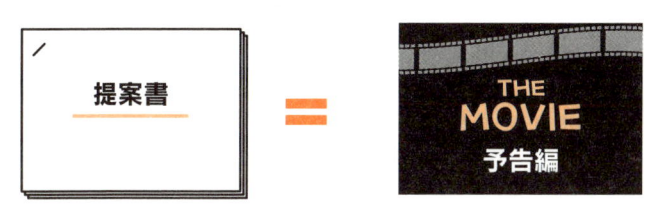

図 1-5

　映画の予告編では、メッセージを伝える。予告編のメッセージの最終目的は、多くの人が映画に足を運んでもらうことだ。上映する映画館にお客さんが列をなしてくれたら、メッセージの目的は達成される。たくさんのお客さんに「参加」してもらうことが予告編のゴールだ。

　予告編を見たお客さんが、その映画の予告編の内容を友人に「**再現**」できるほど理解してくれた上で、「なるほど！」と「**納得**」して、実際に映画館に足を運んでくれる（「**参加**」してくれる）。

　伝わるメッセージには理由(わけ)がある。
　予告編のメッセージがお客さんの中に、「再現」「納得」「参加」を生み出して、はじめて「伝わる」。

　つまり、そのメッセージには、
　「再現性」があるか？
　「納得性」があるか？
　「参加性」があるか？
　という「3つの質問」で思考をチェックすることが、「分かりやすさ」を見極めるコツだ。

　「分かりやすさ」は、「再現性」「納得性」「参加性」の掛け算であらわさ

れる。

●ロジカルシンキングの原理

> 「分かりやすさ」＝「再現性」×「納得性」×「参加性」

　この「分かりやすさ」の掛け算がどのようなかたちで展開されるのか、提案書で見てみよう。

2　「分かりやすさ」をチェックする「3つの質問」とは？

　提案書は、映画の予告編だ。提案書にはメッセージがある。
　メッセージの「分かりやすさ」とは。伝わるメッセージとは。
　それは、プレゼンテーションを聞いた相手が、他の人が自分の言葉で「再現」できるほど理解してくれた上で、思わず「なるほど！」と膝をたたくほど「納得」してくれ、実際にその提案書に描かれた物語に「参加」する。この「再現性」「納得性」「参加性」がそこにあるとき、メッセージが伝わったことになる。
　メッセージに、「再現性」があり、「納得性」があり、「参加性」があるとき、その提案書は「分かりやすい」。

　「分かりやすさ」をイメージしやすいように、図式化してみた（図1-6）。図をながめながら説明しよう。

第 1 章 ●「削る」

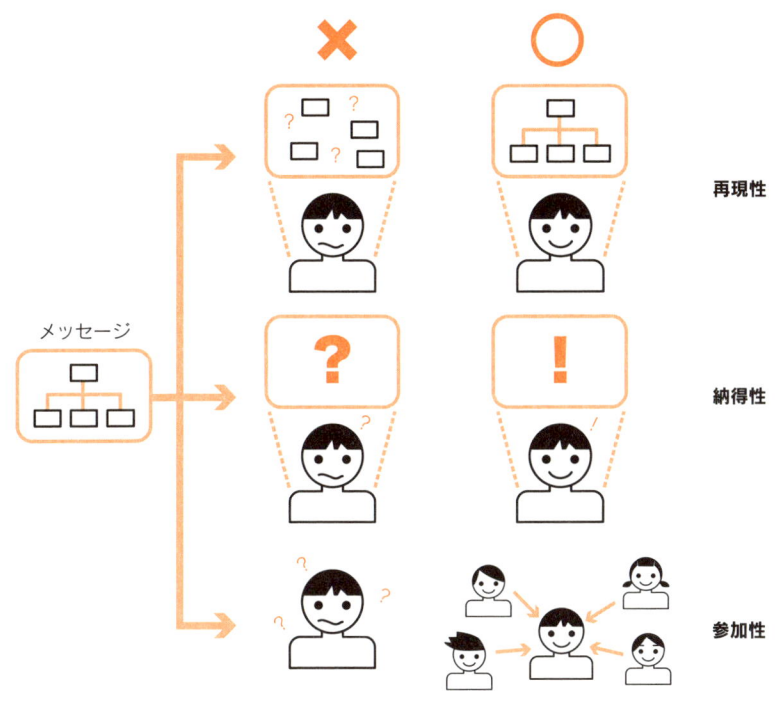

図 1-6

(1)「再現性」とは？

相手の脳内スクリーンに「メッセージ」が描かれること。

こちらが頭の中で描いているイメージが、相手の頭の中でも同じように描かれ、再現される。たとえば、こちらの頭の中で描いている日本地図が、相手の頭の中で正確に描かれ、相手が実際に「再現」できるほど理解してくれたとき、そこに「分かりやすさ」があるといえる。

(2)「納得性」とは？

「？」が、「なるほど！♥」に変わること。「納得性」は、「なるほど！」

×「なるほど♥」だ。

　相手が、思わず「なるほど！」と納得するのは、そこに気づきが生まれるからだ。気づきは、知らなかったことが分かったときに生まれる。自分では気づいていなかったことを、ズバリ言い当ててくれる。そうなると気づきが生まれる。提案書のテーマ（最大の問い）が解かれた瞬間、「なるほど！」が生まれる。

　「なるほど♥」とは、相手がその内容に共感してくれてはじめて生まれる。そのためには、相手のことを深く知る。相手の心の底にあるモヤモヤを解消するメッセージがあるとき、共感が生まれる。

　つまり、「メッセージ（答え）」が、相手の心の深いレベルに到達し、**相手の知りたいテーマ（最大の問い）をズバリ言い当てているとき、そこに「分かりやすさ」が生まれる。**

(3)「参加性」とは？

　提案書を、「なるほど！」と納得してくれた。しかし、人も組織も動かない。よくあることだ。**"納得したけど、動かない"**という状態。そのとき、提案書は「結果」につながらない。提案はしたが、何も動かない。

　「参加性」とは、相手が実際に提案書の中にある物語の世界に参加してくれている状態のことだ。つまり、提案が人と組織を動かし、具体的な変化をもたらしてはじめて、そこに「参加性」が実現している。「参加性」が実現されて、はじめてそこに「分かりやすさ」が生まれる。

　「分かりやすさ」を確認するための「3つの質問」を見てきた。

(1) その提案書は、再現性があるか？
(2) その提案書は、納得性があるか？
(3) その提案書は、参加性があるか？

「再現性」「納得性」「参加性」が満たされて、はじめてメッセージは伝わ・る・。そこに「分かりやすさ」があるとき、提案書は伝わる。その瞬間、提案書は「結果」につながる。

以上、ロジカルシンキングの必要最小限の「3つのキーワード」について見てきた。

「分かりやすさ」とは、「再現性」「納得性」「参加性」のある**「メッセージ」**によってもたらされる。そこに「分かりやすさ」があるとき、ロジカルシンキングの目的、**「問題解決」**が実現する。

この章のまとめに移る前に、もうひとつの疑問に答えておく。
「ロジカルシンキングの道具はどうしたらいいの？」という疑問だ。

ロジカルシンキングには、MECE、ロジックツリー、ピラミッドストラクチャー、フレームワークなど、さまざまな思考の道具がある。これらの道具はすべて、複雑な問題を、「分かりやすく」するためのものだ。「**メッセージ**」の原則に基づき、**「分かりやすさ」**を生み出し、**「問題解決」**を実現する。そのための思考の道具だ。

まとめ

ロジカルシンキングから 削り出されたエッセンスは、「これだけ！」

　ロジカルシンキングで押さえなくてはならない必要最小限のピラミッド、それが図 1-7 だ。あれもこれもとたくさんの知識のほとんどを捨て、結果を出すために必要なダイヤモンドだけを削り出した。

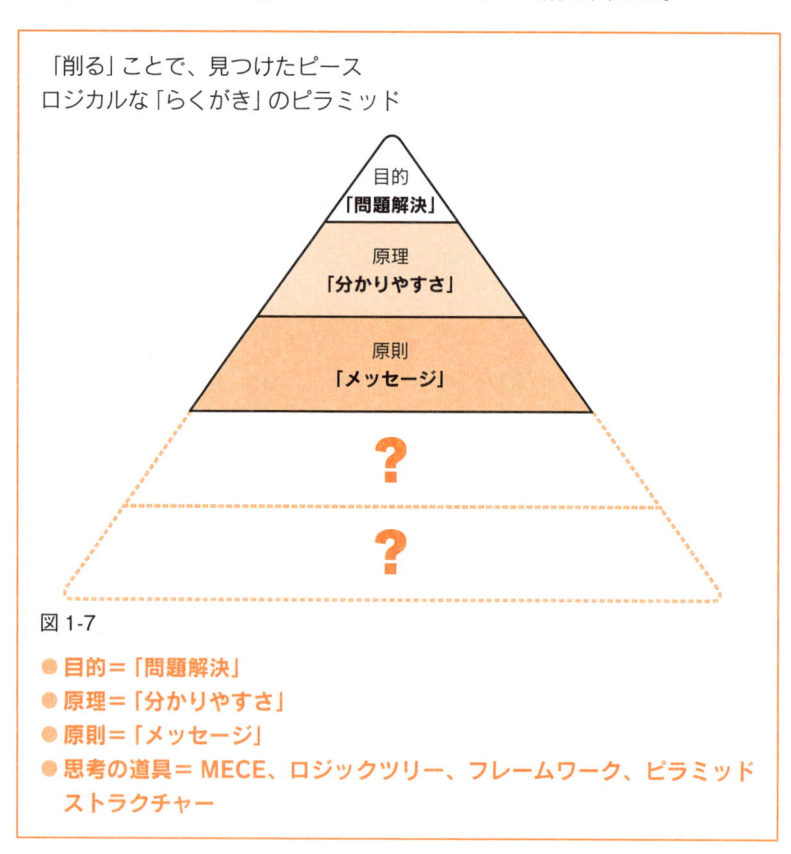

「削る」ことで、見つけたピース
ロジカルな「らくがき」のピラミッド

- 目的「問題解決」
- 原理「分かりやすさ」
- 原則「メッセージ」
- ?
- ?

図 1-7

- **目的**＝「問題解決」
- **原理**＝「分かりやすさ」
- **原則**＝「メッセージ」
- **思考の道具**＝ MECE、ロジックツリー、フレームワーク、ピラミッドストラクチャー

ロジカルシンキングのピラミッドは、上から「目的」「原理」、そしてそのためにどんな「原則」に基づいて思考するのか。この3要素で構成される。

● **要は、ロジカルシンキングとは？**
　私たちがロジカルシンキングをする目的、それは問題解決だ。
　問題解決のためには、「分かりやすさ」を実現する必要がある。
　分かりやすさを実現するために、私たちは「メッセージの原則」に基づいて思考しなくてはならない。「相手」が「なるほど！」と納得してくれる分かりやすい「メッセージ」を抽出するために、情報や思考を「分かりやすく」組み立てていく。
　これがロジカルシンキングの「これだけ！」だ。

● **「削る」から、「足す」へ**
　これで第1章は終わりになる。私たちの基礎編のゴール、ロジカルな「らくがき」のピラミッドを完成させるためには、まだ足りない部分がある。
　これから、第2章で一流のプロの思考プロセスを借りて、足りないところを「足す」ことにしよう。それは、一流のプロが無意識でやっている独自の思考プロセスの中にある。ピラミッドを「足す」ことで、「私でもできる方法がある」ということに気づいていただくのが、第2章だ。

Column 「言葉(ことば)」が世界を創る。

　目の前の現実を変える魔法があるとしたら、それは何か？
　能力、スキル、人脈、お金、権力、運、それとも。。。
　答えは、「言葉」。
　「言葉」が世界を創る。
　日頃、何気なく使っている言葉が、わたしたちの目の前の現実をつくりだす。どんな「言葉」を使うかで、「結果」が変わる。なにげなく使う「言葉」が、物事を推進するブレーキにもなれば、アクセルにもなる。

　「問題分析の手法は、欠陥についての会話が基盤となっています。そのため、この手法を長く続けると、組織はなぜ、物事が失敗するかというストーリーと、それを理解するための豊富な語彙で埋め尽くされてしまうのです。何が機能していないのか、なぜ物事がうまくいかないのか、誰が仕事をしなかったかなど、脅迫観念のように問われることで、組織のメンバーのやる気は失われ、学習スピードは低下し、人々の関係性や前向きな動きを阻むのです」
　　　　　（ダイアナ・ホイットニー＆アマンダ・トロステンブルーム
　　　　　『ポジティブ・チェンジ＜主体性と組織力を高めるＡＩ＞』）

　たとえば、わたしたちが何気なく使う「難しい」、「できない」、「無理」という「言葉」は、行き詰まる現実をつくり出す。「過去」の延長線の変えられない未来を出現させる。

　一流のプロは、未来の可能性にフォーカスする「言葉」を使う。
　目の前の現実を変えたければ、「言葉」を意識して変えてみる。現実を変える一歩は、「言葉」を変えるところから。「言葉」が変わるとあなたの「世界」が変わる。未来の可能性にフォーカスする「言葉」の習慣、さっそくはじめてみてはいかがだろうか。

基 礎 編

第2章

一流のプロの思考を借りる

ピラミッド2
「足す」

第1節
ロジカルシンキングの「3つの壁」とは？

　「削る」ことで、ロジカルシンキングはスッキリと分かりやすくなった。「メッセージ」「問題解決」「分かりやすさ」、この3つのキーワードが理解できればロジカルシンキングは分かる。

　しかし、本書の目的は「分かる」ことではない。ロジカルシンキングが、「できる」ようになることだ。ロジカルシンキングを使いこなし、問題解決のプロになること。これが本書を読み終えた後、あなたの前に出現する未来だ。問題解決のプロとして、仕事が「できる」ようになる。しかし、ここで問題が発生する。「**分かる**」と「**できる**」の間には**巨大な壁がある**。しかも、壁は3つある。
　この問題を解決しておこう。3つの壁をクリアする。「分かる」から「できる」にシフトする。壁を攻略するためには、まず壁の正体を明らかにし、つづいて壁をクリアする鍵を手に入れることにしよう。

　まず巨大な壁の正体を明らかにしていこう。

1 ロジカルシンキングの「3つの壁」

　その壁の存在に私が気づいたのは、一流のプロと仕事をするようになってからのことだ。理想の未来（＝一流のプロ）が目の前にあらわれて、「壁」が出現した。理想と現実の間にある壁こそ、ロジカルシンキングの「分かる」と「できる」の間にある巨大な壁だった。
　ロジカルシンキングの「分かる」と「できる」の間にそびえたつ3つの壁とは、

> ①「手順」　②「ツボ（原則）」　③「技」

①「分かる」けど、「どんな手順で考えればいいのか？」が見えない。
②「分かる」けど、「どのツボを押さえればいいのか？」が見えない。
③「分かる」けど、「どんな技を使ったらいいのか？」が見えない。

　これが、「分かる」けど「できない」人の現実だ。理想が見えると、壁は目の前にあらわれる。私は一流のプロと仕事をすることで、それまで見えなかったものが見えた。理想の未来と現実を比較することで、見えなかった壁が見えた。

2 理想の未来（＝一流のプロ）と比較すると見えてきたロジカルシンキングの壁

　まず、図2-1を見てほしい。今までのロジカルシンキングと、一流のプロの思考の手順（プロセス）を比較したものだ。すると、見えてくるものがある。一流のプロにあって、今までのロジカルシンキングでは語

られることがないものが。見ていただくと分かるように、一流のプロが4つのステップで最終的な提案書に思考を結晶化させていくのに対して、今までのロジカルシンキングはStep3の1段だけで、思考をまとめて提案書にしていく。

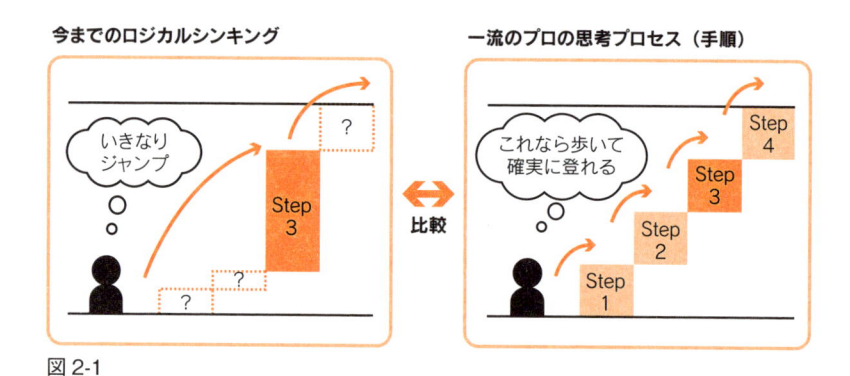

今までのロジカルシンキング　　　　　一流のプロの思考プロセス（手順）

図2-1

(1) 手順の壁

　一流のプロの4つのステップについては、のちほど詳しく説明するとして、ひとつ目の壁は何かというと、一流のプロの4Stepsと今までのロジカルシンキングの1Stepとのギャップ、「手順」の壁だ。一流のプロの思考プロセス（右側）は、階段を一段一段踏みしめながら、提案書にたどりつく。これに対し、第2ルートでは、いきなり3段目にジャンプする。さらに提案書にたどりつくのにもう一度ジャンプしなくてはならない。歩いて登れる一流のプロの4Stepsに対して、ジャンプして登る今までの1Stepだ。

　本来あるはずの階段が見えなかったのが、第2ルートだった。階段が足りなかった。歩いて登れるはずの階段がブラックボックス（?）になっていたため、ジャンプしなければならなかった。そして、この見えない階段の存在が、さらに第2、第3の壁を生み出していた。

(2) 原則の壁

　私たちは、すでに「メッセージの原則」を手に入れた。ロジカルシンキングの原則だ。もし、思考の階段 Step3 だけだったら、この「メッセージの原則」だけで十分だろう。しかし、一流のプロには別の階段がある。残りの3つの階段（ステップ）が見えた瞬間、「メッセージの原則」だけでは足りないことが見えてくる。

　残りの3つのステップには、「メッセージの原則」以外のいくつかの思考の原則が作動していた。なぜ、一流のプロがストレスなくスピーディに提案書をアウトプットできるのか？　なぜ、一流のプロの提案書が突破的な結果をもたらすのか。**その秘密は、残りの隠れた原則にあった。**

　一流のプロの「分かりやすさ」には秘密がある。それは、一流のプロの思考の原則だ。一流のプロの思考の原則を使えば、提案書の「分かりやすさ」が格段にアップする。しかし、多くの人は、この原則を知らない。今まで語られることがなかった原則がそこにあった。一流のプロの思考の原則を知らないから、多くの人は苦労する。そして、行き詰まる。

(3) 技の壁

　見えなかった3つのステップが見えると、じつはそこに一流のプロの極意があった。それは、一流のプロの技だ。一流のプロの思考には技がある。決して、今まで語られることがほとんどなかった技だ。職人の技が、その作品を際立たせるように、一流のプロの技は、彼らの思考を際立たせる。**技を盗むという言葉があるように、技を手に入れたものだけがたどりつける場所がある。**多くの人は、一流のプロの技にじかに触れる機会がない。そのため、その技の存在を知らない。

　一流のプロの技については、後ほど詳しく話そう。

3 なぜ、壁の存在はこれまで語られることがなかったのか？

● 「そんなのあたりまえのこと」

なぜ、今まで語られることがなかったのか。その理由は、いたってシンプル。「あたりまえ」だから。

あるとき、私は一流のプロに聞いてみた。「（プロの技を指さし）これってすごいですよ、本にしたらどうですか？」と聞くと、「本になるわけないよ。たかがらくがきだよ。しかも、こんなの誰でもやっているあたりまえのことだよ」と答えた。私にとっては目からウロコのことが、彼には「あたりまえ」のことだった。事実、私が出会った一流のプロはみな、この「あたりまえ」のことをやっていた。

じつは、巨大な壁とは、顕在化された能力のある人にとっては「あたりまえ」のことだった。顕在化した能力のある人は、あたりまえにジャンプをすることができる。だから、「第2ルート」のロジカルシンキングの階段はジャンプして登るものだし、それは顕在化した能力のある人には自然にできることだった。あえて、それを学ぶ必要がなかったのだ。

どの分野でも、一流のプロには自分のやっていることのすごさが分からない。あまりにも自然で、無意識にできてしまう。だから、「あたりまえ」としてしまう。しかし、普通の人からするとそれは特別なことに見える。

このようなことから、普通の人がロジカルシンキングを勉強しても、「分かる」ことはできても、「できる」レベルになかなか到達しない。「あたりまえ」があたりまえでないため、行き詰まる。ジャンプしようとし

て、挫折する。ゴルフの解説書で分かったつもりでも、ゴルフコースに出てみたらできない。これと同じだ。

では、この「あたりまえ」から生まれる３つの壁をどうクリアしたらいいのか。

その答えは、**一流のプロから「借りる」**。一流のプロの**「秘密の鍵」**を借りたらいい。鍵とは、一流のプロの思考だ。

4 壁をクリアする鍵は、一流のプロの思考にあった

私はこの10年間、一流のプロといっしょに仕事をしてきた。私は、彼らから３つの壁をクリアする「３つの鍵」を引き継いだ。それが、壁をクリアするための「３つの鍵」だ。お見せしよう。

●一流のプロから借りる「３つの鍵」

❶「手順」の壁をクリアするための鍵
　　　　　　一流のプロの思考プロセス「4Steps」

❷「原則」の壁をクリアするための鍵
　　　　　　一流のプロの「プロ思考５原則」

❸「技」の壁をクリアするための鍵
　　　　　　一流のプロの技「手作業」

それでは、一流のプロの思考の世界を見てみよう。

第2節

突破的な結果を生む「3つのタイプ」の一流のプロとは？

1 私が出会った「3つのタイプ」の一流

　私はこの10年間、3つのタイプの一流のプロの方々と仕事をともにしてきた。

「3つのタイプ」の一流のプロ

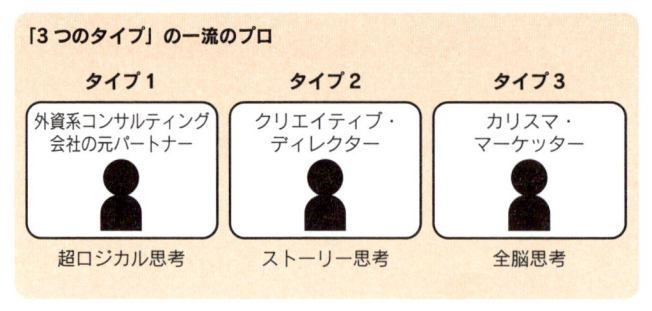

タイプ1	タイプ2	タイプ3
外資系コンサルティング会社の元パートナー	クリエイティブ・ディレクター	カリスマ・マーケッター
超ロジカル思考	ストーリー思考	全脳思考

図 2-2

あえて、タイプ1からタイプ3までを脳の働きで色分けしてみると、左脳タイプ（タイプ1）、右脳タイプ（タイプ2）、そして全脳タイプ（タイプ3）だ（図2-2）。しかし、大事な共通点がある。どのタイプも突破的な結果を生み続けてきたこと。そして、その背景には誰もが「なるほど！」と納得してしまう思考の秘密があった。

はじめのタイプ1は、左脳タイプ。左脳をベースにロジックを建築していく。

■タイプ1──外資系コンサルティング会社の元パートナーの超ロジカル思考とは？

あなたは、外資系コンサルティング会社のパートナーと聞いてどのようなイメージを抱くだろうか。ものすごく頭が切れて、針の穴もないような完璧なまでのロジックを駆使する人。大企業のトップが思わず聞き入ってしまうような圧倒的なプレゼンをする人。こんなイメージがないだろうか。まさにそのとおりだ。彼らは、超ロジカル思考。どんな複雑な問題も彼らの手にかかると、あっという間に解きほぐされて、シンプルな解決策になる。私が仕事をしてきたタイプ1はそうした方々だ。その中のひとりとのやり取りを紹介しよう。

「パソコンに向かうな！」

私は、彼のこの言葉を何度耳にしたことか。彼いわく、「パソコンは作業の道具にすぎない。自分の考えが熟成されないうちにパソコンに向かうな」とのこと。で、彼はどのように思考するのか。

彼のある一日を紹介しよう。

彼は、その日ある企業の戦略プランに関する提案書づくりをしていた。
　午前中、クライアントと打ち合わせ。その後昼食をすませてオフィスへ戻る。

　机に腰掛けてパソコンに向かうわけでもなく、ただボーッとしているかにみえる。じつは、このとき、彼の頭の中では提案書の最終形をイメージしている。提案書のゴールから逆算して、作業の全体を見わたしているのだ。

　しばらくすると、おもむろにペンをとり、おもむろに大きな紙をひろげ、その上になにやら書きなぐる。頭の中に浮かんだ考えを紙の上に洗い出していく。とにかく、書きなぐる。およそ「らくがき」にしか見えない。この紙に書きなぐる作業が一段落して、コーヒーで一服。

　コーヒーブレイクのあと、今度はA4の用紙を取り出し、書きなぐった大きな紙を眺めながら、ロジックツリーやピラミッドストラクチャーといったロジカルシンキングの道具を使って考えを整理していく。しばらくすると、一通りの解決策のロジックができあがる。
　それから、その解決策を検証するために、リサーチ会社にメールで依頼をかける。その後、リサーチ会社の担当者と電話でやり取りし、この日の作業を終える。

　数日後、リサーチ会社からあがってきた検証データをチェックし、最終的に実現可能な解決策を決める。そして、パソコンに向かい一気に提案書をつくりあげていく。
　提案の当日、クライアントサイドの出席者が聞き入るプレゼンが展開される。パワーポイントのスライドがまるで映像のように繰り広げられる。彼のひとつひとつのメッセージが脳に突きささる。もちろん、提案はGOサインだ。

　印象に残っているのは、**「提案書の最終形をイメージする」「大きな紙の上でのらくがき」「映像が目に浮かぶプレゼンテーション」**。

彼は、ゴールから逆算し、作業の筋道を見わたす。次に紙の上に、頭の中から考えを洗い流す。その紙を眺めながら、ロジカルシンキングの道具でもってロジックを組み立てていく。仮説を検証し、提案書にまとめあげる。リラックスして、無駄なくスピーディに一連の作業をやっていく。

つづいてのタイプ2は、右脳タイプ。右脳をベースに、ロジックを物語で組み立てていく。

■タイプ2──クリエイティブ・ディレクターのストーリー思考とは？

あなたは、クリエイティブ・ディレクターと聞いてどのような想像をするだろうか。広告、TV番組、映画をディレクションする人。近年では、トム・フォード（グッチ再生の立役者）、佐藤可士和氏など、クリエイティブな視点で企業やブランドの再生をする人々。彼らの生み出すクリエイティブは世の中を動かす。そして、そのクリエイティブの背景には、ち密なロジックがある。

私が仕事をしてきたタイプ2の方々は、ち密なロジックに支えられたクリエイティブを生み出していた。その中のおひとりの思考の風景を紹介しよう。

「伝えると、"伝わる"はちがう！」

私は、彼のこの言葉を何度耳にしたことか。彼いわく、「この提案書、イメージできないよ。運営責任者がこの提案書を見ただけで、自分がこのプロジェクトをどう運営しているか鮮明な映像が頭に浮かばないとダメ。**伝わらない提案書の価値なんてゼロだよ**」。彼の提案書は、じつによく「伝わる」。映像が浮かぶような提案書。クライアントから、「まる

で未来を見てきたような提案書だね」と言われたりしていたのを覚えている。

彼のある一日を紹介しよう。

> 彼は、その日ある企業のブランド再生に関する提案書づくりをしていた。
>
> 朝一番、メンバーを集めてブレックファーストミーティング。雑談をしながら、この提案書の完成イメージとそこまでの手順を確認していく。2時間ほどでミーティングを切り上げ、別件でクライアントとの打ち合わせのため外出。
>
> 午後、オフィスに戻ると、画用紙とペンを持って会議室へ。会議室で、2、3時間。画用紙にお絵描きをする。ブランドの背景、コンセプトやキャッチコピーを思いつくままに画用紙の上に書き出していった。会議テーブルの上に、彩られた画用紙がいっぱいにひろがっている。ここで、しばしブレイク。近所のカフェで30分ほどつろぐ。
>
> 戻ってくると、会議テーブルに広がる画用紙を眺めながら、一枚の紙に提案書のロジックを整理していく。このロジックの組み立て方がユニークだった。紙芝居が展開するように物語仕立てでロジックを組み立てていく。ロジックが組み立て終わると、今度は自分の机に戻り、一気にパソコンで提案書を書き上げた。できあがった提案書は、まるで紙芝居。そこに豊かなイメージとストーリーが浮かびあがっていた。

印象に残っているのは、「画用紙にお絵描き」「紙芝居でロジック」「浮かびあがるストーリーとイメージ」だ。

ちなみに、彼は「ロジカルシンキングって何？」と言っていた。そう、ロジカルシンキングを学んだことがない。だから、思考を整理するとき、ロジカルシンキングで定番の道具は使わない。しかし、クリエイティ

ブ・ディレクターは極めてロジカルだ。たとえば、ブランド再生というつかみどころのないものを、**クライアント先の誰もが頭の中で描ける映像として脳裏に刻み込む。それを生み出す言葉とロジックの力ははかりしれない。**

さて、最後のタイプ3。全脳タイプ。全脳をフル活用する。**言葉というタテ糸と、イメージというヨコ糸を使い、ロジックを組み立てていく。**

■タイプ3 ──カリスマ・マーケッターの全脳思考とは？

みなさんは、カリスマ・マーケッターと聞いてどのようなイメージを思い浮かべるだろうか。新たな市場の流れを自らつくりあげていく天才といわれるような人。今までの市場における非常識なやり方で圧倒的な集客を実現し、クライアントにダントツな収益をもたらす。ゼロから突破的なビジネスモデルをつくりあげ、ほんの数年で業界地図を塗り替えていく。そんなイメージがある。私が仕事をしてきたタイプ3はまさにそんな方々だ。

「この提案書を読み終えた後、どんな感情を抱いてもらいたいの?」

私が提案書を書くとき、いつも意識している彼の言葉だ。彼の問いかけは本質的なものばかりで、ハッとさせられる。彼は、人間の本質を深く理解する。そして、ロジック以前のイメージを重視する。そんな彼はどのような思考をするのか、彼のある一日を紹介しよう。

> 彼はその日、私のクライアントへの営業業務の改善の提案書づくりを手伝ってくれた。
>
> 彼はまず、考えるべきことを見わたすことからはじめた。どんな関係

者が関わっていて、どんな力関係がそこにあるのか。最終的なゴール地点は……。さまざまな角度から問題解決の対象を俯瞰していく。
　その後、彼はホワイトボードのところに行き、「これっていったい何を意味しているのか？」、「そもそも担当者にどんな感情を抱いてもらいたいのか？」……、こうした質問を独り言のようにつぶやきながら、思いつくまま、頭に浮かんだアイデアをどんどんホワイトボードの上にマーカーで書きこんでいく。みるみるうちにホワイトボードが文字やイラストで埋め尽くされる。

　その後、シンプルなフレームワークを用いて、ホワイトボードに洗い出された考えをロジカルに整理していく。

　そのあと、パワーポイントのスライドをチェックしながら、全体がひとつの物語になるように、物語の構成に必要なパーツを埋め込んでいく。そして、ストーリー仕立ての提案書ができあがる。

　印象に残っているのは、「**ホワイトボードに描かれた絵**」「**本質をつく独り言**」「**物語が埋め込まれたスライド**」だ。
　彼は、「考えることを考える」という表現をしていた。どういうことかというと、いきなりロジックを組み立てて、提案書づくりに入るのでなく、まず「何について考えるのか」、問題解決の対象をいろんな角度から見わたしてみることの重要性を指摘していた。

第3節

一流のプロから借りる「3つの鍵」とは？

1 一流のプロの思考が詰まった「50冊のノート」

　3つのタイプの一流のプロ。広い意味ではコンサルティングの分野だが、異なるバックグラウンド、異なるフィールド、そして求められる役割も異なる。しかし、彼らに共通している武器がある。それはロジカルシンキングだ。筋道（ロジック）を組み立て、思考を提案書に結晶化させる。**ロジカルシンキングという武器で、人を動かし、未来を出現させていく。それが一流のプロだ。**

　私の手元に「50冊のノート」がある。この10年間、書きためてきた。一流のプロとの仕事を通して気づいたこと。教えてもらったこと。プレゼンの現場で目からウロコの落ちた体験。提案書を添削してもらった際のポイントなど。いわば、一流のプロから引き継いだ資産だ。

　この50冊のノートから、一流のプロの思考に共通することを洗い出してみた。すると、そこには「3つの鍵」が浮かび上がった。一流のプロに共通する思考の「3つの鍵」とは？

2 一流のプロの思考から借りる「3つの鍵」とは？

　それでは、一流のプロが無意識に行っていた独自の思考を明らかにしていこう。
　一流のプロの思考から借りる「3つの鍵」とは？（図2-3）。

3つの鍵

50冊のノート

❶「手順」の壁をクリアするための鍵
　一流のプロの思考プロセス「4Steps」

❷「原則」の壁をクリアするための鍵
　一流のプロの「プロ思考5原則」

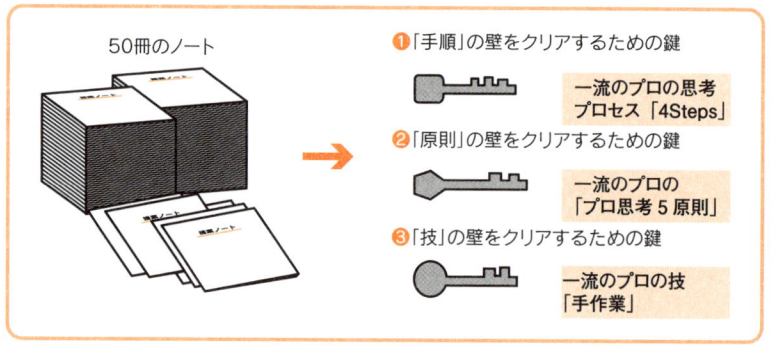

❸「技」の壁をクリアするための鍵
　一流のプロの技「手作業」

図2-3

（1）一流のプロの思考プロセス「4Steps」
　　　一流のプロの思考には、「ステップ（手順）」がある。

　ステップ（手順）とは、一流のプロが無意識にやっている独自の思考プロセスのことだ。一流のプロはストレスフリーで、スピーディに結果を出す。このときの彼らの思考を分解すると、「手順（ステップ）」があることが分かる。そして、この手順（ステップ）にしたがって思考することが、一流のプロの思考のスピードと切れを生み出している。この一流のプロの思考の手順（ステップ）を借りることにする。

(2) 一流のプロの「プロ思考５原則」
　　一流のプロの思考には、「ツボ（原則）」がある。

　指圧やマッサージの経験がある方なら分かるはず。一流の指圧師であるかどうかはすぐに分かる。一流の指圧師は、非常に腕が良い。ツボを心得ている。思考においても、ツボがある。そこさえ押さえていたら、効果的に筋道が考えられる。一流のプロを観察していると、なぜ彼らの思考が効果的で、しかも突破的な結果を出すのかがよく分かる。それは、一流のプロは思考のツボ（原則）を押さえているからだ。この一流のプロの思考のツボ（原則）を借りることにする。

(3) 一流のプロの「手作業」
　　一流のプロの思考には、「ワザ（技）」がある。

　職人の技、匠の技、達人の技。その道で一流といわれる人には、技がある。技とは、知識や経験。

　私が仕事をしてきた一流のプロの方たちは、「知の匠」という表現がぴったりだ。思考という武器を使って、無から有をつくりだす技を借りることにする。

　このように、私たちは、「手順」「原則」「技」という３つの壁をのりこえる**「３つの鍵」**を借りる。そして、新たにこの３つの鍵を**「足す」**ことでピラミッドの建設をすすめる。

第4節

一流のプロから借りる鍵 ❶
「手順」

一流のプロの思考プロセス「4ステップ」

鍵1 「手順」――一流のプロの思考プロセスは、「4Steps」だ！

　一流のプロは手順を踏んで思考していく。一流のプロが無意識にやっている思考には手順があり、流れがある。

　一流のプロの思考には、「4つのステップ」がある。4つの階段（ステップ）を一歩一歩登っていき、提案書に思考を結晶化していく（図2-4）。

　では、「4つのステップ」とは何か？

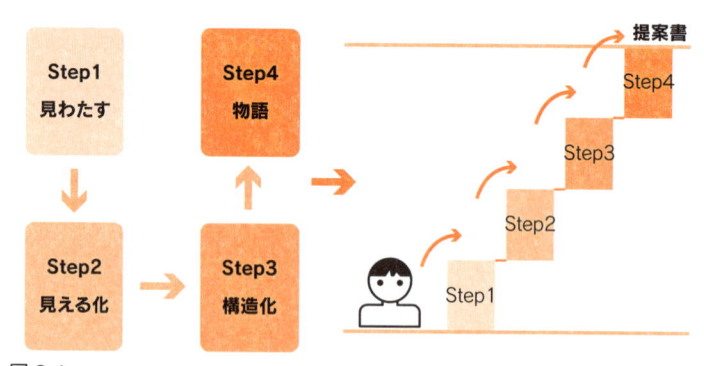

図2-4

彼らは、問題解決の全体を「**見わたす**」ことからはじめる。つづいて、ひとまず頭の中にある考えを洗い出し、「**見える化**」していく。その後、洗い出された考えをベースに思考を「**構造化**」していく。最終的に、思考は結晶化され、「**物語**」仕立ての提案書になる。これが一流のプロの思考の「4Steps」だ。

各ステップを見ていこう。

Step1：「見わたす」

一流のプロの思考は、「見わたす」ところからはじまる。

一流のプロは、まずこの提案書ではどんなことを考え、そんな最終形になるのかを「見わたす」。最終的な提案書のゴールのイメージを抱く。ゴールから逆算して、問題解決に必要な要素を洗い出す。問題解決のためには何を考えなくてはならないのか。問題解決後の理想の姿、現状、テーマ、壁、鍵など、考えるべき要素を押さえる。考えるべき対象をじっくりと観察する。ちょうどデッサンをするとき、デッサンする対象をじっくり観察するように見わたす。考えはじめるのは、そのあとだ。

Step2：「見える化」

一流のプロの思考は、「見える化」されていく。

一流のプロは、いきなりパソコンに向かわない。代わりに紙とペンを取り出し、紙の上にペンを走らせる。ひとまず、頭の中に浮かんだ考えをごっそり洗い出していく。自分の頭の中を、目に「見える」状態にする。頭の中にある考えを紙の上にどんどん洗い出していく。紙の上をペンが縦横無尽に走る。紙はペンで描かれた「らくがき」でいっぱいになっていく。次第に、頭の中が「見える化」されていく。

Step3：「構造化」

一流のプロの思考は、「構造化」されたものになる。

一流のプロは、考えが「見える化」されたあとで、「構造化」する。ここでようやくロジックツリーやフレームワーク、ロジカルシンキングでは定番の思考の道具を使って思考を整理していく。すでに紙の上に「見える化」された自分の頭の中を眺めながら、ロジックを組み立てていく。

Step4：「物語」

一流のプロの思考は、「物語」に結晶化される。

一流のプロは、最終的に提案書を仕上げる。相手に伝わりやすいものにしていく。相手の心に響く一連の物語にしていく。

いかがだろうか。**一流のプロの思考は、「見わたす」ことからはじまり、「見える化」して、「構造化」する。そして、最終的に思考は「物語」に結晶化されていく。**とてもシンプルで、自然な思考の流れがそこにある。

一流のプロが「4Steps」で思考するとき、そこには必ず押さえている原則がある。それが、一流の「**プロ思考5原則**」だ。

第5節

一流のプロから借りる鍵 ❷
「原則」

一流のプロが押さえる思考のツボ「プロ思考5原則」

鍵2　「原則」── 一流のプロが押さえる思考のツボは「プロ思考5原則」だ！

　一流のプロは、4つのステップで思考していくとき、5つのツボを押さえている。この思考のツボを、一流の「プロ思考5原則」と呼ぶ。

　すでに私たちは「メッセージの原則」を手に入れている。その他、4つの原則がある。メッセージの原則がロジカルシンキングの原則だとすると、あと4つを加えた「プロ思考5原則」は、超ロジカルシンキングの原則といえよう。ロジカルシンキングで突破的な結果を生み出すための思考の原則。**ロジックを超えた、「人を動かす」ための提案書づくり**には欠かせない思考の原則。それが、「プロ思考5原則」だ。

1 一流のプロの思考の核、それは「想像力」！

　この「プロ思考5原則」に共通するひとつのことがある。
　それは、「**想像力**」。

> 想像力は、知識よりも大切だ。
> 知識には限界がある。
> 想像力は、世界を包み込む。
>
> アルバート・アインシュタイン

アインシュタインは「想像力は、知識よりも大切だ」と言う。「想像力」と「論理力」は思考のコインの裏と表だ。ロジカルな思考というのは、じつは想像力と論理力がうまくブレンドされることで生まれる。

一流のプロの思考の源泉は、「想像力」だった。想像力と論理力という思考のコインの裏と表をうまく組み合わせながら思考を結晶化させていく。

「想像力」を源泉とする一流のプロの思考のツボ、「プロ思考5原則」をさっそく見ていこう。

2 「プロ思考5原則」とは？

原則1 ──結果思考の原則
原則2 ──イメージの原則
原則3 ──質問の原則
原則4 ──拡散と収束の原則
原則5 ──メッセージの原則

それぞれ見ていこう。

原則1 ── 結果思考の原則

一流のプロは、未来の結果から逆算して思考する。

問題解決というと、通常私たちは現状の問題点の

分析から思考をスタートさせる。「何が問題なのか」「なぜその問題が発生したのか」……、という具合に、問題の原因究明をする。現状の問題がなぜ起こったのか「過去」にさかのぼって原因を突き止め、そのために必要な解決策を見つける。「過去」に問題の原因を求め解決する。これが私たちのよく知る問題解決のアプローチだ。

しかし、一流のプロのアプローチはちがう。「過去」ではなく「未来」に目を向ける。一流のプロは、今ある問題を見つめ、過去の中に原因を求めない。「未来」からスタートする。ゼロベースで、未来のあるべき姿を想像するところから思考をスタートする。浮かび上がった理想の未来（ビジョン）から逆算して、壁（課題）を設定し、鍵（解決策）を見つけていく。

> 「結果思考の原則」──理想の未来（ビジョン）から逆算して、壁（課題）をクリアする鍵（解決策）を考える。

原則2 ── イメージの原則

一流のプロの思考は「イメージ」からはじまり、「イメージ」で終わる。

ロジカルシンキングというと、言葉や文章をつなぎ合わせて思考している感がある。言葉だけを使い考えるのがロジカルシンキングのように思われている。しかし、一流のプロはちがう。

一流のプロは、自分の頭の中にイメージを描くところからはじめる。想像力を駆使して、理想の未来、相手、壁、解決策をイメージしていく。その後、頭の中のイメージを言葉に置き換えてロジックを組み立てていく。

そして、提案書の最終形の段階では、その提案書を手に取ったクライアントの頭の中に明確なイメージが刻まれるように想像力を働かせる。

このように、言葉でロジックをつくり、提案書というメディアに落とし込み、最終的にクライアントの脳裏に鮮明なイメージを刻み込む。イメージで考えはじめ、相手の頭の中にイメージを刻み込む。

一流のプロは、思考における「イメージ」のチカラを心得ている。

ユニクロやドコモ、キリン、TSUTAYAなどの企業において商品のデザインからブランディングまで幅広い活躍をされているアート・ディレクターの佐藤可士和氏は言う。

> クライアントの心の中に「イメージ」を建築する。
> 佐藤可士和

相手の脳内スクリーンに映像が浮かび上がる提案書。それが一流のプロの仕事だ。そして、はじまりはいつもイメージから。**自分の頭の中でイメージしたことを、言葉にして、提案書にまとめ、最終的に相手の頭の中にイメージを刻み込む**。一流のプロは、「イメージ化→言葉化→メディア化（提案書）→イメージ化」という流れで思考していく。

「イメージの原則」——自分の頭の中にイメージを描くところからスタートし、最終的に相手の脳裏にイメージを刻み込む。

原則3 —— 質問の原則

一流のプロは、質問を引き金とし、思考する。その質問が新しい現実をつくる。

> もし自分が殺されそうになって、助かる方法を考えるのに60分間だけ与えられたとしたら、最初の55分間は適切な質問を探すのに費やすだろう。
> アルバート・アインシュタイン

思考は、質問と答えからつくられる。アインシュタインは、その比率を11：1とした。つまり質問がキング。適切な質問を考えるのに90％の時間を使い、答えを考える時間は10％という。事実、アインシュタインのたったひとつの質問が世界を変え、新しい現実を生み出した。

　一流のプロは、答えでなく、「質問」が思考のまん中にある。一流のプロは、いかに答えるかでなく、「いかに質問するか」を意識する。適切かつ効果的な「質問」を武器に、全脳を活性化する。

　一流のプロは左脳に質問を放り込む。

　ロジカルシンキングでは、「なぜ5回」「それで？」「Why So？／So What？」「どうやって？」など質問が重視される。一流のプロはこうした質問を駆使する。独り言のように、「それっていったい何を意味しているのか？」「ひとことで言うと、ズバリ何なのか？」といった質問をつぶやき、それを引き金にして思考を深めていく。

　一流のプロは右脳への質問も駆使する。

　言葉による質問を左脳への質問だとすれば、一流のプロならではの質問がもうひとつある。それは右脳への質問だ。イラストや絵がその役割を果たす。イラストや絵を描くことで右脳を刺激し、思考が活性化されていく。

　このように左脳、右脳への質問を駆使し、脳全体を活性化しながら思考を深めていくのが一流のプロの特徴だ。

> **「質問の原則」**──「質問」を引き金（トリガー）にして、左脳と右脳を活性化しながら思考する。

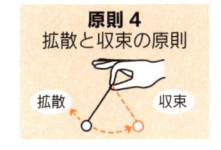

原則4 ── 拡散と収束の原則

　一流のプロは、拡散と収束を繰り返しながら思考する。

ロジカルシンキングというと、思考をまとめ、整理するための技術ばかりがクローズアップされる。ロジカルに考えるというと、ロジックツリーやピラミッドストラクチャーといった思考の道具を取り出し、格闘をはじめる。みるみるうちに、眉間にしわが寄っていく。なかなか、自分の考えをまとめること（収束）ができない。こんなイメージはないだろうか。

　一流のプロは、リラックスしてストレスなく思考していく。いきなり思考を収束させない。まずは、判断を保留して、頭の中にある考えを洗い出していく（これを拡散思考という）。一通り頭の中がすっきり洗い出されたら、洗い出された紙を眺めながら考えをまとめていく（これを収束思考という）。一流のプロは、ちょうど振り子の針のように思考を「拡散」したり「収束」したりしていきながら、最終的に提案書というかたちに思考を結晶化させていく。

　一流のコンサルタントは、これを「あたりまえ」にやっている。

> 「収束思考は、アイデアを取り入れて実行に移すという変化のプロセスの一部だ。一方、拡散的思考は、明確に把握するのが難しい。収束が論理的であるとするならば（実際にはそうなのだが）、拡散は神秘的ですらある。計画的に行うことはできない。しかし刺激することはできる。
> 　……まず何でも受け入れる姿勢をとり、それからそれらを評価するという態度に移り、拡散と収束をリズミカルに繰り返す。できるだけたくさんのアイデアを生み出す行為と、できるだけ優れたアイデアを形づくる行為を、行ったり来たりする。発明することと批評することは全くの別物であり、どんなに急いでいるときでも同時にやってはいけない」
> 　　　　　（リュック・ド・ブラバンデール『BCG流 非連続思考法』）

思考は、振り子の針のように拡散と収束をリズミカルに繰り返しながら、一点のメッセージに結晶化される。振り子が一方に振れれば、あとは自然な力で動くように、拡散と収束を繰り返すことで脳もストレスなく自然に働いてくれる。

> 「拡散と収束の原則」——拡散と収束をリズミカルに繰り返しながら、思考を結晶化させていく。

原則5 —— メッセージの原則

　一流のプロは、思考をメッセージに結晶化する。
　これはすでに第1章で話した「メッセージの原則」にそった思考だ。彼らはロジカルシンキングの原則を押さえている。「なるほど！」と納得してもらえる「メッセージ」を抽出するために、必要な思考の要素を押さえ、思考していく。

> メッセージの原則——「相手」の「問い」に対する答えを、「根拠」に支えられた、イメージできる「ひとこと」に結晶化させる。

第6節

一流のプロから借りる鍵 ❸
「技」

一流のプロの思考は「手」にあらわれる

鍵3　「技」──一流のプロの思考の技は「手作業」だ！

　「50冊のノート」のことはすでに話した。一流のプロと過ごしてきた10年間がその中に詰まっている。一流のプロの「エッセンス」がちりばめられている。「この50冊のノートの中から、たったひとつだけプロの秘密をあげるとしたら？」と聞かれたら、迷わず私はこう答える。

　答えは、「らくがき」。

　一流のプロの思考は、「手」にあらわれる。これが私のこの10年間の結論だ。私はいつも彼らの手元を見つめてきた。彼らの手は、思考を紙の上に映し出していく。彼らの手が、第2の脳であるかのように。それはまるで、匠の職人の手から生み出される美の結晶のようだ。彼ら一流のプロは、知の匠だ。**知の匠には、一流の「手作業」がある。**

　世界的なデザイナーである奥山清行氏は、著書『フェラーリと鉄瓶』の「手という道具の力」で、こんなことを言っている。

> 「いい絵というのは、描き手にとって思っていたよりもはるかに高いレベルで、自分が漠然に考えていたことを具現化しているものです。本当にいい絵やスケッチが描けた時は、自分が天才のように思えて、しばらくその絵を貼って眺めたりしてしまいます。それは自分ではなく、自分の手が天才だからです。
> 　それと同じ効果を求めて、コンピュータでデザインを作っても、そういうわけにはいきません。なぜなら、コンピュータは使う人が命令した通りにしか動かないからです。
> 　一方、人間の手は100％脳がコントロールし切っているわけではありません。時々、予想外の動きをすることがあって、それを目で見て脳にフィードバックすることが、新しいアイデアのヒントになるんです」
> 　　　　　　　　　　　　　　（奥山清行『フェラーリと鉄瓶』）

　手で描くことで脳の中の思考が目の前にあらわれ、それを目で見て脳にフィードバックする。一流のプロは、「**手作業**」をしながら、紙の上に描き出された「**見える化**」された思考を脳にフィードバックしながら思考していく。

　一流の技は、「手」にあらわれる。職人の味わいは、「手」を見れば分かる。第２の脳といわれる手。「**手作業**」こそが、**思考の秘められた可能性を解く鍵**となる。私が一流のプロと過ごした10年間の結晶は、手に宿っている。私は一流の技を引き継ぎ、自分のものにしてきた。それが、一流のプロの技、「らくがき」だ。

　しかし、ここで問題が発生する。私は、この一流の手作業を身につけるのに10年の歳月を費やした。あなたも10年間の歳月をかけて一流のプロの技を身につける必要があるのか。

　答えは、NOだ。では、どうすればいいのか。

　あなたには、明日から一流のプロの手作業ができる。どうやって？
　それが、第３章で紹介する、頭の良くなる「らくがき」だ。

まとめ

一流のプロの思考を借りると、ピラミッドはこうなる！

　ロジカルシンキングの「3つのキーワード」に、一流のプロの思考を足したのが図2-5のピラミッドである。

ロジカルな「らくがき」のピラミッド

第1章で削り出されたピース
- 目的＝「問題解決」
- 原理＝「分かりやすさ」
- 原則＝「メッセージ」
- 思考の道具＝ MECE、ロジックツリー、フレームワーク、ピラミッドストラクチャー

一流のプロの思考を「足す」ことで、追加されたピース
- 「プロ思考5原則」＝「結果思考の原則」、「イメージの原則」、「質問の原則」、「拡散と収束の原則」、「メッセージの原則」
- 思考の技＝「らくがき」

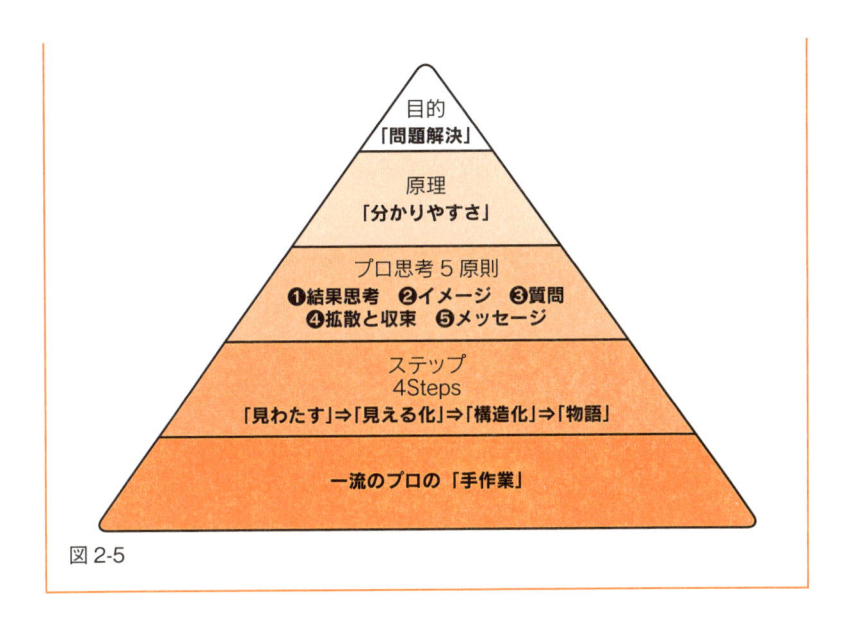

```
          目的
       「問題解決」
         原理
      「分かりやすさ」
     プロ思考 5 原則
   ❶結果思考 ❷イメージ ❸質問
   ❹拡散と収束 ❺メッセージ
       ステップ
        4Steps
  「見わたす」⇒「見える化」⇒「構造化」⇒「物語」

       一流のプロの「手作業」
```

図2-5

● **一流のプロの「3つの鍵」。それは、「4Steps」「プロ思考 5 原則」「手作業」だ！**

　一流のプロは「見わたす」→「見える化」→「構造化」→「物語」という「4Steps」で思考を展開する。このとき、一流のプロは「プロ思考 5 原則」を押さえて思考する。そして、一流のプロの思考を象徴するのが「手作業」、「らくがき」だ。一流のプロは、「らくがき」をしながら思考を縦横無尽にひろげ、まとめていく。そして、思考を提案書という物語に結晶化していく。

● **「削る」「足す」、そして「強化する」へ**

　これで第 2 章は終わり。つづく第 3 章で、ロジカルな「らくがき」のピラミッドを完成に向けてさらに「強化」していく。そこでロジカルな「らくがき」のピラミッドの全容が明らかになる。「強化」するのは何か。一流のプロの「手作業」、「らくがき」だ。

Column　未来が描かれた「紙ナプキン」

　新しい歴史は、1枚の紙ナプキンからはじまった。
　テーブルの上におかれた1枚の「紙ナプキン」。そこに描かれた「らくがき」。なんの変哲のない「らくがき」。しかし、そこにはこれから出現する未来が描かれていた。

　あなたも耳にしたことがないだろうか。レストランの紙ナプキンの上に描かれた「らくがき」から革新的なベンチャーが生まれた話を。

　例えば、サウスウエスト航空。
　「ハーブ・ケラハーの紙ナプキンは美しかった。そしてサウスウエスト航空は美しいシステムになっている。」
　「紙ナプキンには、ハーブ・ケラハーとその同僚ローリン・キングが1966年、サンアントニオのバーでなぐり書きをしたというなんでもないような三角形が描かれている。……その美しい三角形から生まれたのが、他でもない、地球最高の航空会社だ。その名はもちろんサウスウエスト航空。……紙ナプキンの上で設定された事業の手法をそのまま反映している。」
（トム・ピータース『トム・ピータースのマニュフェスト①デザイン魂』）

　「らくがき」は何も企業の創業時ばかりではない。大企業の現場でも「らくがき」は活躍している。
　例えば、GEの元会長ジャック・ウェルチのらくがき思考はあまりにも有名だ。ホワイトボードに「らくがき」をしながら戦略的な決定をしたりしていたそうだ。ジャック・ウェルチをはじめ一流の経営者、一流のコンサルタントには「らくがき」の名手が多い。

　言葉の前に、イメージありき。新しい未来は、言語化できないイメージの中にある。そこで「らくがき」。さあ、ペンと紙を手に取り「らくがき」をはじめよう。

基礎編

第3章

頭が良くなる「らくがき」、
マインドマップを知る
〜全脳思考の道具を手に入れる〜

ピラミッド3
「強化する」

第1節

何を「強化する」のか？
ワープするために欠かせない「道具」とは？

1 一流のプロの技(ワザ)を「道具」でカバーする

（1）一流のプロの技を「道具」でカバーする

　ここまで、第1章でロジカルシンキングを「削り」、第2章で一流のプロの思考プロセスを「足す」ことで、ロジカルな「らくがき」のピラミッドを構築してきた。いよいよピラミッド建築の最終段階、「強化する」だ。

　第2章で、私たちは、一流のプロの思考の「プロセス」、「原則」、そして「技」を見てきた。

　このうち、「プロセス」と「原則」はすでにピラミッドに追加した。しかし、一流のプロの技はそのままのかたちで「足す」ことができない。

　なぜなら、一流のプロの技は修得に時間がかかるからだ。時間をかければ技は身につく。私自身、プロの技を修得した。しかし、それには10年の歳月がかかった。あなたは私のような遠回りをする必要はない。あなたには、プロの技をカバーする道具を用意した。**時間やエネルギーをかけずに、「ワープする！」**。そのための道具をお教えしよう。

第3章 ●「強化する」

　私がその道具に出会ったのは、数年前のことだ。

　私は、その道具に出会ったとき、メモ帳にこう記している。「この道具なら、一流のプロの技をカバーできるかもしれない……」と。

　最短最速で、一流のプロの技をカバーできる道具とは何なのか。

(2)「道具」を使えば、誰でも、カンタンにできるようになる

　私はかつて半導体製造装置メーカーに勤務した経験がある。モノづくりの世界だ。モノづくりの世界では、職人や匠の「技」を、精密機械(「道具」)で忠実にカバーしていく。「技」を「道具」でカバーすることで、誰もが、カンタンに同じ品質のモノをスピーディにつくれるようになるわけだ。

　そして、これからチエづくりの世界でも同様のことが起こるといわれる。知的生産の道具が、知の匠の技をカバーし、知的生産の大幅な生産性向上が期待されている。

　こうした時代の流れの中で注目されている知的生産の道具がある。それが、ピラミッドを「**強化する**」ための道具だ。10年かけて身につく一流のプロの技が、その道具を使えば、カンタンに獲得することができるようになる。

　一流のプロの技をカバーする、その「**道具**」とは？

2 この「らくがき」には、あなたの一生を変えるほどのインパクトがある

(1)「らくがき」との出会いの瞬間

　"一生を変えるインパクト"と聞いて、「そんなことはあり得ない」と思ったのではないだろうか。なぜ分かるか。私もはじめはそう思ったか

らだ。なぜ、過去形なのか。忘れもしない2006年11月24日。その「らくがき」は、本当に私の一生を変えてしまった。いったい、何があったのか。

　2006年11月24日から26日までの3日間。私はその「らくがき」の開発者、トニー・ブザン氏から「らくがき」の極意を直接教えてもらった。
　そのとき、私は、**「言語以前の思考」**を知ることになる。私たちの脳の中にはさまざまな思考がうごめいている。言語、イメージ、感覚など、じつにさまざまだ。「言語以前の思考」とは、イメージや感覚など言語化される以前のものを活用して行う思考のことだ。じつは、私たちの脳がやっている思考のうち、言語を介して思考しているものはわずかだ。言葉になる以前の「言語以前の思考」の方がずっと多い。私はこの脳の中にうごめく膨大な「言語以前の思考」を効果的に扱うやり方を学び、手に入れた。
　さて、"一生を変えるインパクト"を私にもたらした3日間。脳科学、心理学、そして世界各地での実証をベースとした「らくがき」の効果には、目からウロコがぼろぼろ落ちた。その3日間をひとことで言えば、「**この『らくがき』をマスターすれば、誰でも、カンタンに、脳の潜在力を顕在化することができる**」というものだ。ズバリ、「らくがき」ができると頭が良くなるという体験をした。

(2)本当に一生を変えるほどのインパクトがあった
　その後、私はこの「らくがき」を実践するようになる。仕事のスピードと質が劇的に変わった。提案書をつくるスピードが変わった。伝わる力に磨きがかかった。チャンスも手に入れた。人前で話すことがまったく苦ではなくなった。ストーリー性の高いプレゼンができるようになった。あげればきりがない。

頭の使い方がまるで変わった。それまで「不可能」だったことがカンタンにできるようになった。

その「らくがき」の名は、「**マインドマップ（＝脳の地図化）**」。

マインドマップは、「**思考のOS**」にたとえられる。マインドマップを使いこなせるようになると、あたかもOSがインストールされたパソコンのように、脳本来のパフォーマンスが引き出されるようになる。マインドマップは、**最短最速で脳の潜在的な能力を引き出してくれる**。マインドマップを使いこなすことで、仕事のスピードと質が劇的に変わる。

これは私だけに起こることなのか。答えは、NOだ。私は、このマインドマップのインストラクターとして今までに数多くの受講生を見てきた。そしてマインドマップをインストールした受講生の多くが、その後、仕事のステージが変わっていくのを目の当たりにしてきた。

(3) これなら、技を道具でカバーできる！

ある外資系コンサルティング会社でパートナーを務められてきた方は、マインドマップについてこう話す。

「今まで数多くのコンサルタントを育成してきて思うことがある。それは、コンサルタントはみな優秀で、ロジカルシンキングなどはきちんと習得できる。しかし、枠を超えた突破的な思考となると、個人差がじつに大きい。これは技の世界だと思ってきた。「**枠を超えた思考**」は、技であって研修では教えられないと考えてきた。ところが、マインドマップは、この技の世界をカバーする可能性がある。**マインドマップを使いこなすと、この枠を超えた突破的な思考力が研修を通して身につけられるかもしれない**」

つまり、優秀なコンサルタントでも超えられない思考の壁を突破する潜在力を秘めた思考の道具。一流のプロの技をカバーする道具が存在す

る。それが「マインドマップ」だ。

　いったい頭の良くなる「らくがき」、マインドマップとはどのようなものなのか？

(4) 頭の良くなる「らくがき」、マインドマップ

　マインドマップ、それは頭の良くなる「らくがき」だ。**誰でも、カンタンに身**につく。使いはじめると、まるで思考がワープした感覚になる。あなたの潜在能力を芋づる式に引き出してくれる便利な思考の道具。それが、マインドマップである。

　このマインドマップ（＝脳の地図化）という思考の道具は、今までの頭の使い方を劇的に進化させてくれる。

　論より証拠。世界の一流のプロたちが、マインドマップをどう活用しているかを見てみよう。

- 米元副大統領でノーベル平和賞を受賞したアル・ゴア。彼はマインドマップを使っている。タイム誌の2007年5月号は、彼の思考を支える2つの道具のうちのひとつにマインドマップをあげている。
- アメリカのボーイング社はエンジニアの研修にマインドマップを使うことで、それまで2年かかっていた研修期間を4カ月へと劇的に短縮させた。
- 「毎週、2〜3社を訪問します。その際に入手する各社の情報をすべてマインドマップに記録しています」（ベンチャーキャピタリスト）
- 「支店長から窓口業務の担当者まで全社員がさまざまな用途にマインドマップを使うようになりました。一例では、顧客記録、プレゼンの準備、問題解決、計画、会議など」（リヒテンシュタイン・グローバル・トラスト銀行）

このように、マインドマップは、グローバルリーダーやグローバル企業の知的生産の現場で普通に使われている。

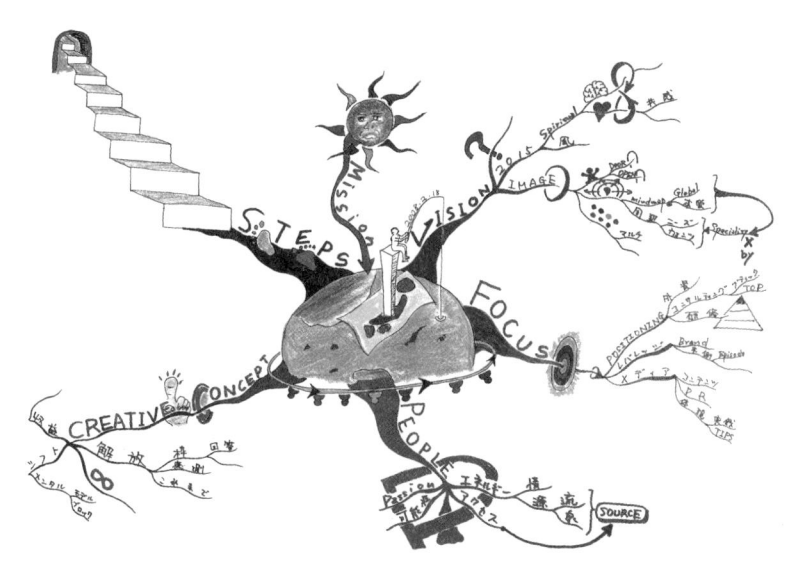

図 3-1

 こちらがマインドマップだ(図 3-1)。一見すると「らくがき」だ。この「らくがき」のどこに秘密があるのか？
 キーワードは、「**全脳思考**」と「**見える化**」。

 それでは、この２つのキーワードの謎解きをしていこう。

第2節 マインドマップ（＝脳の地図化）って何？

1 脳の中を地図化するとは？

（1）脳の働きのイメージをつかむ

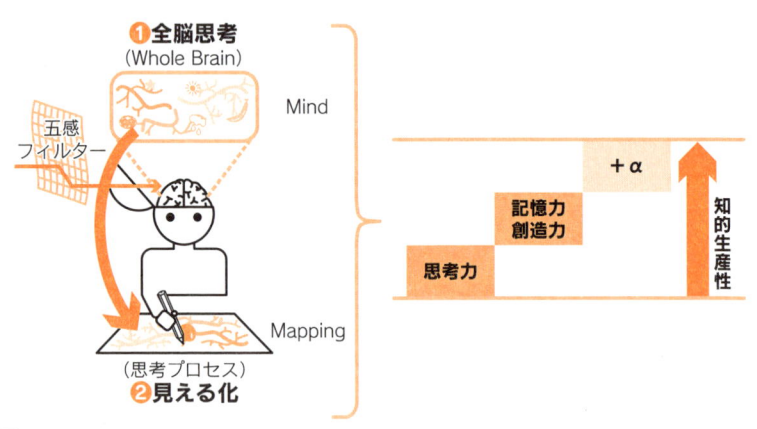

図 3-2

図3-2を見ながら説明しよう。私たちの脳は、五感というフィルターを通して刺激が脳にインプットされ、脳の中で反応が起こる。仮に、脳の上にスクリーンのようなものがあるとしよう。これを「**脳内スクリーン**」と呼ぶことにする。脳の中で反応が起こると、このスクリーンにさまざまな思考の断片が映し出される。文章化されていないものがほとんど、言葉にすらなっていない、色や形、あるいは「こんな感じ」といった感覚的なものを含め、とにかく脳が反応したことが脳内スクリーンに映し出される。

　通常私たちが「考える」という場合、このスクリーンから必要なものだけを取り出し、それを組み合わせ、言葉にしてアウトプットしていく。アウトプットは手元の紙であったり、パソコンの画面であったり、口頭で誰かに説明したり……。

　つまり、「考える」行為は、五感を通してインプットがあり、脳の中で何らかの反応が起こり、それが脳内スクリーンに思考の断片として映し出され、そこから相手に伝えるメディア（文章、映像……）に変換していく一連の作業だ。

(2) マインドマップは、「全脳思考」を実現し、思考プロセスを「見える化」してくれる

　脳が最高のパフォーマンスを発揮するために、五感というフィルターを通して刺激が入った瞬間、脳内スクリーンにひろがる思考を、ごっそりつかまえたらいい。このとき、**脳内スクリーンには、言語化された思考だけでなく、イメージ、感覚、形など、「言語以前の思考」の断片がいっぱいうごめいている。**

　私たちは、仕事では通常、脳内スクリーンの中から、言語化された思考だけを取り出す。このとき、思考は、さらに「**判断というフィルター**」を通して取捨選別された上で、紙やパソコン上にアウトプットされてい

く。そのため、脳内スクリーンに映し出された「言語以前の思考」のほとんどが捨てられる。

マインドマップ（＝脳の地図化）を使うと、「言語以前」のイメージや感覚を含め、脳内スクリーンに浮かんだ思考の断片を一切のフィルターを通さず、紙の上に洗い出すことができる。まさに、脳（内スクリーン）をそっくりそのまま地図化して紙の上に写像していくようなものだ。

何をしているのか。言語や判断をつかさどる左脳だけでなく、右脳の働きによるイメージや形などの思考も含め、脳内スクリーンに映し出される全体の思考を活用している。これは「**全脳思考**」といわれる脳の活用の仕方だ。この全脳思考の状態で、脳内スクリーンに映し出される思考を紙の上に「**見える化**」していく。これがマインドマップ（＝脳の地図化）だ。

この「全脳思考」を活用し、思考を「見える化」することで、脳の潜在力を引き出してくれるマインドマップ。では、どうしたら「全脳思考」と「見える化」の恩恵を私たちは手に入れることができるのか？

(3) 視覚情報を、テキスト情報から、マインドマップに変えることで何が変わるのか？

手元のスクリーンを変えることで、それは実現する。通常、私たちが思考や情報を処理するとき、手元の紙、あるいはパソコンの画面で目にするのはテキスト情報だ。このテキスト情報をマインドマップに変えるだけで、「全脳思考」と「見える化」が実現できる。

どのようなちがいがあるのか、実際に体感してみよう。

(4) 実際に体感していただこう

脳の実験①──「テキスト」vs「マインドマップ」

この「テキスト」と「マインドマップ」のちがいを一瞬で体感できるゲー

ムがある。時間は30秒間。カンタンだから、やってみよう。

下に2つの情報がある(図3-3)。ひとつはテキストの情報。もうひとつはマインドマップの情報。どちらも私のプロフィールについて書かれている。最初に左側のテキスト情報を15秒間読んでみよう。どんな情報が書かれているか丸暗記してほしい。

次に、同じように15秒間、右側のマインドマップを眺めてみよう。どんな情報が書かれているのか連想、イメージを働かせて覚えてほしい。

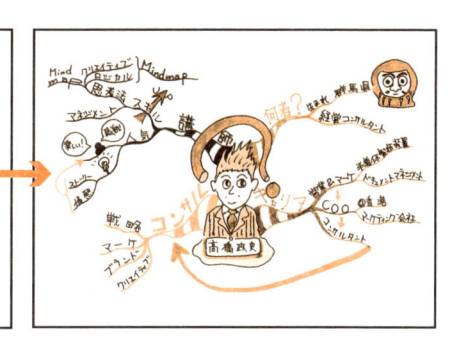

図 3-3

どうだっただろうか。同じ情報なのに、「テキスト」か「マインドマップ」かで、あなたの目の動き、脳の中の反応は別物だったのではないだろうか。

テキスト情報の場合、全体に目を通し、覚えることができただろうか。上から順番に1行目、次に2行目、3行目……と直積的に情報を処理していったのではないだろうか。一方、マインドマップの場合、あなたの目はどんな動きをしただろうか。全体像をとらえながら、ある部分にフォーカスしたりしながら、全体と部分を関連付けながら把握していったのではないだろうか。「一目で全体が分かった」「重要なポイントを瞬

時にとらえられた」という感覚がなかっただろうか。

「鷹の目、蟻の目」、「森を見て、木を見る」ということが思考において大事といわれる。マインドマップを眺めたときのあなたの目の動き、脳の働きはどうだったろうか。森を見て木を見ながら、全体の情報を絵的にとらえていたのではないだろうか。本書では印刷の都合で単色だが、通常のマインドマップでは、これに「色」が加わる。カラフルな1枚の絵になる。単語やイラストが枝でつながれた1枚のカラフルな絵が、地図のように浮かびあがる。ここに、この「らくがき」の秘密がある。

2 脳（内スクリーン）を地図化できると、どんな効果が得られるのか？

この「らくがき」で、どんな効果が得られるのか。エピソードをまじえながら話していこう。

エピソード1：小学4年生の作文力が一瞬にしてアップした理由とは？

ひとつエピソードを紹介する。ある小学校でマインドマップというらくがきを取り入れた話である。

小学4年生の国語の授業でのこと。児童たちは、ごんぎつねという題材で作文を書くことになった。ほとんどの児童がいきなり作文を書こうとするとフリーズしてしまう。そこで、まずマインドマップを使って頭の中にある考えを洗い出し、「見える化」した。その後、見える化された自分の頭の中を眺めながら作文を書きはじめると、あっという間に2〜3枚の作文を書き上げてしまったのである。子供たちの能力は変化していない。ただ、「らくがき」をして「見える化」するプロセスをプラス

しただけだ。

　ここで作動していたメカニズムが4Stepsの中にも埋め込まれている。まず頭の中を「見える化」し、「見える化」された素材を見ながら、構造化し、物語を構成している。視覚で全体と細部を見わたしながら、最終的なアウトプットに向けて紙の上に思考が地図化されていく。

　こうすることで、脳にストレスをかけず、スピーディに質の高いアウトプットを量産することができるようになるのである。

エピソード２：「らくがき」だけど伝わる事業提案書の理由とは？

　次のエピソードは、日本サッカー協会。

　Ｊリーグの幹部、各クラブチームの次世代リーダー育成のためのプログラムがある。その中で、マインドマップという「らくがき」が採用された。導入した理由は、事業提案書の質の向上だ。それまでの事業提案書は、A4用紙のワープロ打ちで、テキストばかりのものだ。フレームワークで整理され、文章もロジカルだが、どこか教科書的な事業提案書だ。ひしひしと伝わってくる何かが物足りない。整理されているがパンチに欠ける提案書に対する別のアプローチが求められていた。こうした背景の中で「らくがき」が導入された結果、何が起こったか。マインドマップで「らくがき」した事業提案書がまわりを巻き込み、ひとり歩きをするような「伝わる」提案書に変わった。

　このように、マインドマップという思考の道具を使うと、**今までできなかったことが最短最速でできるようになる。**

　なぜ、このようなことが起こるのか？

　マインドマップを描いているとき、私たちの脳の中では何が起こっているのか。そのメカニズムについて見ていくことにする。

第3節

なぜ、この「らくがき」なのか？

1 全脳思考とは？

（1）脳の働きの鍵を握る「シナジェティック」とは？

　図3-4は脳の機能を示す図だ。ロジャー・スペリーというノーベル賞学者は、脳には左脳と右脳があって、それぞれ違う機能を担っていることを発見した。左脳が言語や論理などをつかさどり、右脳が色、形、空間把握（この一部にゲシュタルトという機能がある）などをつかさどる。

図3-4

脳の働きを知る上で大事なキーワードがある。それは、「**シナジェティック**」。「シナジェティック」とは相乗的。私たちが思考をするとき、脳の異なる機能を相乗的に、同時にたくさん使えば使うほど、脳は高いパフォーマンスを発揮するというもの。同時に使う、つまりシナジェティック（相乗的）に使うほど、脳のパフォーマンスはアップするという考え方だ。

　受験勉強を思い出してみよう。モノクロの単色のテキストより、カラー満載のテキストの方がずっと理解しやすいのではないだろうか。カラー満載のテキストは、カラー（色）という脳の機能がプラスONされることで、脳がよりシナジェティックに働くようになっている。このように、通常言葉や論理だけで思考しているところに、色や形やイメージという今まであまり使うことのなかった**脳の機能をプラスON**していく。これがシナジェティックに脳を使うということだ。

　「全脳思考」とは、脳の異なる機能が「シナジェティック」に活用され、脳本来の潜在力が引き出されている状態をいう。では、この全脳思考とはどのような思考なのだろうか？

(2) 天才とは、「シナジェティック」な人！？

> 理詰めで物事を考えることによって、新しい発見をしたことは、私には一度もない。
> 　　　　　　　　　　　　　　　　　　　アルバート・アインシュタイン

　アインシュタインの思考を物語る有名なエピソードがある。光の玉にのって宇宙の果てまで行くとどうなるのか、彼は頭の中で空想を広げている。この空想はのちに $E = mc^2$、あの相対性理論に結実した。アイ

ンシュタインは、論理という左脳の機能だけでなく、空想という右脳の機能も同時に使うことで偉大な理論を打ち立てた。理詰めだけで考える学者との決定的なちがいが、この「**シナジェティック**」な脳の使い方にあったのではないかと推測される。

　天才とは、脳の潜在力を高いレベルで顕在化させている人のことを言う。潜在力を顕在化するキーワード、それが「シナジェティック」だ。異なる脳の機能を同時に使う。**日頃使っていない脳の機能を同時に使うことで、ブレイクスルーを引き起こすアイデアが生まれ、思考を結晶化させるスピードが加速する。**

(3)「シナジェティック」でない仕事のやり方

　あなたの仕事のシーンを想像してみてほしい。脳は、シナジェティックに使えているだろうか。仕事になると左脳に偏った使い方をする。そのため、脳内スクリーンに映し出される思考を判断というフィルターを通して選別して取り出す。判断というフィルターを通して、言語化、文章化された確かな思考だけを取り出す。脳内スクリーンに映し出される「言語以前の思考」のほとんどは捨てられる。自分の判断のフィルターを通過した言葉だけが取り出される。この思考パターンは強化されていく。そしてシナジェティックな脳の使い方から遠ざかっていく。

　では、どうすれば仕事でシナジェティックな脳の使い方ができるようになるのか？

2 シナジェティックな「らくがき」の秘密とは!?

(1)「なぜ、天才たちのノートは『らくがき』なのか?」という視点から生まれたマインドマップ

　答えは、シナジェティックな「らくがき」。
　それがマインドマップだ。
　マインドマップは、「なぜ、天才たちのノートは『らくがき』なのか?」という観点から開発された。脳がシナジェティックに働き、脳の潜在力を自然に引き出してくれる。脳の働きが自然と「シナジェティック」になる「らくがき」、それがマインドマップだ。

(2) 直線思考 vs 全脳思考

　左脳重視の思考は、直線思考といわれる。

> 「左脳は論理的機能を司っている。つまり、構成、形式、連続性、序列、秩序に関係し、直線的で『1つ終わったら次へ』といった働きをする……これに対して、右脳は創造的機能を司る。コンセプトに関連し、その働きは基本的に非直線的と言われる」
> 　　　　　　　　　　　(ジェーリー・ワイズマン『パワープレゼンテーション』)

　直線思考は無駄な思考は排除し、直線的に物事を処理するときにはとても効率的だ。「テキスト」vs「マインドマップ」のゲームを思い出していただきたい。テキストの情報を処理しているときの私たちの脳の動きが直線思考だ。上から順番に直線的に情報を処理していく。
　これに対して、マインドマップを眺めたときの私たちの脳の動きは全脳思考だ。全体をとらえ、絵、カラー、空間把握力など、右脳の機能もバランスよく使いながら情報を処理していく。

これはあくまでもイメージではあるが、直線思考と全脳思考の対比が図3-5の図だ。直線思考が悪いというわけではない。せっかく脳には左脳以外の豊かな機能があるわけだから、そうした機能をプラスONしてよりシナジェティックに脳を使おうというのが全脳思考だ。

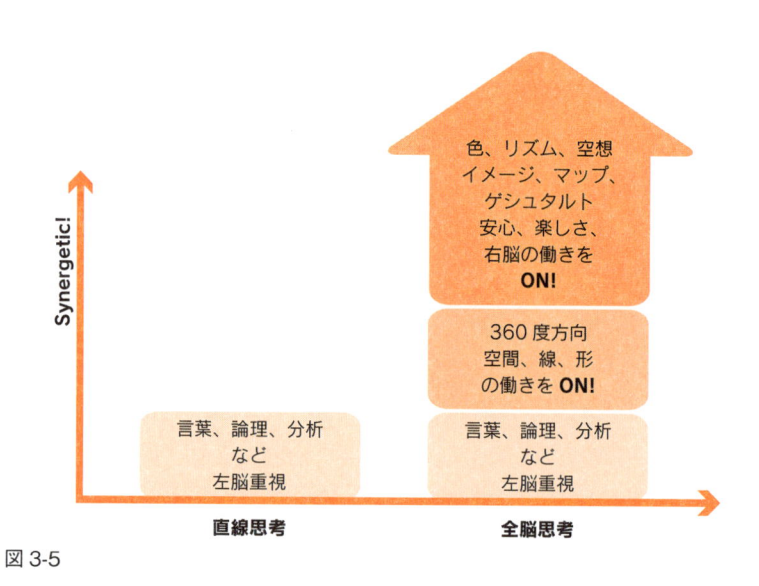

```
Synergetic! ↑

          ┌──────────┐
          │ 色、リズム、空想 │
          │ イメージ、マップ、│
          │ ゲシュタルト    │
          │ 安心、楽しさ、  │
          │ 右脳の働きを   │
          │    ON!      │
          └──────────┤
          │ 360度方向   │
          │ 空間、線、形  │
          │ の働きをON!  │
┌──────────┤──────────┤
│ 言葉、論理、分析 │ 言葉、論理、分析 │
│   など      │   など      │
│  左脳重視    │  左脳重視    │
└──────────┴──────────┘→
   直線思考         全脳思考
```

図 3-5

　なぜ、全脳思考なのか。つづいて、全脳思考のチカラを体感していただこう。

第4節

右脳への質問のチカラを体感する
手元でマインドマップが描けると何が起こるのか？

　マインドマップがどのようにできあがるのか、カンタンに説明しておこう。**マインドマップは、まずまん中にイメージを描き、そこから枝を伸ばし、枝の上に単語やイラストをのせていく。この枝を伸ばし、単語やイラストを枝の上にのせるという行為を繰り返しながら思考を放射状に広げていく。**このとき、脳がよりシナジェティックに働くような原理原則（ルール）がある。マインドマップはこのルールに従って描いていく。

　全脳思考というのは特別なことではない。普段、私たちは自然に全脳思考をしながら生活している。ところが仕事や勉強となると、私たちは右脳のスイッチをオフにして、左脳重視の直線的思考をしてしまう。
　仕事や勉強において、全脳思考を作動させるしかけがマインドマップにはある。これからいくつか脳のエクササイズをしてみよう。どれも数秒で終わるカンタンなものばかりだ。あなたの脳の中で何が起こったか感じてほしい。そのときのポイントは、脳を思い切り遊ばせて、連想、イメージを縦横無尽に広げることだ。

あなたの脳の中で起こる反応は、マインドマップを描くことで得られる効果の一部、右脳への質問のチカラだ。さっそく、エクササイズを通して右脳への質問のチカラを体感してみることにしよう。

1 右脳への質問（その1）……「ゲシュタルト」のチカラ

下の四角の空白のまん中の絵は何に見えるだろうか？（図3-6）。

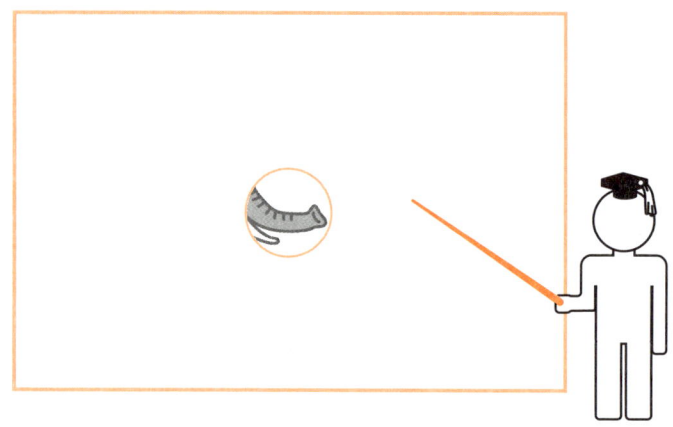

図3-6

象と答えられたのではないだろうか。絵の断片しか見ていないのに、残りの空白を脳が埋めていき、「象だ」と判断しているのである。これが**ゲシュタルト**だ。これは右脳の空間把握力の一部の機能、ゲシュタルトの働きによるものである。

　右脳には、思考の断片から、残りの空白を埋めていき全体像をかたちづくるゲシュタルトという機能がある。私たちが日常生活で普通に使っている機能だ。緑と赤の看板の一部を目にして、そこにセブンイレブン

があると瞬時に認識したりする。

　マインドマップは、まん中にイメージを描くところからスタートする。空のパズルボードのまん中にパズルのピースがひとつ置かれたようなものだ（図3-7）。すると、右脳は残りの空白を埋めて全体像をつくろうとする。このゲシュタルトの働きがマインドマップを描いている間ずっと続いていく。つまり、まん中のイメージという思考の断片が右脳への質問となり、これをトリガー（引き金）として、残りの空白を右脳が埋めあわせて全体像をつくりあげていくのである。

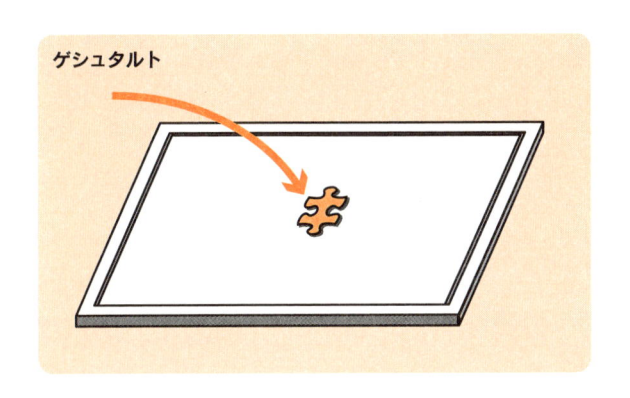

図 3-7

2 右脳への質問（その2）……「カタチ」のチカラ

　続いての脳のエクササイズだ。次ページの図3-8をひとつ2秒くらいずつ左上から順番にパッパッと見てみよう。脳の中でどんな反応があっただろうか。同じ希望という文字だが、カタチのちがいによって脳の感じ方がまったくちがったのではないだろうか。右脳の「カタチ」を認識する機能による反応のちがいだ。**「カタチには意味がある」**。

　マインドマップでは、言葉以前の言語、カタチも使う。カタチのちがいが**刺激（質問）**となり、脳にまったく別な反応をもたらす。言葉だけ

の思考に対し、言葉×カタチで脳はよりシナジェティックに働く。カタチという機能をプラスONすることで、脳はより活性化するのだ。

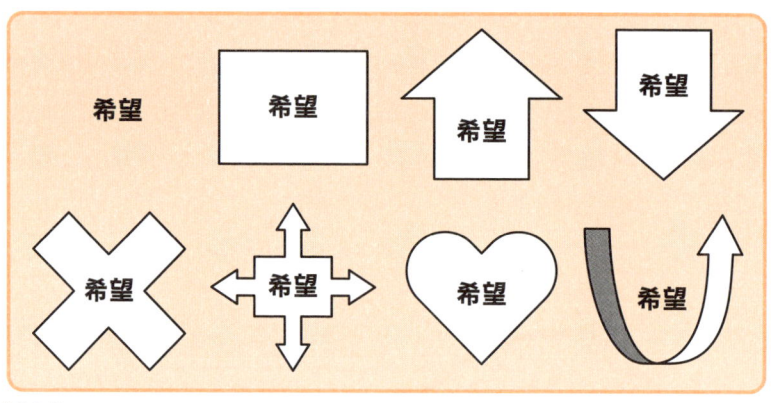

図 3-8

3 右脳への質問（その3）……「地図化」のチカラ

　マインドマップ＝脳の地図化という言葉のとおり、マインドマップを描いていくと、白い紙の上に思考が地図のように浮かび上がってくる。
　図 3-9 を見ていただきたい。①まず、白紙の紙がある。②その白紙のまん中に絵が浮かび上がる。③次に、まん中の絵から枝が伸び、その上に単語が置かれる。④そのあと、さらに枝がのび、単語が置かれ、アヒルのアイコン、○や□などのカタチ、網掛けなどが浮かび上がってくる。

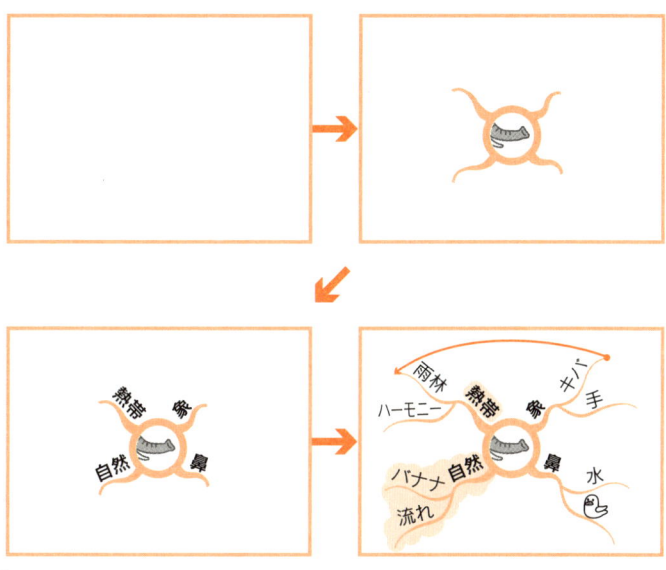

図 3-9

　このように、白紙(「地」)の上にイラスト、枝、単語、カタチなどの「図」が浮かび上がってくることで、情報が立体的になり、一瞬に把握できるようになる。地図化だ。

まとめ

マインドマップで強化したら、ピラミッドは完成だ！

「削る」、「足す」ことでできあがったピラミッドを、頭の良くなる「らくがき」、マインドマップで「強化」したのが図 3-10 のピラミッドだ。

ロジカルな「らくがき」のピラミッド

1 章、2 章までででできあがったピラミッド

- **目的＝「問題解決」**
- **原理＝「分かりやすさ」**
- **「プロ思考 5 原則」＝「結果思考の原則」、「イメージの原則」、「質問の原則」、「拡散と収束の原則」、「メッセージの原則」**

頭の良くなる「らくがき」、マインドマップで「強化する」ことで、追加されたピース

- **思考の道具＝マインドマップ**

これにロジカルシンキングの定番である以下の道具を加え、思考の道具箱の中に入れる

- **思考の道具＝ MECE、ロジックツリー、フレームワーク、ピラミッドストラクチャー**

```
        目的
      「問題解決」
        原理
      「分かりやすさ」
     プロ思考5原則
   ❶結果思考 ❷イメージ ❸質問
   ❹拡散と収束  ❺メッセージ
        ステップ
         4Steps
   「見わたす」⇒「見える化」⇒「構造化」⇒「物語」
        道具
   マインドマップ、ロジカルシンキングの定番の道具（MECE、
   ロジックツリー、フレームワーク、ピラミッドストラクチャーほか）など
```

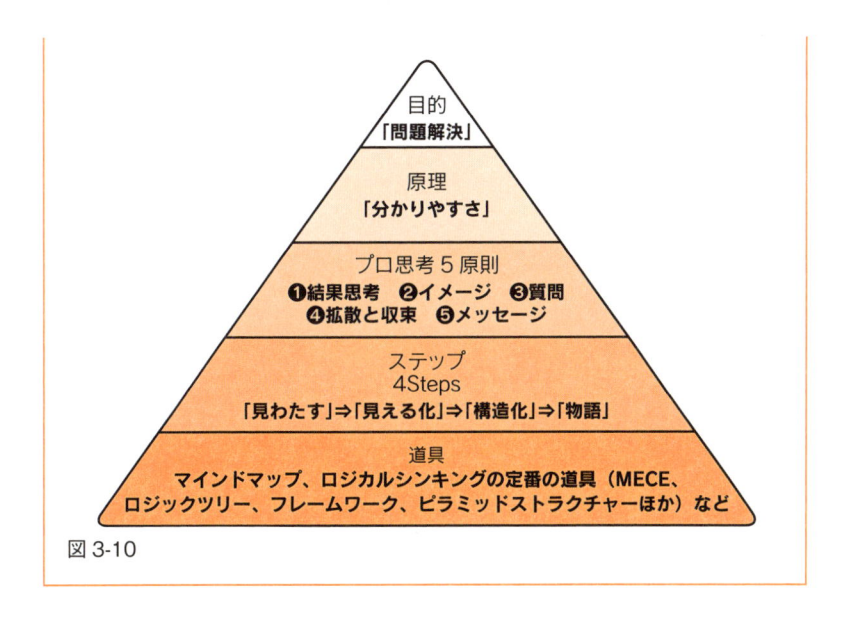

図 3-10

● **使った人から潜在能力が引き出される、マインドマップ**

　マインドマップは、あなたのロジカルシンキングを強化してくれる。具体的には、

・最短最速で一流のプロの「手作業」ができるようになる
・ストレスフリーで脳がサクサク働くようになる
・短時間で、芋づる式に思考の断片を洗い出すことができるようになる
・判断のフィルターを通さず、枠を超えた思考ができるようになる
・思考の全体像を「見える化」するチカラが劇的に向上する

　マインドマップで、ロジカルシンキングの壁であった顕在能力の差をワープする。そして、あなたは一流のプロの技を「道具（マインドマップ）」でカバーすることができるようになる。

- **「削る」、「足す」、「強化する」、いよいよ完成したピラミッドの全貌が明らかになる第4章へ**

　これで第3章は終わりだ。ロジカルな「らくがき」のピラミッドは完成した。つづく第4章で、ロジカルな「らくがき」のピラミッドの全体像を確認していく。

　「ロジカルな『らくがき』とは、そういうことだったんだ」、ロジカルな「らくがき」を再確認しながら、実践編への準備を進めていく。それでは、第4章へ移ろう。

Column　イメージする「脳」

「想像力は、知識より重要だ」(アルバート・アインシュタイン)

なぜ、「想像力」が大事なのか。
人は、論理だけでは動かないと言われる。なぜだろうか?

「ちゃんと筋が通っていようが、論理的であろうが、人間の頭はイメージできないものは受け付けないようにできています。……論理的に話すのが苦手な人、相手を説得する力のない人は、1つには「相手にイメージを与える能力が低い」ということができるでしょうな。……ことばで論理的に説明するのが非常に難しいことでも、人間は判断できる」のです。これが、人間が本来持っている「イメージ力」という力によるものだと思われます。皆さんが「論理の壁」を突破するのには、このすばらしい力「イメージ力」が強力な武器になるのです。」
(逢沢 明『京大式ロジカルシンキング』)

「想像力」は、言葉や論理の「壁」を突破する。わたしたち人間は、「想像力」があるからこそ、論理では説明するのが難しいことでも、きちんと判断できる。言葉や論理では到達できない頂に導いてくれるパートナー、それが「想像力」だ。
脳の第一言語は、「イメージ」である。
(トニー・ブザン/マインドマップの開発者)

人類は、「言語以前」の言語、「想像力(イメージ)」を使ってきた。言語の誕生は、人類誕生の歴史からするとごく最近のことだ。「想像力」は、長い年月をかけて人間のDNAに刻まれてきた「言語以前」の言語だ。

新しい可能性の世界を創るのは、あなたの「想像力」だ。「言語以前の言語」、「想像力」を少し解放してみてはいかがだろうか。

基礎編

第4章

4Stepsの概説
ピラミッドの全体像（システム）を確認する

ロジカルな「らくがき」
（ピラミッド4）

● 「削る」、「足す」、「強化する」ことで浮かび上がったピラミッドとは？

第1章から第3章で、「削る」、「足す」、「強化する」ことで、ピラミッドが完成した（図4-1）。

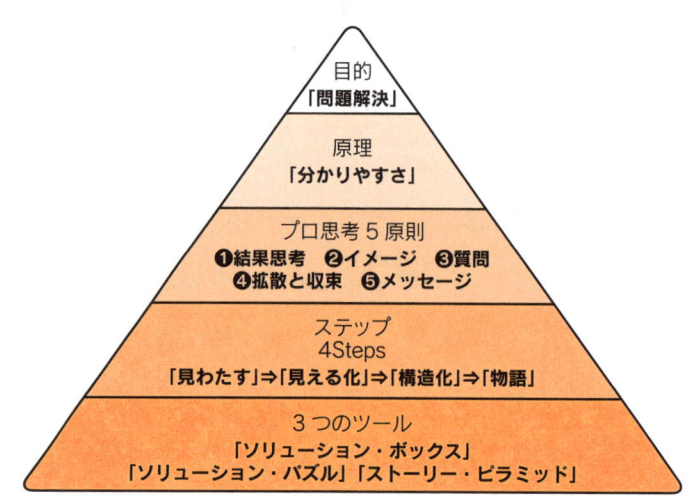

```
            目的
          「問題解決」
            原理
         「分かりやすさ」
        プロ思考5原則
    ❶結果思考 ❷イメージ ❸質問
    ❹拡散と収束 ❺メッセージ
          ステップ
           4Steps
  「見わたす」⇒「見える化」⇒「構造化」⇒「物語」
         3つのツール
      「ソリューション・ボックス」
   「ソリューション・パズル」「ストーリー・ピラミッド」
```

図4-1

ピラミッドの底辺の道具については、統合して3つの思考ツールとした。後ほど詳しく紹介する。

「問題解決」のために、原理原則に基づき、「4Steps」で思考していくのが、ロジカルな「らくがき」だ。

このロジカルな「らくがき」のピラミッドの中身を見ていこう。

まずは、目的、原理原則について再確認していただきたい。

第1節

「目的」と「原理」

1 ロジカルシンキングの「目的」

そもそもロジカルシンキングは、何のために行うのか？
答えは、**「問題解決」**。
つまり、ロジカルシンキングの目的は、「問題解決」。

「問題解決」とは、何か。
「理想の未来（ビジョン）」から逆算して思考する。「理想の未来」に向けて一歩踏み出すと、そこに「壁（課題）」がある。壁を突破する「鍵（解決策）」を手に入れ、理想の未来を実現していく。その一連の「物語」を描く。その物語にそって、人が動き、理想の未来が目の前にあらわれる（図4-2）。

問題解決のフレームワーク

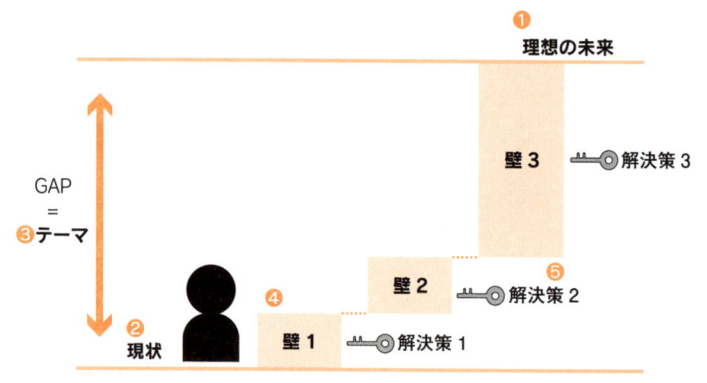

図 4-2

ひとことで言えば……
人を動かし、理想の未来を出現させる。
それが、「**問題解決**」だ。

ロジカルシンキングの目的は、論理的に考えることではない。
ロジカルシンキングの真の目的は、理想の未来に向けて「**人を動かす**」ことである。
では、「**人を動かす**」ために、私たちが心得ておかなくてはならないことは何か。
それが、ロジカルシンキングの「原理」だ。

2 ロジカルシンキングの「原理」

「原理」とは、ロジカルシンキングの心得であり、ロジカルシンキングそのもの。

第4章●ロジカルな「らくがき」

「要は、ロジカルシンキングとは何か？」という問いに対する答え、それがロジカルシンキングの「原理」だ。

ズバリ、ロジカルシンキングとは、何か？

それは、「**分かりやすさ**」だ。

これがロジカルシンキングの「原理」だ。

たとえば、提案書。たとえロジカルに考えたとしても、そこに「分かりやすさ」がなければ、人は動かない。「分かりやすさ」が、人を動かす鍵を握る。

では、「分かりやすさ」とは何か。「分かりやすさ」は、３つの言葉からなる。

● ロジカルシンキングの原理

> 「分かりやすさ」＝「再現性」×「納得性」×「参加性」

提案書の「分かりやすさ」。それは、

相手が、内容を他の人に「再現」できるほど理解してくれた上で（「**再現性**」）、相手が、思わず「なるほど！」と膝をたたいて「納得」してくれ（「**納得性**」）、相手が、実際に、提案書に描かれた物語に「参加」してくれる（「**参加性**」）というものだ。

提案書を読み終えた瞬間、「相手」の中に、「再現性」「納得性」「参加性」が生まれれば、そこに「分かりやすさ」があるといえる。

では、「分かりやすさ」を実現し、「人を動かす」ために、私たちは何に基づいて思考すべきか。

それは一流のプロの「プロ思考５原則」だ。

第2節

「プロ思考5原則」

「人を動かす」ための思考の原則。それが、「プロ思考5原則」だ。

● 「プロ思考5原則」

> 原則1 ── 結果思考の原則
> 原則2 ── イメージの原則
> 原則3 ── 質問の原則
> 原則4 ── 拡散と収束の原則
> 原則5 ── メッセージの原則

原則とは、ルールのことだ。

ルールが守られていなければサッカーというゲームは成り立たないように、ロジカルシンキングというゲームに参戦するためには、守らなければならない原則（ルール）がある。

以下、それぞれの原則について見ていく。

原則1 —— 結果思考の原則

理想の未来（ビジョン）から逆算して、壁（課題）をクリアする鍵（解決策）を考える

　未来の結果。この一点を想像する。ゼロベースで、未来のあるべき姿から思考をスタートする。過去や現在でなく、未来について考える。出現する未来を想像する。それを現実のものとするために、思考を展開する。未来の結果を実現するために、突破すべき壁（課題）を設定する。そして、その壁をクリアするための鍵（解決策）を手に入れる。結果から逆算し、未来を出現させる筋道を導き出す。これが、結果思考の原則だ。

原則2 —— イメージの原則

自分の頭の中にイメージを描くところからスタートし、最終的に相手の脳裏にイメージを刻み込む

　ロジカルシンキングの「はじめ」と「おわり」は、イメージでかたちづくられる。「はじめ」は、自分の頭の中でイメージを描き、「おわり」は、相手の頭の中にイメージを建築する。自分の頭に描いたリンゴのイメージを、相手の脳内のスクリーン上に描く。

　人はイメージできないものを現実にすることはできない。相手が「なるほど！」と納得し、次の「行動」に向けた具体的な一歩を踏み出す。そのために、相手の頭の中に臨場感のあるイメージを描く。

　「はじめ」、イメージ。「おわり」、イメージ。そして、この「はじめ」と「おわり」の間にロジックという筋道を通す。これがロジカルシンキングだ。イメージしたことを、言葉にする。言葉を、メディア（提案書など）に編成する。そして、最終的に相手の脳の中にイメージを刻み込む。このイメージ化→言葉化→メディア化→イメージ化の一連の思考のプロセスを守る。そのために、「はじめ」と「おわり」をイメージで思考

すること。これが、イメージの原則だ。

原則3 ── 質問の原則
「質問」を引き金（トリガー）として、左脳と右脳を活性化しながら思考する

　　　質問を、思考の引き金（トリガー）にする。質問をテコに思考を活性化していく。言葉による質問（これを左脳への質問と呼ぶ）、言葉以外による質問（これを右脳への質問と呼ぶ）の2つのタイプの質問を駆使する。左脳への質問、「なぜ？」（= Why ?）、「それで？」（= So What ?）、「どうやって？」（= How ?）などを活用する。右脳への質問、イラスト、色、ゲシュタルトなどを活用する。このように、言葉や視覚的な刺激を活用し、全脳を活性化しながら思考を引き出す。これが、質問の原則だ。

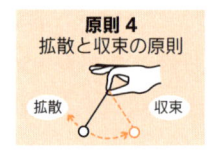

原則4 ── 拡散と収束の原則
拡散と収束をリズミカルに繰り返しながら、思考を結晶化させていく

　「拡散」と「収束」の2つの思考を組み合わせる。

拡散思考：フレーム（枠）を超えて考える。判断を保留し、頭の中を洗い出す。

収束思考：フレーム（枠）を決めて考える。取捨選別（判断）して、重要な要素を絞り込む。

　振り子の針のように、思考を広げたり（拡散）、まとめたり（収束）しながら、思考する。脳は拡散と収束を同時に行うのは苦手。拡散と収束を交互に繰り返すことで、ストレスなく、スピーディに思考する。ストレスなく、スピーディに、思考するための原則、それが、拡散と収束の原則だ。

原則5 ── メッセージの原則

相手の「問い」に対する「答え」を、「根拠」に支えられた、イメージできる「ひとこと」に結晶化させる

　ロジカルシンキングは、ひとつのメッセージに結晶化される。メッセージのない思考は価値を生まない。メッセージとは、結論。「ひとことで言うと何か？」と問われて、それを「ひとこと」で明確に答えられる場合、そこにはメッセージがある。そして、メッセージであるためには、次の３つの条件も同時に満たす必要がある。

① 「相手」の「問い」に対する「答え」となっていること。
② 「相手」が納得する「根拠」に基づいていること。
③ 「相手」の頭の中に、次の「行動」が具体的なイメージとして刻みこまれること。

　考えが、「ひとこと」に結晶化されていて、かつ３つの条件を満たしていること。これが、メッセージの原則だ。
　その「ひとこと」で、相手の脳裏に鮮明なイメージが刻まれる。それがメッセージだ。相手の心に伝わる「ひとこと」。相手が、「それが一番聞きたかった」と言ってくれる「ひとこと」。相手が、「で、次の行動は？」と身を乗りだしてくる「ひとこと」。メッセージとは、理想の未来の扉をあける最強の「ひとこと」だ。

　以上、「目的」「原理」、そして「プロ思考５原則」について見てきた。

　「果たして、これって全部覚えられるだろうか？」
　そう思った方はいないだろうか。大丈夫。覚える必要はない。なぜならば、目的や原理原則は、すべて「4Steps」中に組み込まれているからだ。

つまり、本書で紹介する思考ツールを使い「4Steps」で思考していけば、目的や原理原則をおさえた思考ができるようになる。**「4Steps」で思考していけば、原理原則に基づいた問題解決を実現することができる。**

さっそく、「4Steps」を見ていこう。

第3節

ロジカルな「らくがき」
4Steps

「これなら、私でもできる！」
　誰でも、カンタンに、ストレスなく、スピーディに、ロジカルな提案書が書けるようになる。
　それがロジカルな「らくがき」、4Stepsだ。
　4つのステップで、「らくがき」をしていくだけで、誰でも、カンタンに、ロジカルな提案書が書けるようになる。
　この「4Steps」は、一流のプロが無意識にやってきた思考プロセスをシステム化したものだ。システムだから、誰でも、手順どおりに思考すれば、ロジカルシンキングができるようになる。

　ロジカルシンキングの目的、原理原則は、すべてこの「4Steps」の思考システムの中に組み込まれている。そのため、目的、原理原則を知らなくても、手順とツールを使えば、欲しい結果を手に入れることができる。
　ちょうど、車のエンジンの仕組みは分からなくても、車の運転はできるように、あなたは「4Steps」で思考することで、質の高いロジカルシ

ンキングができるようになる。

「4Steps」で思考することで、あなたは2つのベネフィットを得ることができる。

① 最短時間で、結果を出すロジカルな提案書をつくることができる。
② 最短距離で、ロジカルな問題解決力を身につけることができる。

では、どうやって「4Steps」でロジックを組み立てるのか？

1 ロジカルシンキングとは、ジグソーパズルだ！

ロジカルシンキングは、あることに似ている。

それは、「ジグソーパズル」だ。

ジグソーパズルでは、パズルボードの上に、ピースを置いていく。ボードに、ピースを、隙間なく、びっしりしきつめると、パズルは完成する。完成したパズルは、モレなく、ダブりなく、ボードがピースで埋め尽くされている。ジグソーパズルが完成すると、そこに一枚の絵がくっきり浮かび上がる。

ジグソーパズルとは、ボードの上に、ピースをモレなく、ダブりなく埋めていき、一枚の絵を浮かび上がらせるゲームだ（図4-3）。

第4章 ロジカルな「らくがき」

●ロジカルシンキング＝「ジグソーパズル」

図 4-3

　ロジカルシンキングもジグソーパズルと同じ。思考の断片（ピース）を並べていき、モレなく、ダブりなく、思考を構造化できれば、問題解決の全体像（一枚の絵）が浮かび上がる。このように、ロジカルシンキングは、思考の断片（ピース）を使った思考のパズルだといえる。
　しかし、ロジカルシンキングという思考のパズルは、通常のジグソーパズルと異なるところがひとつある。決定的なちがいだ。
　それは、何か。
　「ピースが見えない」ということだ。

　ロジカルシンキングでは、ピース（思考の断片）は頭の中にある。目の前に見えているわけでもなければ、手に取ることもできない。ここからパズルがスタートする。
　頭の中からピースを取り出さない限り、パズルははじまらない。ピースがうまく取り出せなければ、ピースが足りないまま、パズルは完成しない。
　これが、ロジカルシンキングというパズルだ。

2 なぜ、第2ルートでの思考のパズルでは、脳がフリーズするのか？

　今までのロジカルシンキング（第2ルート）では、この思考のパズルをどうやっていたか。

　頭の中からピース（思考の断片）を取り出し、同時に、パズルボードの上に並べていく。ピースを「取り出し」、「並べる」、この2つの作業を同時処理する。これが今までの第2ルートでのやり方だった。

　しかし、このやり方は脳に負荷がかかる。なぜなら、脳は同時にたくさんのことをすると負荷がかかるからだ。パソコンで同時にいくつもソフトを立ち上げたまま操作すると、メモリーオーバーになり、パソコンがフリーズしてしまう。脳の場合も、一度に処理できるメモリーの容量を超えてフリーズしてしまう。ロジカルに思考しようとして、眉間にしわを寄せ、パソコンの前でフリーズしてしまう。

　脳がフリーズすることなく、サクサク動くためにはどうすればいいのか。

　脳への負荷を減らせばいい。

　どうやって？

　それがロジカルな「らくがき」、4Stepsだ。
　脳への負荷を減らし、サクサク、スピーディに思考のパズルを組み立てることができるのが、「4Steps」だ。

　ロジカルな「らくがき」、4Stepsの思考のパズルとはどのようなものなのか？

3 これが、4Stepsでの「ジグソーパズル」だ！

「4Steps」は、「見わたす」「見える化」「構造化」「物語」の4つのステップで思考を展開する。

あなたが「4Steps」を使って、世界地図のジグソーパズルを組み立てるとしよう。

あなたがパズルをしたときのことを想像してみてほしい。

あなたは、まず何からはじめたか。まず、ピースをいくつかの塊に分けなかっただろうか。たとえば、海の箇所のピース、5大陸ごとのピース、北極、南極のピース……という具合に。

「4Steps」でも、これと同じことをするところからはじめる。

Step1 「見わたす」

まず、パズルのピースを入れる箱をいくつか用意する。それぞれ、ヨーロッパ大陸、アメリカ大陸、アジア大陸、アフリカ大陸、太平洋、大西洋、インド洋、北極・南極……などと、ラベルのついた箱だ。あらかじめ、塊ごとにピースを入れる箱だ。それは、世界地図に必要な要素をモレなく押さえてある。そして、ピースを並べるときに、効率よくピースを探せるための箱だ。

Step2 「見える化」

次は、ピースをひとまず頭の中から取り出す。

このときのポイントは、取り出したピースを用意した箱に分けて入れていくこと。このあとスピーディに並べられるように、あらかじめ塊（ピース）を分けておくためだ。

頭の中に浮かんだピースを仕分けして、箱に投げ入れていく。

ピースを取り出していくと、箱の中にはピースがあふれてくる。ピースは目に見え、手に取ることができる。この状態になり、ようやく並べる作業へと移る。

Step3 「構造化」

ようやく、ここからピースを並べはじめる。それぞれの箱の中から必要なピースを取り出し、パズルボードの上に並べていく。ピースをモレなく、ダブリなく、並べていく。隙間なく、ピースが埋め尽くされる。パズルの完成だ、完成したパズルには、世界地図の一枚の絵がくっきり浮かび上がっている。通常のパズルはここで終わりだが、思考のパズルはここからもうひと仕事ある。

Step4 「物語」

その後、完成した世界地図のパズルを眺めながら、相手に合わせた物語をつくる。

これが「4Steps」の流れだ。

今までのロジカルシンキングのパズルでは、「取り出す」ことと「並べる」ことを同時に行っていたため、脳への負荷が大きくなり、脳がフリーズしてしまう。これを、「4Steps」では、「取り出す」ことと「並べる」ことを別々にする。さらに、「取り出し」後、すべてのピースが「見える化」された状態で、「並べる」という作業を行っている。あらかじめ分類用の箱を用意するなどして、作業の負荷を減らしている。このように、**脳がサクサク動く仕掛けが満載なのが「4Steps」**だ。

ここで整理しておこう（図4-4）。

第4章●ロジカルな「らくがき」

●ロジカルな「らくがき」4Steps

> Step1（見わたす）——箱を用意する。
> Step2（見える化）——頭の中から、ピース（思考の断片）を取り出し、箱の中に入れる。
> Step3（構造化）——箱の中からピースを取り出し、モレなく、ダブりなくピースをボード全体に敷き詰める。パズルの完成。
> Step4（物語）——完成したパズルを見ながら、物語をつくる。

4Steps

Step1 見わたす
Step2 見える化
Step3 構造化
Step4 物語

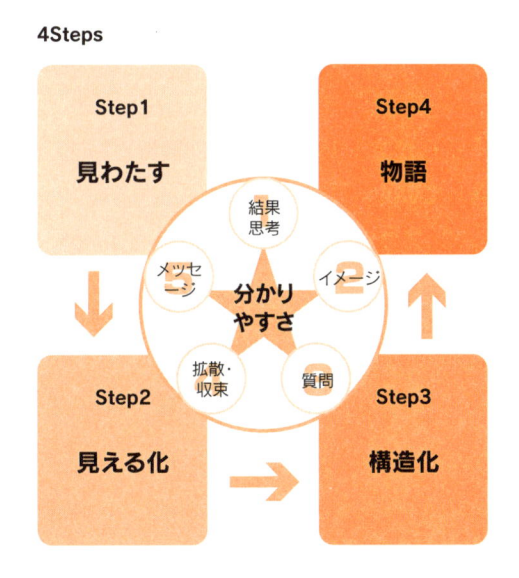

分かりやすさ
結果思考
メッセージ
イメージ
拡散・収束
質問

図 4-4

第4節

ロジカルな「らくがき」3つの思考ツール

　ロジカルな「らくがき」では、「3つの思考ツール」を使いながら「4Steps」で思考していく。「3つの思考ツール」とは何か？

　ロジカルシンキングの定番の道具（MECE、フレームワーク、ロジックツリー、ピラミッドストラクチャーなど）、さらにはマインドマップ、物語の構成といった思考の道具が、コンパクトな「3つの思考ツール」になった。それぞれの道具を覚えなくても、「3つの思考ツール」の使い方をマスターしたら、大丈夫。

　「3つの思考ツール」とは、以下の3つだ。

> ①「ソリューション・ボックス」……**問題解決の「箱」**
> ②「ソリューション・ツリー」………**問題解決の「パズル」**
> ③「ストーリー・ピラミッド」………**物語の「ピラミッド」**

　「3つの思考ツール」のインストール（使い方のマスター）は、次章以降でしていく。ここでは、どのステップでどんなツールが使われ、各ステップでどんなアウトプットができあがるのかを確認しておく。

Step1：「見わたす」……思考の断片を入れる箱（「ソリューション・ボックス」）を準備する

　Step1 ──「見わたす」。これから考える問題解決の全体を見わたし、準備をする。

　思考ツール、「ソリューション・ボックス」を使う（図4-5）。

　線を引いて、イラストを描くだけでできあがるカンタンなものだ。5分間もあればできあがる。

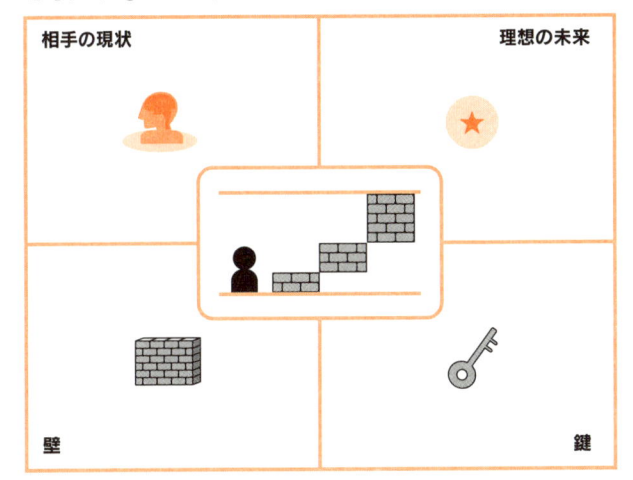

思考ツール①──「ソリューション・ボックス」

相手の現状	理想の未来
壁	鍵

図 4-5

　何をするのか？

　「ソリューション・ボックス」＝問題解決の箱は、問題解決にあたって考えるべき5つの要素を、モレなくカバーしている。考える前に、考えるべきことを見わたしておく。家を建てるときの「見取り図」のようなものである。家を建てる前に、見取り図で見わたしておくように、考える前に、問題解決の対象を見わたしておく。そのための思考ツールが、

「ソリューション・ボックス」だ。

　つづいての Step2 では、この「ソリューション・ボックス」の箱（スペース）に思考を洗い出していく。

Step2：「見える化」……マインドマップで頭の中の思考を「ソリューション・ボックス」に洗い出す

　Step2 ──「見える化」。文字どおり、頭の中の思考の断片（ピース）をごっそり取り出し、見える化していく。

　図 4-6 のように、「ソリューション・ボックス」の箱（スペース）の中にマインドマップで思考の断片を洗い出していく。マインドマップで、脳内のスクリーンに浮かんだ思考の断片（パズルのピース）を取り出し、それぞれあてはまる「箱（スペース）」の中に入れていく。順番に、それぞれの箱ごと洗い出していく。最終的に、問題解決の5つの要素についての思考が洗い出され、見える化される。

思考を「見える化」した「ソリューション・ボックス」

図 4-6

Step3：「構造化」……思考をモレなく、ダブりなく、構造化する「ソリューション・ツリー」

Step3では、問題解決の全体構造を明らかにする。問題とそれに対する解決策が構造化される。具体的には、図4-7のような、ソリューション・ツリーが完成する。ロジカルシンキングではおなじみの思考の道具（MECE、フレームワークなど）を使いながら、問題解決のツリー構造を完成させていく。

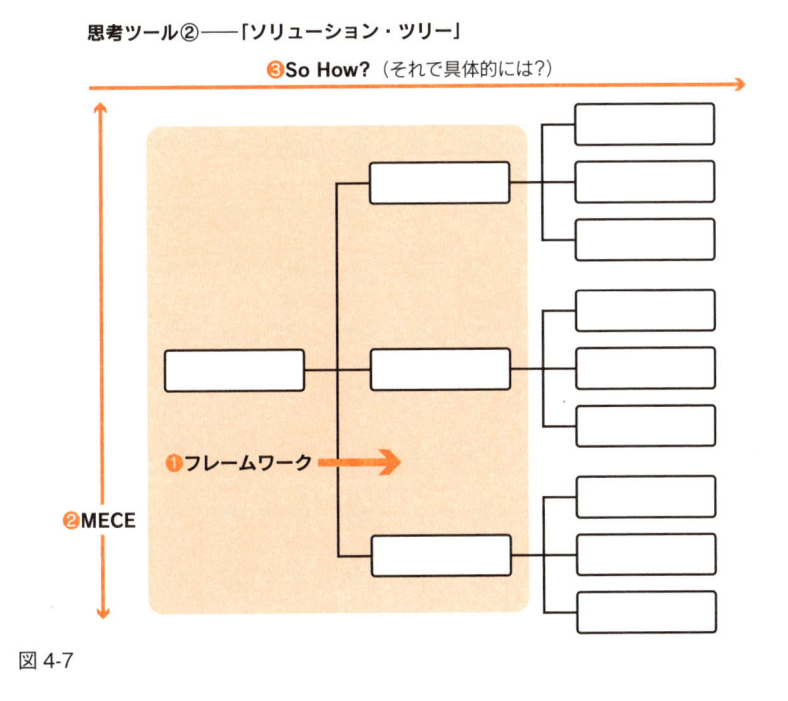

思考ツール②──「ソリューション・ツリー」

❸**So How?**（それで具体的には？）

❶フレームワーク

❷MECE

図4-7

Step2において、すでに問題解決に関する思考は見える化されている。ここでは、**見える化された思考の断片（ピース）を箱（スペース）から取り出し、モレなく、ダブりなく、思考のパズルを完成させていく。**

Step4：「物語」……思考を相手に伝わる物語に結晶化する 「ストーリー・ピラミッド」

構造化された思考を、相手に伝わりやすい物語形式に編成するのがStep4だ。図4-8のような、物語の構造（＝ピラミッド構造）に思考を結晶化させる。使う道具は、「**ストーリー・ピラミッド**」だ。すでにStep3で、問題解決の全体の構造が明確になっている。構造化された問題解決のツリー（ソリューション・ツリー）を眺めながら、相手の心に響く伝わる物語（＝提案）にしていく。最終的には、ピラミッドの構造をした物語ができあがる。

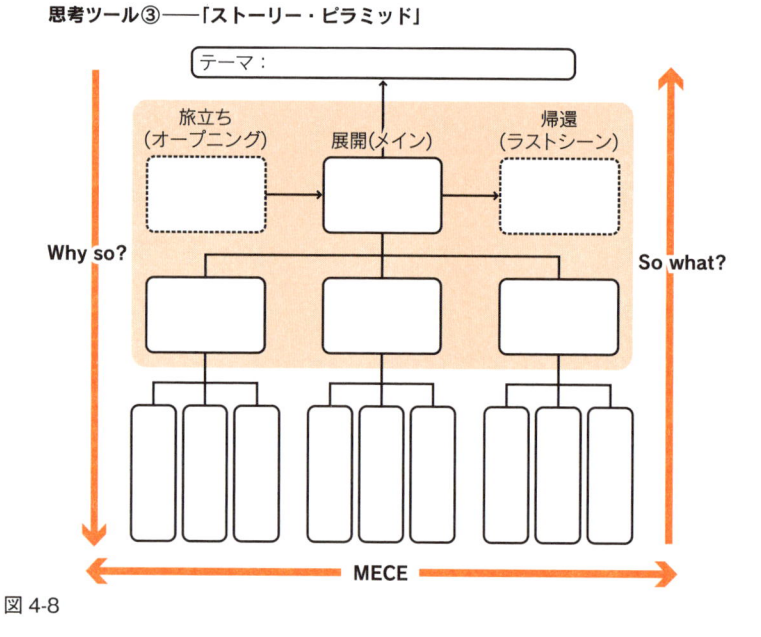

思考ツール③——「ストーリー・ピラミッド」

テーマ：

旅立ち（オープニング）　展開(メイン)　帰還（ラストシーン）

Why so?　　　　　　　　　　　　　　　　　So what?

MECE

図4-8

このように「見わたす」ところからはじめて、4つのステップで相手に伝わる「ひとつの物語」に結晶していく。これが「4Steps」だ。

第5節

各ステップのすすめ方

これから、4Stepsのトレーニングに入っていく。
第5章では、Step1の「見わたす」。
第6章では、Step2の「見える化」。
第7章では、Step3の「構造化」。
第8章では、Setp4の「物語」。

1 すべてのステップが5つの節で構成されている

各章、すべて同じ次の5つの節で構成されている。

第1節：本ステップの目的の明確化――4ステップの中で、このステップがどのような位置づけにあるのかを理解する。
第2節：必要な道具やツールのインストール――このステップ攻略に欠かせない思考の道具やツールをインストールする。

第3節：サブステップ——このステップのサブステップについて解説する。分けて攻略する！　誰でも登れる階段を提示する。
第4節：ロジ男の「らくがき」——小学5年生のロジ男のZii購入提案書の事例で学ぶ。
第5節：ポイント解説——このステップで学んだことのポイント解説を行う。

　まず、あなたは各章で、そのステップの目的を理解し、次にそのステップで用いる思考ツールをインストールする。つづいて、ステップを分解したサブステップを学ぶ。ロジ男の「らくがき」というケースを通して、どんな手順（サブステップ）で、どのツールをどのように使い思考していくのかを見ていく。そして、最後の第5節では、このステップにおけるポイントを把握する。
　Step1に入る前に、各章の第4節に登場するロジ男の「らくがき」について概説しておこう。

2 キー・ストーリー：ロジ男の「らくがき」の概説

　なぜ、あなたが仕事で直面する題材でなく、あえて小学5年生のロジ男のケースにしたのか？
　ロジ男のお話は、楽しく身につき、いつでも参照できる事例だから、脳の中に刻まれるのだ。

(1) 誰でも理解できる＝4Stepsを通して理解できる

　最速で4Stepsを吸収できるための工夫である。通常のロジカルシンキングでは、上司への報告や売上アップといった題材の事例でそのテク

ニックを説明することが多いようだ。できるだけ実務に即した内容である。しかし、問題が発生する。事例が複雑なため、道具の使い方やプロセスそのものを理解することが難しくなるのだ。

(2) 記憶に粘りつく

　ロジカルシンキングの本を読まれたことのある方は思い出してほしい。あなたの読んだ本には、どのような事例で説明されていたか覚えているだろうか？　そう、あなたは、ロジカルシンキングでつまずいたとき、事例を思い出し、自分のつまずきのポイントを振り返ることができないのである。本書では、あなたがいつでも思い出せる事例にした。「あれロジ男のケースはどうだったかな」と、このロジ男のお話と「4Steps」をセットで記憶できる仕掛けにしてある。**あなたは、「4Steps」の思考の流れをいつでも臨場感豊かに再生できるようになる。**

(3) 一見、子供のお話だが、ビジネスでの提案で押さえるポイントもまったくいっしょ

　ロジ男のケースをビジネスシーンにあてはめてもそっくりそのまま使える。応用が利く。具体的にはどのようなお話なのか？

ロジ男の「らくがき」……ロジ男の Zii 購入提案書
　小学校5年生の石田ロジ男君とそのママのある平日の会話を聞いてみよう。

- 「ダメと言ったら、絶対ダメ」(ママ)、「どうしても欲しいの！」(ロジ男)、「ダメよ」(ママ)……。
- ここ数日、ロジ男とママの間ではこうしたやり取りが繰り返されていた。

どうしてもゲーム機"Zii"が欲しいロジ男は友人のさとしに相談した。さとしはロジ男に、「それなら4丁目の『ロジカルならくがき教室』に行ってごらん」という。ロジ男がその教室で出会ったのは、シルクハットをかぶったおかしな風貌の初老の紳士だった。このシルクハットの紳士との出会いにより、ロジ男は劇的な進化を遂げていく。

ロジ男のおかれた状況
● 「絶対にダメ」とママ。Ziiを買ってほしい小学校5年生の息子。
● 1週間後、「じゃあいいわ。買ってあげるわ」とママが豹変！？
● ロジ男がママに手わたした一枚のメモで状況は一変した。
● さて、どのような提案メモならママは「なるほど！」と納得するだろうか？

　さあ、これで準備はすべて整った。
　実践編へ舞台を移すことにしよう。あなたがロジカルな「らくがき」、4Stepsを使いこなせるようになるための実践の舞台だ。4つのステップで「らくがき」をしていくと、あなたの思考は「ひとつの物語（＝提案書）」に結晶化されていく。

　それでは、いざ実践の舞台へ。

Column　魔法の数字「3」(マジックナンバー)

　「3」は、魔法の数字。

　分かりやすく人に伝えるためのカンタンな魔法がある。マジックナンバー魔法の数字 「3」。伝えたいことを「3」で整理する。
「要点は、3つあります。・・・」
「理由は、3つあります。・・・」
「壁を突破する鍵は、3つあります。・・・」
　こうすると分かりやすい。シンプル・イズ・ベスト。メッセージの要点を「3つ」に整理する。これは、「3の法則」、「3の原則」、「3の鉄則」とか言われる。

　「企画書を、いかなる心得で書くべきか。これも端的に述べましょう。「三の原則」を活用する。それが心得です。この「三の原則」とは、すべての項目を「三つ」にして書くということです。・・・米国のビジネススクールでは、「すべてを三つに整理して語れ」という訓練をしますが、米国の知的プロフェッショナルの世界では、この「三の原則」は常識となっています。」

（田坂広志『企画力』）

　「3」を使いはじめると、「分かりやすさ」が格段にあがる。「再現性」、「納得性」、「参加性」があがる。メッセージが伝わる。すると、「結果」が変わりはじめる。

　本書では、「3」に徹底的してこだわった。「第3のルート」、「3つの壁」、「3つのキーワード」、「3つの鍵」など、じつに多い。

　「3」は、魔法の数字。
　ぜひ、この魔法の数字、「3」を意識して活用してみてほしい。

実践編

第5章

「ソリューション・ボックス」を準備する

Step1
「見わたす」

さあ、いよいよ実践だ。
まずは、4Stepsのはじめの一歩。

●「ソリューション・ボックス」＝思考の断片（パズルのピース）を入れる箱を準備する

Step1 ──「見わたす」。

「ソリューション・ボックス」を準備する。

Step1は、「ソリューション・ボックス」（＝問題解決の「箱」）を準備しながら、これからはじまる思考プロセスの筋道を「見わたす」作業だ（図5-1）。「箱」とは、思考の断片（ピース）を入れるための「箱」である。

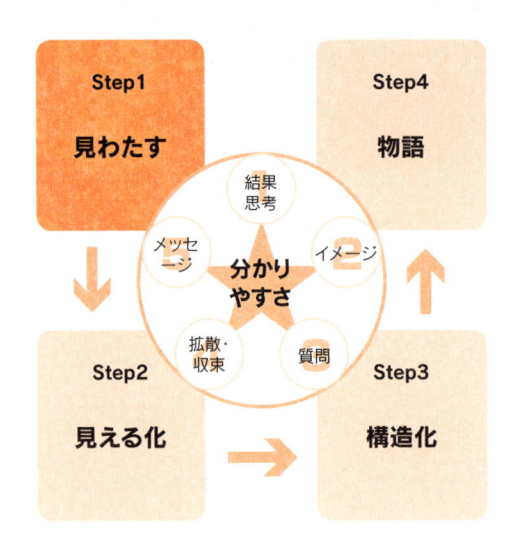

図 5-1

「ソリューション・ボックス」とは、問題解決に必要な5つの要素を洗い出すための箱だ。次のStep2の「見える化」で頭の中から思考の断片（パズルのピース）を取り出し、それを入れていく箱だ。この箱を用

意しておくことで、スピーディに問題解決に必要な５つの要素をモレなく洗い出し、整理することができる。

● ５分で完了するカンタンな Step1、「見わたす」

「ソリューション・ボックス」の準備とは、紙を一枚取り出し、紙の上にペンで線を引き、スペース（箱）をつくり、イラストを描く作業だ。この作業は、５分もあれば十分。

誰でも、カンタンにできる。カンタンだが、この５分間をきちんと準備する。きちんと準備したかどうかで、このあとのステップの思考のスピードとキレが変わる。思考の下地づくりをする大切な準備作業だ。

ちょうど、マラソンを始める前の準備運動のようなもの。かかる時間はわずか。しかし、きちんと準備する。体をほぐす。レースのメンタルリハーサルをする。こうした準備は、思考のパフォーマンスを発揮する上でも欠かせない。

あまりにもカンタンだが、大切な準備作業。それが Step1 の「見わたす」だ。

第1節

本ステップの目的を明確にする

　本ステップの目的は何か？
　ズバリ、ストレスなく、最短最速で、質の高い提案書をつくりあげるための準備だ。

1 何の「準備」をしているのか？

(1) 見取り図の準備

　「あれ、何について考えているんだっけ」
　考えている途中で、思考があっちに行ったり、こっちに行ったり、なかなか考えがまとまらない。こんな経験はないだろうか。
　じつは多くの場合、考えはじめる前に、思考が迷路に迷うことが決まっていたのだ。作業の全体を見わたさずに、「いきなり」考えはじめる。「いきなり」考えはじめて、思考に「行き詰まる」。
　それはまるで、「見取り図」のないまま家づくりをするようなものだ。

「見取り図」がなければ、途中、家づくりは迷路に迷い込む。道具や素材が足りない。寸法がちがう。台所がせまい。トイレの位置がちがう。変更、変更で工期も遅れる。完成した家は、施主さんの希望とは大きく離れている……。そして、施主さんから大目玉。

「見取り図」のない家づくりから抜け出す。

問題解決の「見取り図」にあたるのが、「ソリューション・ボックス」だ。

まず「見取り図」を用意しよう（図5-2）。

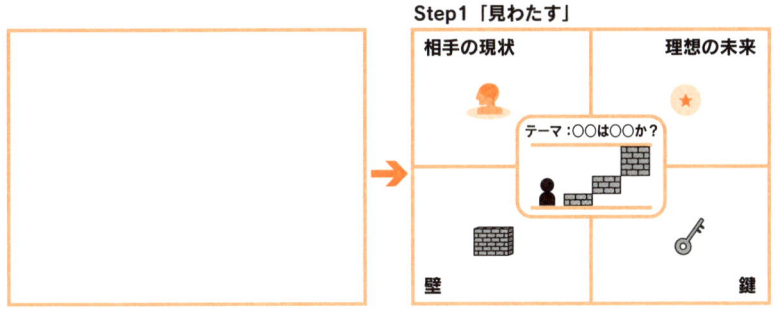

図5-2

（2）作業の準備

ソリューション・ボックス＝問題解決の「箱」。この「箱」は何のために準備するのか。

「箱」とは、Step2でマインドマップを使い、問題解決の5つの要素に関する考えを頭の中から取り出し、入れていくための「箱（＝スペース）」だ。

そして、Step3の構造化の素材となるピース（思考の断片）を整理して入れていくための「箱」だ。

さらに、Step4の物語のイメージの素材となるピースを入れておくための「箱」だ。

つまり、「ソリューション・ボックス」は、問題解決の全体、そして

作業手順の流れのすべての土台となる「箱」だ。

　Step1 で、Step2 から Step4 の全作業の流れを「見わたす」ことで、その準備をしている。

(3) 想像力の準備

　「箱」の中に、「イラスト」を描いていく。何を準備しているのか。

　「想像力」に**スイッチ**を入れている。ペンでイラストを描き、線を引き空白をつくりながら、頭の中でさまざまなイメージを想像していく。ビジョンのイメージ、相手のイメージ、壁のイメージ、鍵のイメージなど、それぞれのスペース（箱）は、どんなピース（思考の断片）で埋まっていくのか、想像力豊かにイメージングをしていく。ちょうど、マラソン選手のメンタルリハーサルに似た作業だ。マラソン選手が、レース前に頭の中でレースのシミュレーションをし、鮮やかにゴールテープを切っているところをイメージするように、提案書のゴール、そこにいたる筋道をイメージしていく。

図 5-3

このような線やイラストといった、言語化以前の想像の世界から思考をスタートする。こうすることで、想像力のウォーミングアップをしていく。そのあとの作業で、想像力のスイッチをオフにすることなく、想像力豊かな思考ができるようにするためだ（図5-3）。

　提案書のゴールイメージ、そこにいたるまでの作業イメージを思い浮かべることで、頭と心の準備をしている。

2 何のために「準備」するのか？

（1）迷路対策

　「見取り図」を用意しておくことで、途中、思考が迷路に迷わない。もし、思考があっちに行ったり、こっちに行ったりして、迷路に迷ったとしても、「ソリューション・ボックス」にもどり、眺める。そうすれば、迷路から抜け出せる。思考を本来の筋道に軌道修正することができる。

　それはまるで、**登山における方位磁石のような役割をしてくれる**。道に迷ったとき、われわれを正規ルートに戻してくれる。それが、「ソリューション・ボックス」だ。

（2）作業の効率アップ

　「箱」を準備しておくことで、つづく3つのステップの作業の負荷を軽減してくれる。各ステップの作業の効率をアップしてくれる。「箱」があることで、各ステップの思考がスムーズに流れる。少ない力で大きなものを動かす、テコの原理のように、この小さな「箱」は大きく作用する。

(3) イメージの下絵

　2つのケースを想像してみよう。あらかじめジグソーパズルの完成図を見ていて、頭の中でパズルの完成図をイメージしながら、パズルの枠にピースをはめていくケース。それに対して、頭の中にこれといったイメージがなく、ただ、パズルの枠にピースをはめていくケース。どちらがスムーズにパズルが完成するか。前者だ。

　「ソリューション・ボックス」とは、作業全体の下絵のイメージを頭の中で描いていく作業だ。

　以上、目的について見てきた。
　「ソリューション・ボックス」の準備に要する時間はたったの5分間。あっという間に準備できる。
　この最初の5分間が、あなたの問題解決の第一歩だ。

　それでは、「ソリューション・ボックス」とはどのようなものなのか見ていこう。

第 2 節

「ソリューション・ボックス」のインストール

　問題解決に欠かせない5つの要素の「箱（スペース）」を用意しながら、これからの作業全体を見わたしていく。

　問題解決の5つの要素とは、「テーマ」「主人公（相手）」「壁（問題点）」「鍵（解決策）」「理想の未来（ビジョン）」の5つだ。

　つづくStep2では、この5つの要素ごとに、頭の中にうごめく思考の断片（ピース）を洗い出し、箱の中に入れていく。この洗い出し作業がストレスなく、最短時間でできるための準備が、この箱を用意する作業だ。要は、5つの要素を押さえ、頭の中の考えを、ストレスなく、もれなく洗い出すための箱を準備する。

　あまりにも簡単なので、説明はこのくらいにして、サブステップを見ながら使い方を身につけよう。

　それでは、どのような手順で箱を用意するのか。説明しよう。

第3節 サブステップ

サブステップ

手順1）思考の断片を入れる箱を用意する
手順2）箱のまん中にイラストを描く
手順3）提案書のテーマを設定する

　Step1のソリューション・ボックスの準備では、3つのサブステップがある。

手順1）思考の断片を入れる箱を用意する
　箱と呼んでいるが、実際の作業は紙の上で行う。

・大きめの用紙（A3以上）、カラフル（6色以上）なペンを用意する。
・まん中に四角を描き、その四角を中心にタテヨコに線を引く。まん中

にひとつ、四方に4つの思考の断片を入れるスペース（箱）が登場する。
- それぞれの要素のタイトルを記入する。

手順2）箱のまん中にイラストを描く

つづいて、それぞれの箱（スペース）のまん中にイラストを描く。

何のためか？
2つの目的がある。
①右脳への質問。箱（スペース）のまん中にイラストが描かれることで、ゲシュタルトの働きにより、頭の中のパズルのピースを洗い出しやすくするための仕掛けだ。
②もうひとつが、イメージング。プロのスポーツ選手が競技の前にメンタルリハーサルをするように、提案書づくりのイメージトレーニングをするようなものだ。

次の順番で描いていく。

- 左上の相手の箱には、脳が丸見えの横顔を描く。このとき、相手の担当者をイメージしながら描く。
- 右上の理想の未来には、楕円の丸を描いておく。Step2で、この楕円の丸の中の空白に理想の未来が浮かび上がる。「いったいどのような理想の未来が登場するのか？」、心の中でイメージしながら、ペンでゆっくり楕円を描く。
- 左下の壁の箱には、壁を描く。このとき、「いったいどんな壁が潜んでいるのか？」と心の中でイメージしながら描く。
- 右下の鍵の箱には、鍵を描く。このとき、「壁を突破し、理想の未来を実現するための鍵は何か？」と心の中でイメージしながら描く。

・まん中の四角のスペース（箱）の中に、現状から未来に向けて相手が登っていく階段のイラストを描こう。問題解決のフレームワーク図と同じイラストだ。

　このとき、「クライアントは、現状から抜け出し、階段（壁）を一歩一歩乗り越え理想の未来を実現します」と心の中でつぶやきながら描いてほしい（図5-4）。

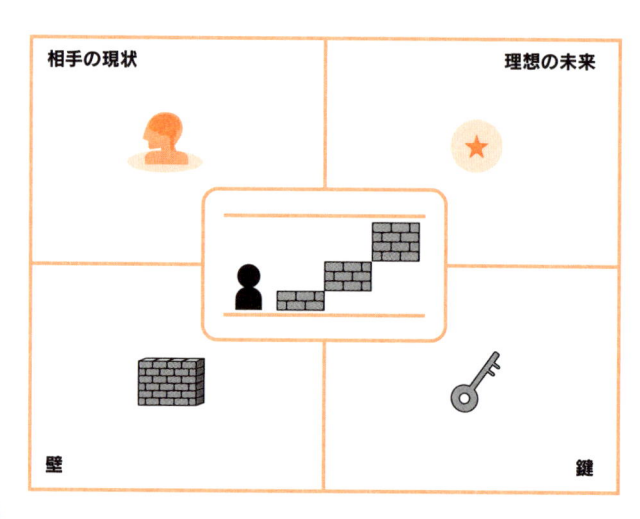

図5-4

手順3）提案書のテーマを設定する

　テーマを設定する。理想の未来と現状との間にある大きな溝（ギャップ）を、「問い」のかたちで表現する。今回の問題解決の最大の質問を考える。
　たとえば、売上の低迷で悩んでいるクライアントであれば、「売上はアップするか？」とか、新入社員の離職率の高さに悩んでいるクライア

ント向けの提案であれば、「新入社員の離職率を下げることができるか？」といったようなテーマである。必ず、「○○は○○か？」という「問い」のかたちにすること。

　図5-4のように、まん中の四角のスペース（箱）の中にテーマを書き出していく。書き出してみて、こう自問してみよう。「クライアント（相手）に、今回のテーマはズバリこれですか？　と聞いたら、YES！と言ってくれるか？」と。これがYESなら、ひとまずのテーマとして、はずしていない。

　つづいて、ロジ男はこのStep1をどのように思考したのか、見てみよう。

第4節

ロジ男の「らくがき」

Step1：「見わたす」——「ソリューション・ボックス」を準備する

　ロジ男はシルクハットの初老の紳士から習ったロジカルな「らくがき」4Stepsを使い、提案書づくりを開始した。

　まずソリューション・ボックスを準備する。
　ロジ男は初老の紳士から手わたされた「ロジカルな『らくがき』読本」を見てみると、
　ロジ男の目がある一節で止まった。

> 　ロジックを組み立てるというのは、ジグソーパズルのボードの上にピースをはめていき、ジグソーパズルを完成させることだ。
> 　頭の中に浮かぶ思考の断片をパズルのピースだとする。ソリューション・ボックスというのは、パズルのボードのようなもの。まん中を中心として四隅の敷居があり、その中に頭の中のパズルのピースをどんどんぶちまけていく。

最初のステップのソリューション・ボックスの準備には、3つのサブステップがある。

手順1）思考の断片を入れる箱を用意する
手順2）箱のまん中にイラストを描く
手順3）提案書のテーマを設定する

手順1）思考の断片を入れる箱を用意する
　ロジ男は、A3の用紙とカラフルなペンを用意した。まん中に四角を描き、左右、上下に線を引き、それぞれのスペース（箱）の中にタイトルを記入した。

手順2）箱のまん中にイラストを描く
　ロジ男は、それぞれのスペース（箱）のまん中にイラストを描く。
　左上のママのイラストを描きながら、ロジ男は「ママは僕がZiiを買うことについて、どう思っているのかな？　ママが抱く疑問は何だろうか？」、そんなことを考えていた。同じように、それぞれのスペース（箱）のまん中にイラストを描くとき、五感でイメージしながら描いていく。

手順3）提案書のテーマを設定する
　ロジ男はひとまず、「ママはZiiを購入してくれるか？」というテーマを立てた。
　ロジ男は、いったいどのような壁が立ちはだかるのかを想像しつつ、ワクワクしながら提案書づくりのはじめの第一歩を踏み出した。

あえてコツをあげるとしたら、想像力を働かせてイメージしながら線を引き、イラストを描くこと。
　ソリューション・ボックスはパズルのピースを入れる箱。それぞれのスペース（箱）のまん中のイメージを想像しておくと、それが磁石になって、ピースを頭の中から取り出しやすくしてくれる。

　どんな最終アウトプットになるのか、ワクワクした気持ちで取り組んでもらいたい。
　つづいて、Step1のソリューション・ボックスづくりのポイントについて解説する。

第5節 ポイント解説

ポイント

ポイント1.「考えること」を考える
ポイント2. 想像力豊かに、問題解決の全体像をイメージする
ポイント3. ショートカットや、機械的な作業にしない

以下、Step1の「ソリューション・ボックス」を準備する際のポイントをあげておく。

ポイント1.「考えること」を考える

ある日、私は、一流のプロと打ち合わせしていた。その一流のプロは、私にこんな質問をした。

「"考えることを考える"ってなんだか分かるか？」、こう言って、彼はつづけた。

「みんな、考えることを考えないまま、考えはじめる。だから、行き詰まる。そして、ありきたりな考えしかできないんだ」

そう言って、彼は私に、「考えることを考える」ことの重要性を教えてくれた。

この「考えることを考える」ための道具。家づくりの「見取り図」の役割をしてくれるのが、「ソリューション・ボックス」だ。

ポイント2．想像力豊かに、問題解決の全体像をイメージする
(1) 右脳への質問が、脳を活性化する

ソリューション・ボックスの中に、なぜイラストを描くのか？

こうした質問をよく受ける。

答えは、「**刺激**」。脳を刺激し、活性化するためだ。それにより、脳から多くの考えをスピーディかつ大量に洗い出すためだ。そのための大切な準備だ。

右脳への質問だ。想像力豊かにイラストを描く。すると、Step2の「見える化」の作業へ移ったとき、脳から芋づる式にパズルのピース（思考の断片）がごっそり洗い出される。脳を刺激するための**トリガー（引き金）**の役目を果たすのがイラストだ。

(2) 一枚の絵は、1000語にまさる

一枚の絵や写真には、1000語にまさるとも劣らない膨大な情報が詰まっていると言われる。その詰まっている情報を引き出す。

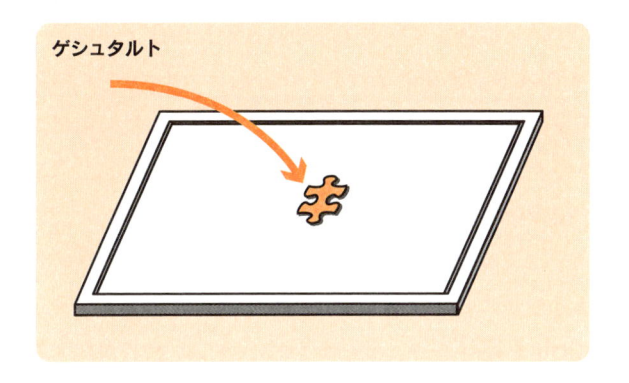

図 5-5

　想像してみよう。今あなたの目の前のテーブルの上に、空のジグソーパズルのボードが置いてある。そこに、ひとつだけ絵柄のあるパズルのピースが置かれる。イメージしてみてほしい。絵柄のついたピースがひとつだけ空のボードの上に置かれた瞬間、残りの空白はどんなピースで埋められるのか想像力をかきたてられないだろうか（図 5-5）。

　これと同じ作用が、箱（スペース）のまん中にイラストが置かれた瞬間からはじまる。「**ゲシュタルト**」だ。すでにマインドマップのところの象の絵で体感してもらった。そこにイラストが描かれた瞬間、右脳に対する質問、「ゲシュタルト」の効果が作動しはじめ、思考の間ずっと作用しつづける。

(3) 問題解決の 5 つの要素について想像力を働かせる

　「相手」のイラストがあることで、相手の頭の中を意識し、相手を感じ、相手の置かれた状況をよりリアルにイメージしやすくなる。

　「理想の未来」の空白の楕円は、私たちの想像力を駆り立ててくれる。「いったいどんな未来が出現するのか？」、「どんな未来になればクライアント企業の担当者、社員の一人ひとりの笑顔があふれるのか？」、「そのとき私はどのような関わり方をしているのか？」、こうした問いかけ

で脳のスクリーンにさまざまな未来の映像が浮かび上がる。

「壁」のイラストがあることで、「いったいどんな壁が潜んでいるのか？」、「理想の未来を実現する上でクライアントの目の前に立ちはだかる壁は何なのか？」、「3つの大きな壁とは何か？」、Step2以降、このような問いが頭の中を駆け巡る。

「鍵」のイラストがあることで、「壁を突破する鍵は何なのか？」、「鍵のありかはどこか？」、「理想の未来の扉をあける鍵は何なのか？」という問いが頭の中を駆け巡り、頭の中から心地よく思考のパズルを洗い出す力になる。

（4）問題解決の理想の未来から全体像にイメージをはせる

ロジカルシンキングの目的は、問題解決。

「ソリューション・ボックス」のまん中のイラストは、「現在から未来への階段」。これは、問題解決の物語の階段をあらわすシンプルな絵だ。

Step2以降、われわれはこのイラストを絶えず視覚でとらえながら思考していく。

このまん中の絵が脳にいつも語りかけてくれる。「今いるところを離れて、いったいどのような未来が待っているのか？」、「その行く手を阻む壁は何なのか？」、「それをどうやってクライアントは突破していくのか？」、「そこにどんなドラマがあるのか？」という具合に。

つまり、「相手」について深く知ること、「理想の未来」を想像力豊かにイメージすること、「壁」の深層を浮き彫りにすること、「鍵」のありかを発見すること、その一連の「物語」を浮かび上がらせるため、想像力のスイッチをONにするための仕掛けだ。

このイラストを描いている瞬間に、「最終的な提案書（＝物語）づくりがはじまっている」という感覚をもちながらイラストを描いていくことが大切だ。

ポイント3. ショートカットや、機械的な作業にしない

　Step1は、誰でもカンタンにできる作業だ。線を引いて、要素を記入して、イラストを描く。たったこれだけの作業だ。

　カンタンだから、ついショートカットしたくなる。作業をおざなりにする。作業自体、ショートカットして、やらないという人もいる。

　しかし、何度も指摘しているように、この見わたす作業は「4Steps」の土台となる、大切な準備作業だ。ここで、提案書（物語）の要素、全体像、作業の筋道などをしっかりイメージしておく。

　ぜひイメージ豊かに、ワクワクしながらこのステップを進めてほしい。

　ちょうど、子供が空のおもちゃ箱を持ってきて、これからたくさんのおもちゃでその箱があふれることをイメージしているように。

・・・

　カンタンだけれど、きっちり準備しておくもの。それがStep1「見わたす」だ。

　さあ、これで問題解決のピースを入れる5つの箱は準備できた。

　それでは、次のステップに入ろう。

　つづく第6章では、頭の中からピース（思考の断片）を取り出し、それぞれの箱の中に入れていく。箱（スペース）の中に、どのようにしてピース（思考の断片）を洗い出していくのか、見ていこう。

Column　　まず、はじめにビジョンありき！

　本書の問題解決のアプローチは、「ビジョン（理想の未来）」からスタートする。通常の問題解決では、問題の原因の分析からスタートするのとは対照的だ。原因思考から、ビジョンからはじめる結果思考へ。この思考のアプローチの違いは何をもたらすのか。

　「ビジョンがあるからフォーカス集中できる。ビジョンがあるから進む方向がわかる。ビジョンがあるから全力でがんばれる。ビジョンがあるから「全速前進！」で進めるのだ。・・・すなわち目的がはっきりしていて、そのことに確信があって迷いがなく、しかもそれを実現できる自信にあふれていて、どんな障害があっても断固として進んでいける状態のことだ。」
（ケン・ブランチャード『ザ・ビジョン』）

　ビジョンがなく、ただ目の前の壁（問題）に翻弄される人。ビジョン（理想の未来）から逆算して、次々と壁をクリアしていく人。そのちがいは何か。

　「来年の誕生日に、私はきっとこう過ごしている・・・と、具体的な未来を考えるとき、海馬に刺激が与えられ、そこが活発に活動する、ということが分かりました。つまり将来を創造することで、まだ見ぬ未来の記憶を構築しているわけです。未だ起きていないことでも、記憶として脳に残ると、人間としての経験値も上がり、それが具体的な行動を起こすときのエネルギーになります」
（池谷祐二「うっとり夢見て、パワーチャージ！
　　　　　ポジティブ妄想力で幸運体質に」・anan1630号」）

　まず、はじめにビジョンありき。
　理想の未来から逆算して思考する「結果思考」の習慣を身につけよう。

実践編

第6章

「ソリューション・ボックス」に思考の断片を洗い出す

Step2
「見える化」

Step2は、「見える化」。
「見える化」とは何か？

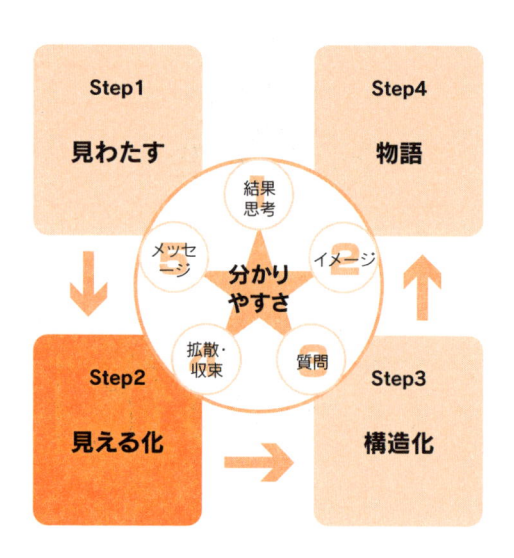

図6-1

　色ペンと紙、そして「手」を使い、頭の中にある思考を、頭の外側にごそっと洗い出していく。色ペンを手にとり、紙の上に、頭の中に浮かんだ考え、アイデアをノンストップで書き出していく。
　このときのポイントは、**「判断というろ過器」**を通さないこと。判断＝必要なものだけ厳選するのでなく、脳内スクリーンに映し出される言葉、言語化される以前のイメージ、形、色などをがばっとつかみ取り、紙の上にトレース（置く）していく。

　想像力のスイッチはONのまま、「紙と色ペン」、「手」、「五感」、「想像力」を駆使して、頭の中の思考を紙の上に**地図化**していく。すると、そこに自分の頭の中にうごめく思考の地図がくっきりと浮かび上がる。

これが、「見える化」だ。

　「見える化」は、思考における「テコ（＝レバレッジ）」の働きをしてくれる。テコの原理を使うと、小さな力で大きなことが実現できるように、「見える化」は、短い時間で切れ味のするどい思考を大量に洗い出してくれる。

　そのために使う道具が、**頭の良くなる「らくがき」、マインドマップ**だ。

　マインドマップで、脳の中にある思考をごっそり洗い出し、「ソリューション・ボックス」の上に見える化していく。脳内スクリーンに映し出される思考の断片（パズルのピース）をつかみ取り、準備した箱（スペース）の中に入れていく。次第に、箱（スペース）の中は思考のピースで山盛りになる。

　第3章で紹介したように、小学4年生は、作文でいきなり文章を書こうとするとフリーズしてしまった。ところが、まずマインドマップで頭の中にある考えを紙の上に「見える化」し、その上でペンをとるとスラスラ文章が書ける。**いきなり文章で考えをまとめるのでなく、まず考えを頭の中から洗い出し、「見える化」するのがポイント。**

　これと同じように、本ステップでは、いきなり思考を言葉で構造化する前に、頭の中からピース（思考の断片）を取り出し、「見える化」する。

　Step2には、5つのサブステップがある。ステップを経るごとに、あなたの考えが一枚の紙の上に「見える化」されていく。**ひとつひとつの思考の断片が枝でつながれ、一枚の「思考の地図」が浮かび上がる。**問題解決のテーマについて、自分の頭の中にはどんな考えがうごめいているのかが、思考の地図で一覧できるようになる。

第1節

本ステップの目的を明確にする

　Step2「見える化」を通して、「ソリューション・ボックス」の箱はピース（思考の断片）でいっぱいになる。
　何のために箱の中のピース（思考の断片）を洗い出し、それを「見える化」するのか？

1 短時間で、質の高い思考を大量に手に入れる

　「手」を使い、考えを「視覚的」にとらえて思考していき、思考全体を紙の上に地図化していく。これが「見える化」だ。
　「目」で見てはじめて分かることは、じつに多い。その効果ははかりしれない。「手」を動かしながら思考すると、思考の切れとスピードは劇的に向上する。思考が一気に加速された感覚になる。思考の断片（ピース）を紙の上に洗い出し、枝でつなげていく。すると、「自分はこんなことを考えていたのか」とハッとする。気づきが生まれる。その気づきが刺激となり、思考はさらに加速していく。

「手」が描き出すアイデアが脳にフィードバックされることで、さらなるアイデアを生む。

見える化されたパズルのピースの塊を目で見て脳にフィードバックすることで、脳の中で連想の連鎖が生まれる。脳の中で玉突き事故のように連鎖反応が起きていく。芋づる式に思考が引き出されていく。

脳だけの思考に、「手」と「視覚」の力をプラスONしたのが、「見える化」だ。頭の中だけで思考しているのに比べ、短時間で、ストレスなく、質の高い思考ができるようになる。

脳の中にある思考の断片（パズルのピース）をつかんで箱の中に入れていく。すると、箱の中はあっという間にピースで埋まる。考えの細部（ピース）と全体が一目で把握できるようになる。短時間で、ストレスなく、切れのある思考が、大量に目の前にあらわれる（図6-2）。

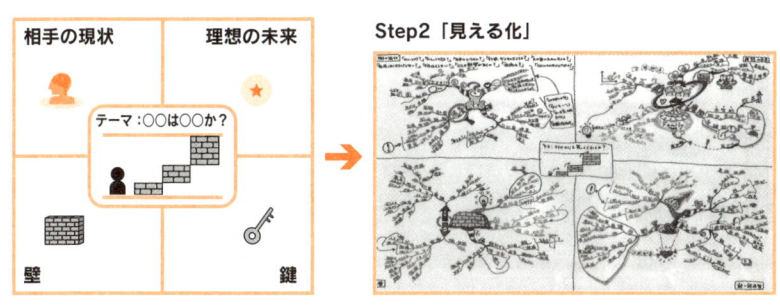

図6-2

2 下ごしらえをすることで、Step3、Step4の作業効率をアップする

　この洗い出され、見える化されたピースの塊が、このあとにつづくStep3、Step4の思考の素材だ。
　4Stepsを料理にたとえてみると、Step1がレシピを考える作業だとすれば、Step2は下ごしらえ。Step3とStep4の料理づくりの下ごしらえだ。
　「見える化」により、鮮度のいい、とびきりの素材が、たくさん目の前にあらわれる。その素材を使って思考を構造化し、物語に結晶化していくプロセスが、このあとのStep3、Step4だ。
　どんな下ごしらえをするのか。
　ピースを目で見て、手に取り、並べることのできる状態をつくる。つまり、ピースを頭の中から外に取り出し、次々と箱の中に入れていく。こうすることにより、Step3でパズルの枠に並べるときのピースを目で見て、手に取ることができるようになる。

　Step4の物語の下ごしらえとは。
　5つの箱（要素）ごとに、ピースが洗い出され、それが枝でつながると、問題解決の大まかな物語が見えてくる。ストーリーの概要だ。Step2の間、想像力豊かに、物語を構成する5つの要素についてイメージしているので、どんな物語にしたらいいのかが、ある程度想像できる状態が生まれる。

　それでは、どのような手順で頭の中からピース（思考の断片）が取り出され、それぞれの箱の中に放り込まれていくのかを見ていくことにする。
　その前に、思考ツール「マインドマップ」をインストールしておこう。

第2節

マインドマップのプチインストール

　すでに第3章でマインドマップにまつわるエピソード、理論的な背景、メカニズムについて話した。
　ここでは、マインドマップの描き方を紹介する。描き方には、原則（ルール）がある。この原則が、「全脳思考」を実現し、「見える化」の効果を最大限に引き出す鍵を握る。つまり、原則に従ってマインドマップを描けると、**「全脳思考」**と**「見える化」**は思いのままというわけだ。

　そのために、マインドマップでは厳密な原則（ルール）がある。この厳密な原則は、講座や書籍を紹介したのでそちらを参考にしてもらいたい。
　ここでは、「最低限これができればOK」という、シンプルな原則（ルール）を紹介する。
　とても、カンタン。次に紹介する描き方の手順を押さえれば、あとは大丈夫。

まず、白紙の用紙と色ペンを用意する。用紙は横向きに使う。なぜか。TVや映画のスクリーンが横向きなのと同じ理由だ。私たちの目は左右についているため、全体像を一瞬で見るには、横である必要がある。スクリーンが縦になった瞬間、目をスクロールしないと情報を読み取ることができない。通常の私たちの思考が直線的に情報を処理する直線思考であるのに対して、マインドマップは全体を絵のように情報処理していく全脳思考である。

　用紙とペンの用意ができたら、①まん中にテーマイメージを描く。テーマイメージとは、考えるべきテーマから連想されるイメージだ。たとえば、今期の営業売上をアップするというテーマで考えるとしよう。この「今期の営業売上をアップする」というテーマから連想されるイメージである。ある人は、右上にぐんぐん伸びている売上グラフをイメージする。またある人は、営業の目標を達成し、仲間とシャンパンをあけているイメージ。とにかく頭に浮かんだイメージをそのまま紙のまん中に描きだしたらいいのだ。

　そして、②枝を伸ばし、③枝の上に単語やイメージをのせる。これだけでいい。

　最低限、これだけのことを押さえたらひとまずOKだ。
　はじめは、細かいところにとらわれずに、枝を伸ばして単語やイメージをのせる、この繰り返しをテンポよく進めてみよう。**あたかも芋掘りのように、枝をつたって、頭の中から芋づる式に思考の断片（ピース）を取り出していく。**
　まずは、「習うより慣れろ」。どんどん描いてみよう。

第3節 サブステップ

> **サブステップ**
>
> 手順1）左上：「相手」に関する思考の断片（ピース）を洗い出す
> 手順2）右上：「理想の未来」に関する思考の断片（ピース）を洗い出す
> 手順3）左下：「壁」に関する思考の断片（ピース）を洗い出す
> 手順4）右下：「鍵」に関する思考の断片（ピース）を洗い出す
> 手順5）U字で各スペース（箱）を見わたしながら、追記していく

手順1）　左上：「相手」に関する思考の断片（ピース）を洗い出す

　マインドマップで、以下の項目について思いつく限りの事実、アイデアを洗い出していく。
　それぞれの軸となる枝として、次に紹介するものは最低限押さえておこう。

● **相手という人物を浮き彫りにする**

　自問をしながら、枝を伸ばし、単語をのせていく。自問の際に使う、相手の人物像を浮き彫りにする質問をいくつかリストアップしておく。

　たとえば、

・相手はどんな人か？
・相手は組織でどのような立場の人か？
・相手の判断の軸は何か？
・相手が一番大切にしている価値観、美学とは？

● **相手の部署、組織の現状を浮き彫りにする。相手がおかれている状況に関する客観的な「事実」を洗い出す**

　取捨選別せずに、事実を洗い出していく。事実とは、あなたの判断をさしはさまない、ありのままの客観的情報のことだ。ロジカルシンキングの世界ではよく現状把握といわれる部分がこの箇所だ。現状把握をするとき、多くの人が事実と意見を混在して考えてしまい、これが思考の混乱のもとになる。まず、客観的な事実を洗い出す。コンサルティング会社で重視される「ファクト（事実）は何だ？」というやつだ。

・相手がおかれている状況は？
・相手の組織でいったい何が起こったのか？
・相手の企業のおかれている市場や業界で起こった変化は何か？
・相手にとって切実な問題とは？
・相手がこの提案をうけるにあたってどのような背景があるか？

- **このテーマに関連して、相手の口から思わずポロッと出てくる「質問（問い）」は?**

　この相手の「問い」だけ、単語でなく、「文書」にする。理由がある。相手の「問い」をリアルに想像するため。もうひとつが、この相手の問いをそのまま次の Step3 の中で利用するためだ。

　相手の頭の中を想像する。このとき、相手の頭の中にある「言葉」を見つける。「言葉」とは、相手の話す話し言葉だ。まん中に描いた相手のイラストの脳の中をイメージしながら、どんな「問い」を相手が発するか想像してみよう。相手の「問い」を洗い出すのに、参考になる質問をあげておく。

・相手の脳内スクリーンには、どんな「問い」が浮かんでいるだろうか?
・これまでのやり取りで相手が発した言葉は何か?
・相手の何気なく言った心にひっかかるひとことはなかったか?

　「いきなりこんなにたくさんのことを考えるの」と思われた方もいるだろう。しかし、マインドマップを使えばカンタン。あっという間にスペース（箱）の中はパズルのピースでいっぱいになる。このような思考プロセスを経ることで、相手について多面的に深く、そしてモレなく考えることができるようになる（図6-3）。

　相手が見えてきたら、次はその相手にとって理想の未来（ビジョン）を想像するサブステップの2番目へ移行する。

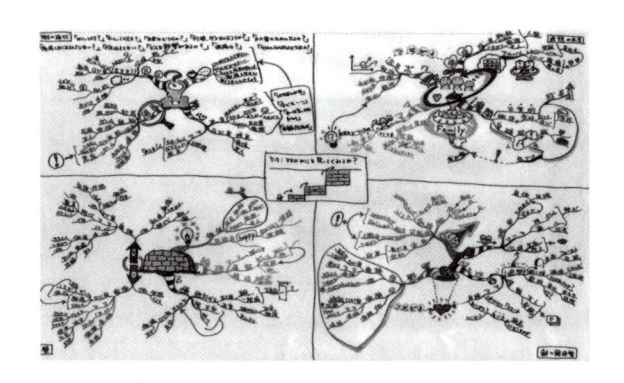

図6-3

手順2) 右上:「理想の未来」に関する思考の断片(ピース)を洗い出す

　5つの手順の中でも一番想像力が求められるのが、この「理想の未来(ビジョン)」を想像するところだ。

　理想の未来(ビジョン)とは、問題解決後に出現する未来の映像だ。今回の提案書がきっかけとなり、人や組織が動き、その結果出現する未来の物語だ。

　理解しやすいように例をあげよう。

　たとえば、あなたが法人企業向けに販売促進のソリューションを提供する企業の営業マンだとしよう。相手はあなたのクライアント先の事業部長だとする。あなたは事業部長に、事業部の売上拡大のための販売促進プランを提案する。

　このとき、あなたは理想の未来のところに年商を現在の80億円から100億円に拡大する、と書き出したとしよう。この数字を洗い出すことはいいのだが、問題はその先だ。仮にこの売上拡大が実現されているとした場合、その瞬間、社員の方はどんな表情をして、どこで、どんな働

き方をしているだろうか。担当部長はどんな表情をしているだろうか。そして、チームメンバーにどんなひとことをかけているだろうか……という具合に、現時点の状況がどのように変化しているか、想像力を働かせて、できるだけ具体的にイメージしてみる。

　成功した経営者には、会社を興した時点から、成功した今の姿が「見えていた」という話はよくある。正夢のように、彼らには未来がイメージでき、未来がすでに出現していた。あとは、その出現する未来に向けて、筋道どおり事を運んでいく。
　この理想の未来をイメージするとき、実現できるかどうかは考えないこと。
　ありありとした、臨場感豊かな、鮮明なイメージを頭の中に映像化していく。ところが、無意識のうちに、「そんなのあり得ない」、「不可能」と頭に浮かんだアイデアを消去してしまう。
　ここでは、判断は保留して、ひとまず頭に浮かんだものは、とりあえず紙の上に洗い出す。「らくがき」だから、一切の制限を設けずに、脳内スクリーンに浮かんだピース（思考の断片）を全部洗い出し、見える化していこう。
　仮説（アイデア）が実現するかどうかを判断する機会は、Step3以降にいくらでもある。まずは、判断を保留する。**「判断というろ過器」を通さず思考する。**想像力のスイッチをONにして、臨場感豊かなイメージを描く。なぜ、判断を保留するのか。拡散と収束を原則に基づいて同時に行わないためだ。脳のアクセルを解放して、アイデアをあふれさせているときに、判断というブレーキをかけてしまっては脳のパフォーマンスはダウンしてしまう。

● **どんどん枝を伸ばしていく**

右脳に対する質問。**ゲシュタルト**とは、まっ白な紙に思考の断片がひとつおかれた瞬間、脳は超高速で残りの空白を埋めはじめる。そんな話をした。

理想の未来の箱（スペース）のゲシュタルトは、逆のゲシュタルト。まん中の空白は最後に埋める。先にまん中の空白の周りに思考を地図化していく。思考の断片をどんどん洗い出し、枝で関連付けていくことで、その全体像が浮かび上がっていく。マインドマップの枝を伸ばし、単語やイラストを展開している間、あなたの脳はずっと、「まん中の空白は何なのか？」と、まん中のイメージを探している。まわりが枝と単語で色取られていくうちに、まん中の空白だけがポッカリ浮かび上がってくる。

● **まん中のブランク（空白）に出現する理想の未来のイメージを描く**

最後にぽっかり残った、まん中の空白に、イメージを描く。

「いったいこの先出現する未来とは、どんな未来なのか？」

臨場感豊かに、想像力をフル回転させて、理想の未来のイメージを描き出していこう。

手順3） 左下：「壁」に関する思考の断片（ピース）を洗い出す

ソリューション・ボックスの上には、「相手」と「理想の未来」が浮かび上がっている。

ここでは、相手が理想の未来を目指し一歩踏み出したとたん、目の前に立ちはだかる壁（課題）を浮き彫りにしていく。

壁を見極めるというよりは、壁として考え得る可能性を全部洗い出す。判断というろ過器を通さずに、「これは壁かもしれない」と思われるも

のは、大小かかわらず、ひとまず洗い出していく。
　以下、壁を洗い出す切り口をいくつかあげておこう。

● **現在地点から、理想の未来に向かう筋道で出てきそうな壁を想像する**
　たとえば、ホテルの経営再建を依頼されたとしよう。経営危機に陥っている現在地点から、経営再建が実現し、社員さん、お客さん、株主の方をはじめ、関係者がみなハッピーな笑顔になっている理想の未来の実現に向けての旅を始めると、どんな壁が登場するか。想像力豊かにイメージしてみよう。
　いろんなシナリオを思い描いてみる。
　赤字をストップするために、ひとまず可能な限りのコスト削減をするシナリオを想定してみると、資材の調達コスト、人員コスト、設備のコスト……、さまざまな壁がそこに見えてくる。
　また、集客力の劇的なアップというシナリオを考えてみると、雑誌に特集が載り一気にブレイクするか、団体の集客が続伸するプランはないか……など、そこにクリアすべき壁が見えてくる。

　このように、あらゆる可能性を頭の中でシミュレーションして、そのときに脳内スクリーンに浮かんだ壁に関するピースをつかみ取り、箱の中に入れていく。

● **テーマ（大きな問い）を、小さな問い（＝壁）に分解してみる**
　たとえば、「売上20％アップできるか？」というテーマならば、客数のアップ、単価のアップ、稼働率のアップ……、どんどんブレイクダウンしていく。このとき、「なぜ？」、「どうやって？」といった問いを投げかけながら、大きな問いをどんどん細かく分解していく。

● **テーマに関連しそうな、すでに見えている壁を洗い出す**

　テーマに関して、相手の現在地点を見わたすと、すでに顕在化している問題（＝壁）はたくさんある。相手にインタビューした結果得られるものもあるし、資料から読み取れるものもある。すでに、目に見える壁はたくさんある。ひとまず、どんどん洗い出しておく。

手順4）　右下：「鍵」に関する思考の断片（ピース）を洗い出す

　手順3で洗い出されたさまざまな壁。つづいて、壁を突破する鍵（解決策）は何かを浮き彫りにしていく。

・手順3で、見える化された壁を眺めながら、「この壁を突破するために？」という問いを投げかけ、考え得る解決策を洗い出していく。
・手順2で、見える化された理想の未来のところを眺めながら、「これをすれば実現する」という視点から思いつく限りの解決策を洗い出す。

　解決策は質より量！　という意識で、手数をたくさん洗い出していこう。判断せずに。ひとまず仮説でいい。なんでもありだ。できるかどうかは、Step3の検証のプロセスで検証していく。

手順5）　U字で各スペース（箱）を見わたしながら、追記していく

　全体像が浮かび上がってきた。全体像を眺めていると、各要素の間のつながり、個々の思考の断片の間のつながり、全体の意味合いなど、気づくことがたくさん出てくる。脳内スクリーンに映し出される新たな思考の断片（ピース）をどんどん追記していこう。

・そのとき、左上からU字で眺めながらチェックしていくといいだろう

（これを「Uチェック」と呼ぶ）。Uチェックは、ひとつのストーリーラインで眺めることになる。相手がどんな状況にあって、前進しようにも目の前に立ちはだかる壁。その壁を突破する鍵を手に入れ、理想の未来を実現する。そんな一連の物語がそこに見える。このUチェックを何回か繰り返していくうちに、物語の抜け落ちているところや、あいまいなところが明らかになってくる。どんどん、追記していこう。

特に、次の点を意識してほしい。

・相手の「問い」の項目はたくさん出しておこう。すでに、たくさんの要素が見える化されているので、それが刺激となり**脳の中で連鎖反応が起きやすくなっている**。新たな「問い」が次々と浮かんでくる。このテーマに関して、相手が聞きたいと思う「問い」を可能な限り洗い出していく。
・壁の正体を突き止める。全体を眺めながら、「いったい理想の未来を阻んでいる壁の正体は何なのか？」と自問しながら、これは！ と思われる壁には赤丸を付けてあたりをつけておくといいだろう。

それではロジ男がこのサブステップを使ってどうやってソリューション・ボックスの上の考えを「見える化」していったのか、見てみよう。

第4節

ロジ男の「らくがき」

Step2：「見える化」――「ソリューション・ボックス」を完成する

ロジ男は、「ロジカルな『らくがき』読本」で次の Step2 を確認した。

そこには、5つのサブステップが記載されてある。「見える化」するための5つのサブステップだ。

ロジ男は、「えっ、こんなにあるの」と思った。ところが解説のところを見ると、「手順1から手順4まで、それぞれ10分もかけたら十分。手順5については5分くらいだよ」とある。小学生のロジ男にとって45分間はちょっとタフだが、途中休憩を入れながらやってみることにした。

初老の紳士から教えてもらったマインドマップを使って、頭の中の思考の断片（パズルのピース）をどんどん洗い出していく。

手順1:「相手」の箱(スペース)にママに関する思考の断片(ピース)をどんどん洗い出していった

ロジ男はまず、ママについて思いついたことを書き出していく。

「まず、ママに関する情報を頭の中から取り出していこう。ママは、なぜZiiの購入に反対なのかな。お金の問題もあるよな。家計を預かる身だから当然だよな。ママはいつも怒ってばかりいるよな。Ziiを買いたいと言っても『ダメ』の一点張りだしな……」

次に、ロジ男はママが関心がありそうなことを書き出していく。

「ママが関心あることは何だろうか。ダイエット、家族団らん、僕の成績が上がること、インターネット……。いろいろあるな」

つづいて、Ziiが家にあったらママが言いそうな言葉を洗い出していく。

「またゲームばっかりして」
「ちゃんと片付けなさいよ」

ママの口からポロッと出てきそうな質問を洗い出してみた。
「勉強しなくなるんじゃないの?」
「部屋にひきこもったりしないの?」
「成績に影響ないの?」
「片付ける手間が増えるんじゃないの?」
「余計な家計支出になるんじゃないの?」
「ゲーム脳になってしまわないの?」

ロジ男は、ここまでの作業を10分ほどで終えた。

手順2:「理想の未来」

　つづいて、ロジ男は、右上の「理想の未来」の箱(スペース)に移り、理想の未来に関連する思考を頭の中から洗い出していく。

　「理想の未来ってどんなイメージかな？　Ziiを買ったことで、ママが思わず『これっていいわね』と言いたくなるような状態だよな。やっぱり、ママだって怒るのはいやだよな。そうだな、家族が仲良く団らんしている雰囲気が好きだよな。Ziiを買うことで、逆に僕の成績が上がったら大喜びだろうな。ママだって、気になっているダイエット、インターネットがZiiを買うことでできるようになるなら……」

　このようにロジ男は、頭の中に浮かんだ「Ziiを買うことでそこに出現する理想の未来」をマインドマップで描き出していった。

手順3:「壁」

　「理想の未来に行くために乗り越えなくてはならない壁は何だろう？　やっぱり、ママが『絶対、ダメ』と思う気持ちになるようなコトはクリアしないとな……」。何だろうか？

　なんといっても、一番は、「勉強」だな。ゲームといえば、「勉強しなくなるのでは？」という不安がママにはあるだろう。となると、「ゲームをしても勉強は大丈夫だよ」って言える"何か"が欠かせない。乗り越えるべき壁って何だろうか。

　ゲームしても、むしろ成績が上がるのか？　この壁をクリアできれば、理想の未来の実現は近いぞ。

　他にも、「絶対ダメ」とまでいかなくても、「いやだな」と思う気持ちをもたらしていることがあるのでは。結構、ゲームってお金がかかるから家計の出費になる。これって、いやだよな。「家計の負担にならないか？」という壁もクリアできるなら、ママは気が楽になるはずだ……。

こんな具合に、自問自答を繰り返しながら、ロジ男は、可能な限り壁を洗い出していった。

手順4：「鍵」

ロジ男は、ソリューション・ボックスの「壁」のところを眺めながら、「この壁を突破するためには何が鍵になるのだろうか？」という自問をし、解決策を洗い出していく。

さらに、ソリューション・ボックスの「理想の未来」のところを眺めつつ、「これをやったら実現するのでは？」という自問をしながら、思いついた解決策を洗い出していく。

ママが危惧するマイナスの影響（壁）を、全部クリアしていかないといけない。とくに勉強へのマイナスは……。
ロジ男は次々と枝を伸ばし、頭の中からピース（思考の断片）を取り出し、置いていく。

手順5：「追記」

つづいて、ロジ男はU字で全体を見わたしながら、気づいたことをさらに追記していった。
これで、ロジ男の「ソリューション・ボックス」は完成した（図6-4）。

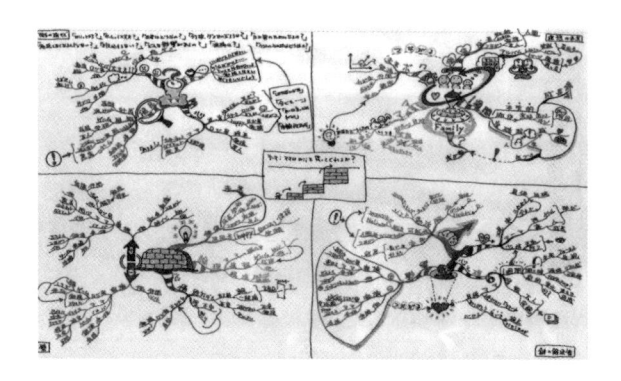

図 6-4

　このあと、「**見える化**」された**思考の地図**を素材にして、思考を構造化し、「ひとつの物語」に結晶化させていくことになる。

第5節

ポイント解説

ポイント

ポイント1. 「相手の視点」で考え、イメージする
ポイント2. 判断という「ろ過器」を通さない
ポイント3. 「質問」を「トリガー（引き金）」にする
ポイント4. 箱単位で、「小分け」して考える

　Step2の作業は誰でもカンタンにできる。とてもシンプルなものだ。
　ところが、時間がたってもあまり洗い出せない人がいる。思考の断片をそのまま脳内スクリーンから洗い出せばいいのに、判断というフィルターにろ過したものを紙の上に置く人もいる。はじめから4つの箱を全部いっぺんに考えようとしてしまう人がいる。
　シンプルisベスト。以下のポイントをしっかり押さえよう。

ポイント1.「相手の視点」で考え、イメージする

- 提案書は、「相手」が主人公の物語。相手が何を感じ、どう考えるのか。相手の取り巻く環境はどうか。深く洞察する。
- 「相手の視点（＝相手の頭の中のスクリーン）」を想像する。どんな映像が映し出されるか、想像力豊かにイメージする。
- 「相手」の「問い」だけは、単語でなく文章で書き出す。相手の口から思わずポロッと出てきそうな、話し言葉を書き出す。

　鍵を握るのは、想像力。顧客をデータとして扱うのでなく、生身の人間としてとらえ、感じる。相手は生身の人間だ。**想像力豊かに、相手をイメージしよう。**

ポイント2. 判断という「ろ過器」を通さない

- 想像力のスイッチをオフにしない。
- 頭の中で思考の断片（ピース）を加工せずに、頭の中に浮かんだピース（思考の断片）を生のまま洗い出す。
- あくまでも仮説の段階。「正解かどうか」ではなく、頭に浮かんだら全部洗い出す。
- 質より量。判断を差し挟まずに、ピースを洗い出していく。
- 時間をかけない。判断というろ過器を作動させないために、時間制限（タイムプレッシャー）をかける。具体的には、ストップウォッチなどを活用すると効果的だ。
- **「まあ、『らくがき』だから」**という軽い気持ちで。頭で考えるというよりも、手に考えさせる。手の動くままに「らくがき」をする。
- 拡散だけに徹する。拡散と収束を混在させない。ブレーンストーミングをしているときに、判断ばかりする人がひとりいるだけで、それはブレストでなくなる。拡散と収束を同時に行うと、脳の中で干渉作用

が起こり、生産性がダウンしてしまう。

　ここはあくまでも拡散のステージ。収束の次のStep3のステージに任せて、思う存分脳の中を洗い出そう。

ポイント3.「質問」を「引き金（トリガー）」にする

- 「なぜ？」、「どうして？」、「何でそうなるの？」。質問「Why ?」でもって、「相手」、「壁」について深掘りして考える。
- 「具体的には？」、「そのためには？」、「どうやって？」。質問「How ?」でもって、「理想の未来」、「鍵」をよりリアルかつ具体的なものにしていく。
- アインシュタインの名言に、「質問を考える」というのがあった。適切な質問をすれば適切な答えが得られる。適切な質問を見つける。
- 右脳への質問をする。イラスト、カラー、空想、ゲシュタルトなど、右脳の機能を使う。

　一流のプロは「口ぐせ」がちがう。質問をつぶやきながら、手を動かし、テンポよく思考を洗い出していく。「質問」という武器を使おう。
　脳は、**無限の連想装置**といわれる。どうやって、連想を作動させるか。連想の発火点となり、脳の中で次々と連鎖反応を起こす**引き金（トリガー）**となるのが、「質問」だ。「質問」の力を最大限に活用しよう。

ポイント4. 箱単位で、「小分け」して考える

- 一度に全部の要素について考えない。小分けして攻略する。一度にひとつの箱に集中して考える。
- 時間を区切って、4つの箱ごと、別々に作業をする。

まとめ

　ソリューション・ボックスの箱の中を覗いてみると、パズルのピース（思考の断片）があふれている。あなたの脳内スクリーンに映し出された思考の断片が洗い出され、一枚の紙の上に思考の全体を見わたすことができる。

　脳内スクリーンに映し出されるパズルピースを取捨選別せずに、短時間で一気に洗い出し、見える化していく方法。今までのロジカルシンキングの中ではあまり語られることのなかった、一流のプロの技だ。それを5つのサブステップにして攻略していく。しかも、マインドマップという、脳の中の思考の地図を「見える化」できるパワフルな道具を使って。

　これでソリューション・ボックスが完成した。このあとは、見える化されたソリューション・ボックス、箱の中のひとつひとつのパズルのピースを素材にして、考えを構造化していくStep3だ。

　さあ、その前に、コーヒーブレイクにしよう。これも大切な思考プロセスだ。これは、「インキュベーション（孵化）」と呼ばれる。一休みすることで、思考がスパークする。お風呂に入っていたらひらめいたとか、一晩寝て起きたら思考が整理されたとか、よくあること。考えることから少し離れてみよう。

Column　その「視点」に世界が嫉妬する！

「時価３０億円のダイヤモンドです！」
　こんなアナウンスが、時折、メディアをにぎわす。そのダイヤモンドの美しさに世界が嫉妬する。

　ダイヤモンドはもっとも価値のある宝石といわれる。価値は何かから生まれるのか。ダイヤモンドの価値を決めているもの、それは「フレームワーク」だ。ダイヤモンドの４Ｃと呼ばれるフレームワークだ。ひとつの「フレームワーク」が、ダイヤモンドの価値を決める。

　ダイヤモンドの４Ｃとは、キャラット (Carat)、カラー (Color)、クラリティ (Clarity)、カット (Cut) の４つで、ダイヤモンドの品質を評価するモノサシ（フレームワーク）だ。

　この共通のモノサシ、４Ｃという「フレームワーク」があることで、ダイヤモンドの価値は生まれる。世界共通のモノサシだ。「４Ｃ」が、世界共通のフレームワークになった瞬間、ダイヤモンドの価値が生まれ、流通していく。
　ダイヤモンドの流通の背景には、たったひとつの「フレームワーク」があった。それが、「４Ｃ」だ。

　その「視点」に世界が嫉妬する！
　「フレームワーク」ひとつで、世界が変わる。たったひとつの「視点」が、世界を変える。そこに、世界の新たな枠組み（フレームワーク）が生まれた瞬間、新しい現実があらわれる。

　その「視点」に世界が嫉妬する！
　あなたの「視点」が、次の世界の「フレームワーク」を生み出すことになるかもしれない。

実践編

第7章

「ソリューション・ツリー」で思考のパズルを完成させる

Step3 「構造化」

Step3 ──「構造化」。

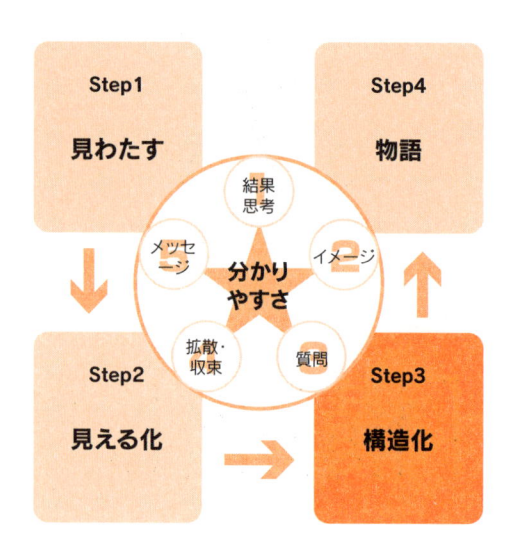

図 7-1

4Stepsの3つ目のステップ(図7-1)。

問題解決の全体構造が明確になる。思考の断片(ピース)が、構造的に組み合わされ、問題解決の全体像が、一枚の絵としてクッキリ浮かび上がる。

それはまるで、素材パーツ(部分)が、構造的に組み合わされて、家(全体)が完成していくようなものだ。家には構造がある。

「構造化」とは、何か?
「木を見て、森を見る」。
「構造化」の本質をズバリ言い当てている。森には、どんな木(思考の

第 7 章 ● 構造化

断片)があり、ひとつひとつの木がどんなかたちで関係しあい、森(問題解決)をつくりあげているのか。その全貌を明らかにしてくれるのが、「構造化」だ。

● 構造化とは、「ジグソーパズル」を組み立てること

　Step3 の「構造化」で、思考のパズルが完成する。
　ピース(思考の断片)をパズルの枠の中にはめていき、パズルを完成させていく。
　手元には、洗い出されたピース(思考の断片)がたくさんある。このひとつひとつのピースを組み合わせて、パズルの枠のなかにはめていき、ジグソーパズルを完成させていく。ピースのひとつひとつを、モレなく、ダブリなく、枠の中にはめていく。パズルボードが、ピースで埋め尽くされると、パズルは完成する。そして、一枚の絵が浮かび上がる。思考が構造化された瞬間だ。

　ジグソーパズルを組み立てることが、「構造化」だ。

　「構造化」により、問題解決の全体構造が明確になる。最終的に、問題解決の「**一枚の絵**」(＝**全体構造**)が浮かび上がる。

●「分かりやすさ」には理由がある

　思考が、一枚のパズルの絵になった瞬間、問題解決の全体構造が「分かる」。誰でも、カンタンに、「木を見て、森を見る」ことのできる「一枚の絵(ジグソーパズル)」の組み立て方をお教えしよう。

第1節

本ステップの目的を明確にする

　料理にたとえると、すでに下ごしらえをすませた素材がある。この素材を使って、料理を完成させるのがStep3。そして、その料理を盛りつけ、お客様をもてなすのがStep4。Step1で「レシピ」。Step2で「下ごしらえ」。Step3は「料理」。Step4で「もてなし」という流れだ（図7-2）。

4Stepsを料理にたとえると……

Step1 見わたす	Step2 見える化	Step3 構造化	Step4 物語
レシピ	→ 下ごしらえ	→ 料理	→ もてなし

図7-2

● 問題解決の「一枚の絵」が浮かび上がる

「ソリューション・ボックス」の用紙の上には、素材となるピース（思考の断片）が見える化されている。ピースを手にとり、ジグソーパズルを完成させる。すると、そこに問題解決の「一枚の絵（＝全体構造）」がくっきりと浮かび上がる。これが本ステップの目的だ（図7-3）。

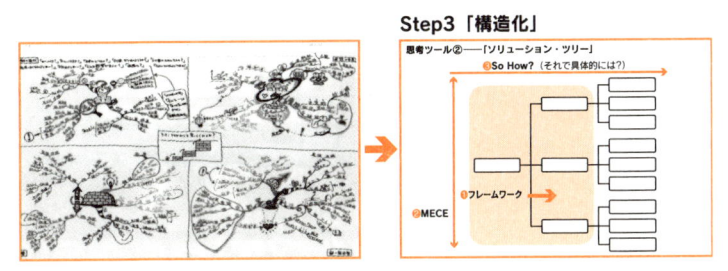

図7-3

「構造化」することで、問題解決の全体構造が明確になる。誰にでも、一目で、問題解決の全体像がくっきりと分かる、「一枚の絵（＝思考のパズル）」を完成させる。

構造化するための思考のツールが、「ソリューション・ツリー」だ。
「ソリューション・ツリー」＝問題解決の「パズル」。
「ソリューション・ボックス」の箱（スペース）の中から、ピースを取り出し、パズルの枠の中にあてはめていく。ピースをモレなく、ダブりなく埋め尽くしていき、ジグソーパズルを完成させる。これがStep3の「構造化」だ。

ジクソーパズルをするときのことを思い出してほしい。「いったいどんな"一枚の絵"が浮かび上がるのだろうか」。そんなワクワクするような感覚で、楽しんで「ソリューション・ツリー」を組み立てていこう。

第2節 「ソリューション・ツリー」のインストール

1 ソリューション・ツリーの「3つのルール」

● ソリューション・ツリーとは？

「ソリューション・ツリー」＝問題解決の「パズル」。

「ソリューション・ツリー」とは、ロジカルシンキングでは定番のロジックツリーのことだ。ロジックツリーを問題解決シーンで使うとき、「ソリューション・ツリー」と呼ぶ。「ソリューション・ツリー」は、MECEやフレームワークといったロジカルシンキングの道具を用いながら、思考を構造化していくためのツールだ。

「ソリューション・ツリー」では、テーマ（全体の問題）を部分（個別の問題）に分解していく。

「ソリューション・ツリー」が完成すると、問題解決の全体像が明らかになる。部分が枝でつながれ、全体が構造化されている。それはまるで、完成したジグソーパズルだ。ひとつひとつのピース（部分）がつな

がって、一枚の絵（全体）をつくりだすように。「ソリューション・ツリー」とは、ピース（思考の断片）を、論理という枝でつなげて構造化していくツールだ。

「ソリューション・ツリー」は、テーマ（全体）を、分解して部分にして、それを論理という枝でつなげていく。
　このパズルには、ルールがある。さっそく見ていこう。

● **ソリューション・ツリー作成の3つのルールとは？**
　「ソリューション・ツリー」のルールは3つある。
　テーマ（問題の全体）をどんな「切り口」で切り取るかという、「切り口」についてのルールがひとつ。「切り口」の決まったテーマを細かいピースに切り分けていく「分け方」についてのルールが2つある。モレなく、ダブリなく、ピースを埋め尽くし、問題解決の全体像をくっきり浮かび上がらせるためのルールだ。

　「ソリューション・ツリー」は、次の3つのルールに従う。

① **「切り口」のルール**……「フレームワーク（考え方の枠組み）」にあてはめて全体を分解する。
② **「分け方」のルール①**……MECEの法則に基づき、分解する。これが、ツリーをタテ方向で分解するルールだ。
③ **「分け方」のルール②**……So How？の質問で、分解する。これが、ヨコ方向で分解するルールだ。

　"「ソリューション・ツリー」が使える"とは、この3ルールに従い思考をツリー構造に整理できることだ。

「ソリューション・ツリー」は3つのルールにそれぞれ対応する3つの思考の道具から構成される。

それぞれ、対応する思考の道具は何か？

① 「切り口」のルール ← フレームワーク
② 「分け方」のルール① ← MECE
③ 「分け方」のルール② ← So How？

> ① 全体（テーマ）にフレームワークをあてはめて分解することは、テーマを分解するための軸となる「切り口」を決めるということだ。テーマ（問題の全体）を、ひとつの視点で切り取る。その軸となる「切り口」がフレームワークだ。
> ② 「切り口」の決まったテーマ（全体）を、タテ方向ではMECEの法則に基づき、部分に分解していく。
> ③ 同時に、ヨコ方向は、右から左へ、抽象から具体へ、「So How？」（それで具体的には？）という「問い」で分解していく（図7-4）。

「ソリューション・ツリー」が完成すると、一枚のツリー構造の絵でもって、問題解決の全体と部分が同時に理解できるようになる。そのために、3つの道具をひとつのツールで使いこなせるようになるのが、「ソリューション・ツリー」だ。

図7-4の構造：

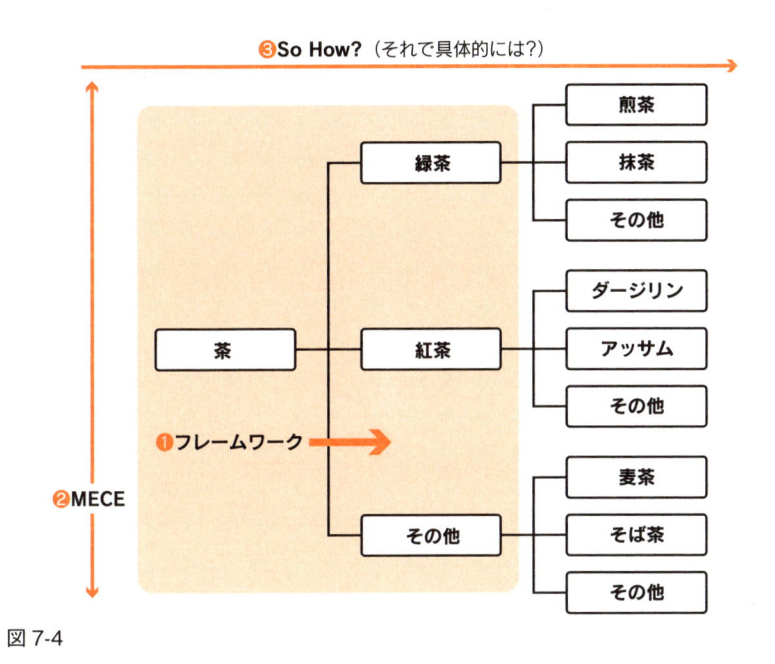

- ❸ So How?（それで具体的には？）
- ❷ MECE
- ❶ フレームワーク

茶
├─ 緑茶
│   ├─ 煎茶
│   ├─ 抹茶
│   └─ その他
├─ 紅茶
│   ├─ ダージリン
│   ├─ アッサム
│   └─ その他
└─ その他
    ├─ 麦茶
    ├─ そば茶
    └─ その他

図 7-4

　以下、「ソリューション・ツリー」を構成する3つの思考の道具、「MECE」「フレームワーク」「So How？」について見ていく。

2　タテ方向に分解する法則（ルール）── MECE

（1）「MECE」とは何か？

● **MECEとは思考をモレなく、ダブりなく、「分ける」「まとめる」ための法則**

　構造化は、部分に「分ける」ことと、全体に「まとめる」ことの2つの作業からなる。

　この「分ける」「まとめる」ときのやり方はひとつの法則に基づかなくてはならない。構造化するための分け方、まとめ方の法則、それが

「MECE」だ。

MECEは、英語のMutually Exclusive and Collectively Exhaustiveの頭文字からきている。

> 「個々を見て『ダブリ』がなく(Mutually Exclusive)、全体的に見て『モレ』がない(Collectively Exhaustive)、つまり『モレなく、ダブりなく』という意味だ」
>
> （バーバラ・ミント『考える技術・書く技術』）

● MECEとはジグソーパズルを埋め尽くすための道具

ジグソーパズルを想像してみよう。「MECEである」という感覚がつかめる。

ジグソーパズル「全体」がピース(「部分」)でモレなく、ダブりなく埋め尽くされている状態を「MECEである」という。

MECEでテーマ（全体）をピース（部分）に分けていき、そしてピース（部分）がモレなく、ダブりなく枠の中にはめられると、問題解決の全体構造が浮かび上がる。

● MECEとは、「分かりやすく」するための「ハサミとノリ」

MECEとは、「ハサミとノリ」のようなものだ。思考の断片を、切ったり、貼り合わせたりして構造化していく道具である。モレなく、ダブりなく切り貼りができる道具がMECEだ。MECEのルールにそって思考の切り貼りをしていくと、ロジカルな構造ができあがる。「分ける」、そして「まとめる」ことをしながら思考を分かりやすく構造化していく道具がMECEなのである。

(2) MECEとは、具体的にどのような状態？
● 人間を MECE で分けてみると……

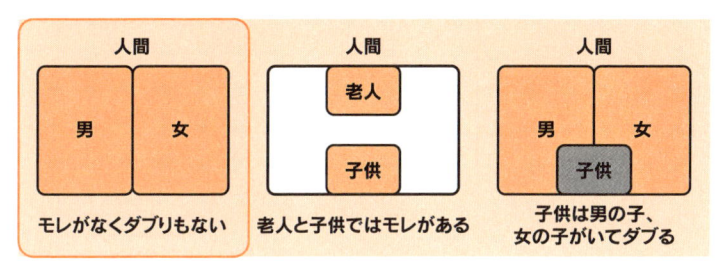

図7-5

人間を MECE の法則に基づいて分解してみる（図7-5）。

　左端の男女という分け方は、「モレなく、ダブリなく」、MECE で分けられている。これに対して、まん中の老人、子供という分け方は、モレがある。老人、子供のほかに成人というピースがある。また、右端の例のように、人間を男女、子供に分ける方法は、明らかに子供がダブっている。このように、事象の全体を「モレなく、ダブリなく」分けて、まとめていくやり方が MECE である。

● 例）ロジカル・レストラン①

> 　レストランで食事をするとする。メニューから次のような項目を抜き出してみた。抜き出した項目は、りんご、メロン、チョコレート、ケーキ、バナナ、プリン。
> 　この項目を MECE で分類するとどうなるか？

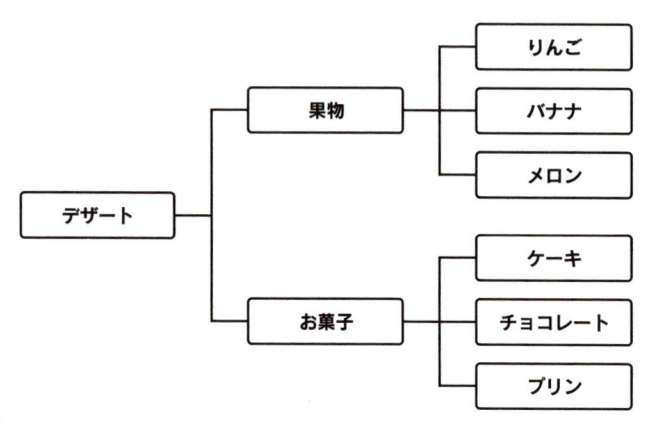

```
デザート ─┬─ 果物 ─┬─ りんご
          │        ├─ バナナ
          │        └─ メロン
          └─ お菓子 ─┬─ ケーキ
                    ├─ チョコレート
                    └─ プリン
```

図 7-6

　この情報を MECE で整理してみると、図 7-6 のようになる。
　テーマ（全体）は、デザート。このデザートを全体として、MECE で整理する。デザートは、まず果物とお菓子という 2 本のツリー（枝）に、次にりんご、バナナ……と枝葉の部分に分けられて構造化される。

　「全体」のテーマがデザート。りんご、ケーキ……といった「部分」が、パズルのピースにあたる。デザートというジグソーパズルを、りんご、ケーキといった「部分」（ピース）でもって、モレなく、ダブりなく埋めていき、構造化していくための法則、それが MECE だ。

● 例) ロジカル・レストラン②

・先ほどのレストランのメニューから、次の項目を抜き出してみた。これを MECE でもって、モレなく、ダブりなく分けると、どうなるか？
・抜き出した項目は、「お〜いお茶、オロナミン C、コカ・コーラ、オレンジジュース、ボルヴィック、サイダー」

> まず、この全体（の集合）は何なのか？　を明確にした後、MECE で整理する。上記の例と同様、ツリー構造で全体と部分がどんな関係になっているのか書き表してほしい。

MECE で分けられただろうか。

この情報のテーマ（全体）は、「清涼飲料水」だ。清涼飲料水を全体として、モレなく、ダブりなく、MECE で整理するためには、切り口は、炭酸か、非炭酸かということになる。そして、炭酸か、非炭酸かという枝でもって、情報を整理したツリー構造が図 7-7 だ。

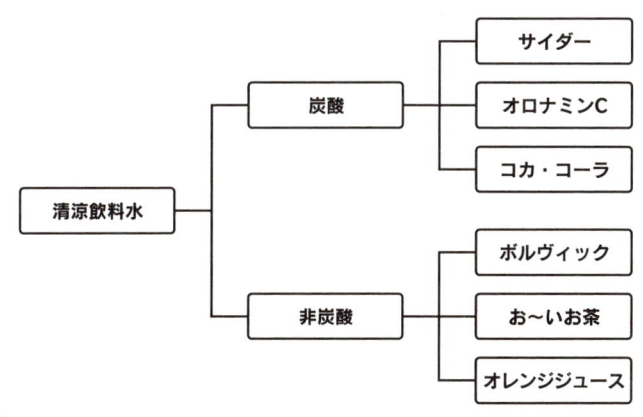

図 7-7

MECE でのグループ化のやり方には、方程式とパターンがある。次を見ていこう。

(3) MECEでのグループ化は、「方程式」と「パターン」を使え！
● MECEには、2つの方程式がある

MECEは、「足し算」もしくは「掛け算」であらわすことができる。

たとえば、コンビニの一日の売上を分解してみよう。

一日の売上が100とすると、足し算して100の場合、店舗別、顧客別、商品別など、それぞれ売上を足していくとモレなく、ダブりなく合計が100になる。この他にも、売上高を利益とコストに分解して、営業利益、販管費、売上原価を足して合計100になるといった切り口もある。

掛け算して100の場合、客数×単価で100になるし、店舗数×店舗数あたりの売上高でも100になる（図7-8）。

このように、MECEには、「足し算して100」と「掛け算して100」の2つの方程式がある。

●MECEの「2つの方程式」

①足し算して100
売上100 ＝ 店舗A ＋ 店舗B ＋ 店舗C ＋ …
売上100 ＝ 顧客A ＋ 顧客B ＋ 顧客C ＋ …
売上100 ＝ 商品A ＋ 商品B ＋ 商品C ＋ …
売上100 ＝ 営業利益 ＋ 販管費 ＋ 売上原価

②掛け算して100
売上100 ＝ 購買客数 × 購買単価
売上100 ＝ 前年度売上高 × 売上高成長率
売上100 ＝ 店舗数 × 店舗数あたりの売上高

図7-8

合計が100になるMECEでの整理の仕方には、「3つのパターン」がある。この切り取り方のパターンを知っておくと、効率よくMECEで

情報を構造化することができる。

● **MECE でのグループ化には 3 つのパターンがある**

> MECE に情報をグループ化していくとき、大きく 3 つのタイプがある。
> （照屋華子『ロジカル・ライティング』）

これをもとに、MECE のグループ化の 3 つのパターンを整理した（図 7-9）。

●MECE の「3 つの切り口」

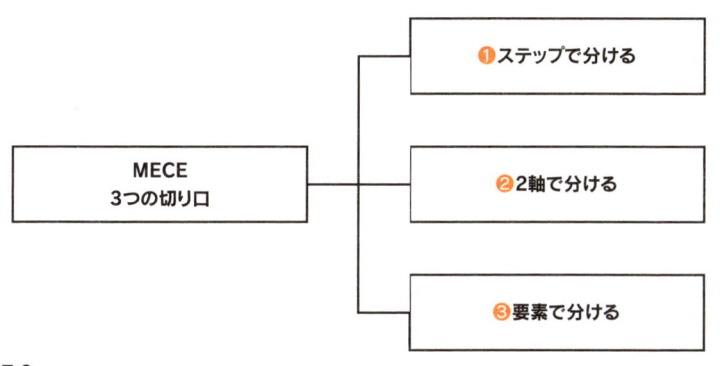

```
                    ┌─ ❶ ステップで分ける
   MECE            │
   3つの切り口 ─────┼─ ❷ 2軸で分ける
                    │
                    └─ ❸ 要素で分ける
```

図 7-9

ダイエットを例に、3 つのパターンについて見てみよう（図 7-10）。

①**ステップに分ける**

たとえば、朝、昼、晩という分け方。これはステップで分けている。

ダイエットという問題解決を、朝、昼、晩に分けて実施する。朝は散歩、昼はお昼抜き、晩はフィットネスクラブ、という具合だ。このほかにも、3カ月で3kgのダイエットがゴールだとしたら、1カ月目、2カ月目、3カ月目と分けて攻略する。インプット（摂取量）→プロセス（燃焼量）→アウトプット（排出量）をコントロールすることもできる。摂取量は食事をとる量を減らす。燃焼量は燃えやすいカラダをつくるため、筋肉をつける。アウトプットは汗をかく、便通をよくするなど。これがステップに分けるということだ。

②2軸で分ける

　図7-10のような2軸のマトリックスで分ける。たとえば、「スピードは？×誰の力？」という2軸で切ると、スピードについてはゆるやか―急速。力については自力―他力、という分け方ができる。これでMECEだ。

③要素で分ける

　①と②は決まったカタチを描けばイメージできる。扱いにくいのはこの「要素で分ける」。全体を要素で分けるわけだから、全体をイメージできるカタチにして分けるのが一番だ。たとえば、ダイエットでは、カラダ全体を描き、それを部位で分ける。こうすると、イメージしやすい。

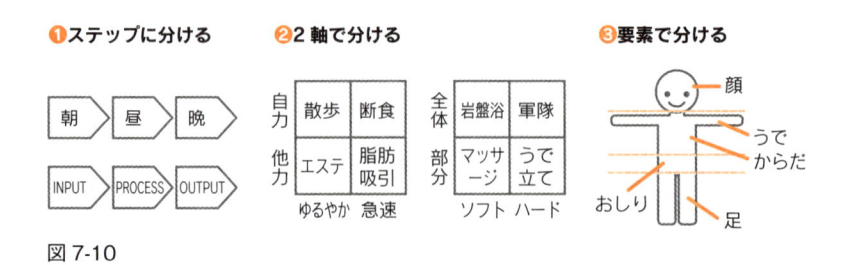

図7-10

MECE の切り口を見つけるには、「らくがき」が一番。手を動かして、フローチャートを描いてみる。マトリックスを描いてみる。全体のイメージを描いてみる。こうすると、頭の中だけで考えているより、MECE はグッとあつかいやすくなる。

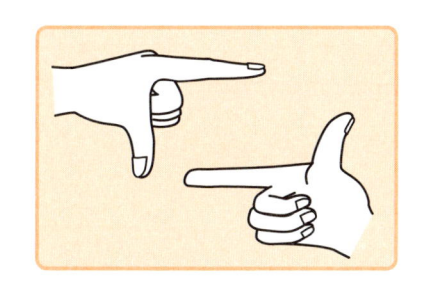

次の法則はフレームワークだ。フレームワークは、MECE の活用法のひとつだ。ルールは MECE 同様、モレなく、ダブりなく分けていく。**テーマ(全体)を切り分ける「切り口」を決めるための思考の枠組み、それがフレームワークだ**。さっそく、見ていこう。

3 テーマの「切り口」の法則(ルール)──フレームワーク

(1) フレームワーク(思考の枠組み)とは?

「ソリューション・ツリー」づくりは、テーマの「切り口」を決めるところからはじまる。

どのようにして、「切り口」を決めるのか。

「フレームワーク(=思考の枠組み)」という道具を使う。

「フレームワーク」とは、ひとつの「視点」でテーマ全体を切り分ける、思考の枠組みだ。

● **フレームワークは、映画に学ぶ!**

図 7-11

フレームワークと聞いて、私が思い浮かべるのは映画の撮影風景。
　図 7-11 のような指でフレーム（枠）をつくって、カメラマンや映画監督が撮影箇所の構図を決めているシーンを見たことがないだろうか。映画のシーン（全体）をどんなカメラの構図で撮影するのかを決めるために、指でフレームをつくって眺める。フレームワークを決めるのは、まさにこれと同じことをする。
　テーマ全体をどう切り取るか、そのための枠組みがフレームワークだ。

● **フレームワークとは、物事をとらえる「視点」のこと**
　たとえば、「いかに売上をアップするか？」というテーマを、フレームワークで分解しよう。
　このとき、売上を、「客数と単価をいかにアップするか」という視点でとらえるのと、「商品別の売上をいかにアップするか」という視点でとらえるのとでは、考えるポイント、解決策も異なる。売上アップという風景を、どんなフレーム（枠）で眺めるか。それによって、まったくちがった真実が見えてくる。
　目の前の問題を、どのような「視点」でとらえ、切り取るか。そのための思考の枠組みが、「フレームワーク」だ。

　「フレームワーク」とは、テーマをひとつの「視点」で分解するための思考の枠組みだ。
　フレームワークで考えるとは、ある視点でもってテーマを切り取る軸を決め、テーマを分解して考えていくやり方である。

（2）フレームワーク（思考の枠組み）とは、具体的にどのようなものか？

● **フレームワークとは、全体をひとつの「視点」でもって切り取る軸となる切り口**

「目のつけどころが、シャープでしょ。」

聞き覚えのあるキャッチコピーではないだろうか。まさに、どんな「視点＝目のつけどころ」でテーマを切り取るかで、そこから生まれる答えはまったくちがう。

「視点」が変わると、同じフレームワークという道具を使っても、情報の切り口、切り取り方が変わる。結果、まったく別な意味合いをもつようになる。素材の情報は同じなのに、このテーマ（問題の全体）にどんなフレームワークをあてはめるかで、まったく別な意味が生まれる。

● **例）「きょうのランチ、どうする？」**

私たちは、無意識のうちにフレームワークを使っている。

たとえば、ランチをどこにするかの会話。

あなたは同僚に、「きょうのランチ、どうする？」と言い、つづけて「何系にする？ 和食、中華、洋食、エスニック？」と言ったとする。

この何気ない会話の中にフレームワークがある。この会話を聞いた瞬間、あなたと同僚の頭の中に、同じ思考の枠組み（フレームワーク）ができあがる。

これをツリー上に表すと、図7-12のようになる。この同じ枠組みの中で、さらにごはんもの、麺類などを決めていき、最終的にどこで何を食べるのかが決まる。

この私たちが日ごろの何気ない会話のなかで無意識に行っていることを、意識的に行うことで、思考の質を上げていくのがフレームワークだ。

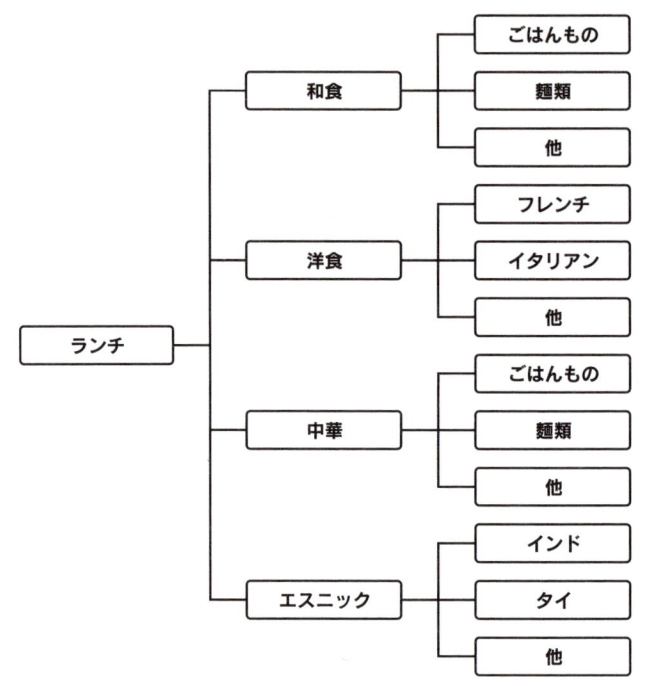

```
                    ┌─ ごはんもの
              ┌─ 和食 ─┼─ 麺類
              │        └─ 他
              │        ┌─ フレンチ
              ├─ 洋食 ─┼─ イタリアン
              │        └─ 他
ランチ ───────┤        ┌─ ごはんもの
              ├─ 中華 ─┼─ 麺類
              │        └─ 他
              │        ┌─ インド
              └─ エスニック ─┼─ タイ
                       └─ 他
```

図7-12

● **例)** ロジカル・レストラン③
テーマ：清涼飲料水。「何をお飲みになりますか？」の「切り口」を見つける

　右の図7-13は、清涼飲料水をそれぞれ別々の(顧客の)視点で分解している。

　「何をお飲みになりますか？」と聞いたあと、どんなフレームワークでメニューの説明をしてあげたらお客さんは納得するか。

　Aは、「カフェイン入りの飲料はダメな人」の視点でとらえた切り口。

　Bは、「炭酸飲料はダメな人」の視点でとらえた切り口。

　Cは、「お茶か水を飲みたい。でもいずれもない場合、炭酸だけは避けたい人」の視点でとらえた切り口。

第7章 ●構造化

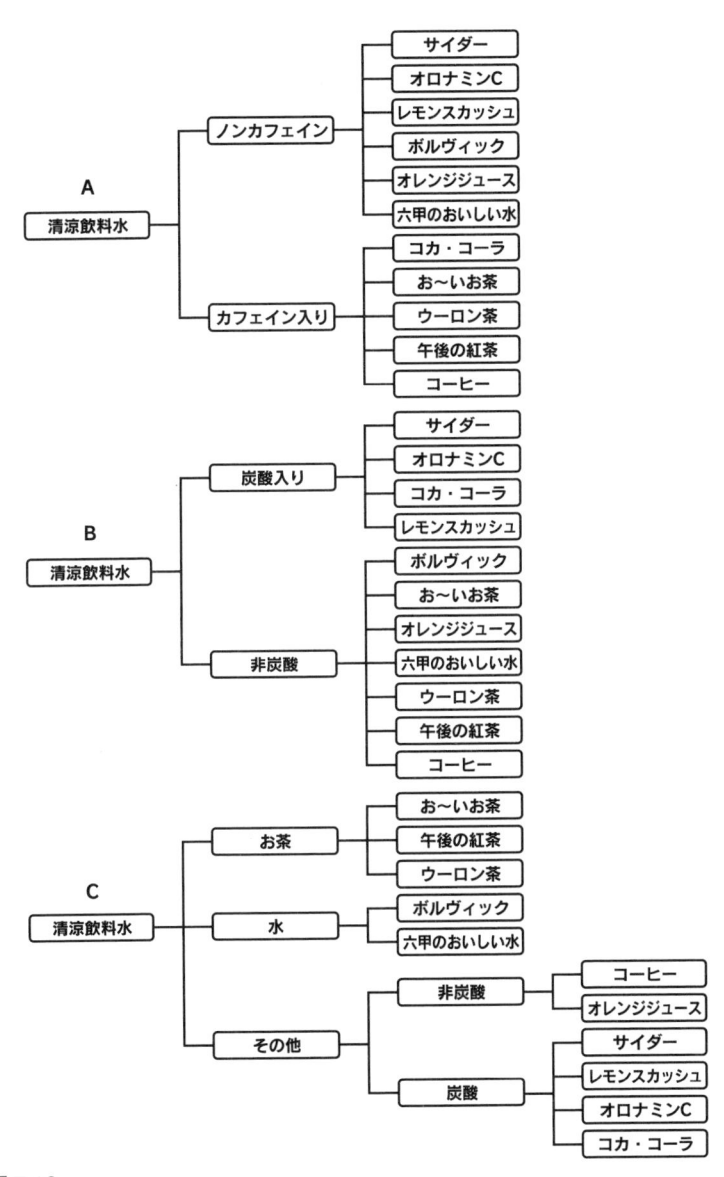

A 清涼飲料水
- ノンカフェイン
  - サイダー
  - オロナミンC
  - レモンスカッシュ
  - ボルヴィック
  - オレンジジュース
  - 六甲のおいしい水
- カフェイン入り
  - コカ・コーラ
  - お〜いお茶
  - ウーロン茶
  - 午後の紅茶
  - コーヒー

B 清涼飲料水
- 炭酸入り
  - サイダー
  - オロナミンC
  - コカ・コーラ
  - レモンスカッシュ
- 非炭酸
  - ボルヴィック
  - お〜いお茶
  - オレンジジュース
  - 六甲のおいしい水
  - ウーロン茶
  - 午後の紅茶
  - コーヒー

C 清涼飲料水
- お茶
  - お〜いお茶
  - 午後の紅茶
  - ウーロン茶
- 水
  - ボルヴィック
  - 六甲のおいしい水
- その他
  - 非炭酸
    - コーヒー
    - オレンジジュース
  - 炭酸
    - サイダー
    - レモンスカッシュ
    - オロナミンC
    - コカ・コーラ

図 7-13

このように、「視点」のちがいで、まったく別の意味が生まれる。同じテーマ（清涼飲料水という全体）、同じドリンク（部分）にもかかわらず、フレームワークが異なると、まったく別の意味が生まれる。

フレームワークとは、相手にとって"意味のある「視点」"で、テーマ全体を切り分ける思考の枠組みである。

これから、フレームワークをうまく活用するための方法を紹介しよう。

(3) フレームワークを活用する（その 1）──「3 つのパターン」
● **フレームワークの切り口は、MECE の 3 つのパターンで OK**

フレームワークは MECE のひとつだ。MECE の切り取り方の 3 つのパターンをすでに紹介した。フレームワークも、MECE の 3 つの展開パターンでもって「切り口」を決めれば大丈夫。図 7-10 のように、①ステップという「切り口」を選ぶか、②2 軸のマトリックスにするか、③その他の全体を部分に分解するか、いずれかを選べばいい。

●フレームワークの「3 つのパターン」

❶ステップ　　❷2 軸マトリックス　　❸全体→部分

図 7-14

フレームワークは、「メガネ」にたとえられる。「メガネ」とは視点の

こと。どんな「メガネ」をかけてテーマを眺めるか。「メガネ」のフレームを通して目の前の世界を見るように、**フレームワークという「メガネ」をかけて目の前の世界をとらえる**。

「メガネ」を変えると、目の前の世界はまるで別世界に映るように、選ぶフレームワークにより、テーマの「切り口」は変わる。

フレームワークの3つのパターンは、①矢印、②四角、③丸だ。①矢印は「ステップ」、②四角は「2軸マトリックス」、③丸は変幻自在、全体→部分」(図7-14)。

偏見や個人的な思い込みのことを「色メガネ」という。フレームワークという「メガネ」をかけることによって、偏見や個人的な思い込みを逃れた思考をすることができるようになる。

目の前の現実をどうとらえるか、それは人によってちがう。そのちがいは、その人がどんな「メガネ(視点)」でその現実をとらえるかにより変わる。あなたがどんなフレームワークをあてはめて、テーマ(問題の全体)を分解していくか。フレームワーク選びが、構造化の鍵を握る。

どのようにしてフレームワークを選べばいいのか？

フレームワークには、**「借りる」**と**「創る」**の2つのアプローチがある。

(4) フレームワークを活用する(その2)──「2つのアプローチ」
① 先人により検証された定番のフレームワークを「借りる」
● 代表的な既存のフレームワーク

世の中には、すでに検証されたフレームワークがたくさんある。ゼロからフレームワークをつくるのもいいが、こうしたすでに先人により効果が検証されているフレームワークを使うのも効果的だ。

- 「３Ｃ」──３Ｃは、企業の事業環境分析の際によく使われるフレームワークだ。「３Ｃ」とは、「自社(Company)」、競合(Competitor)、市場・顧客(Customer)。３つのＣの観点から競争環境を分析し、事業のＫＳＦ(成功要因)を導き出していく。
- 「４Ｐ」──マーケティングの４Ｐとは、マーケティングの戦略や戦術を考える時につかうフレームワークだ。「４Ｐ」とは「製品(Product)」、「価格(Price)」、「流通(Place)」、「プロモーション(Promotion)」だ。
- 「ＳＷＯＴ分析」──ＳＷＯＴ分析とは、現状を分析し、必要な戦略やアクションを導き出すためのフレームワークだ。自社や事業の強み(Strength)、弱み(Weakness)という要因と、市場の機会(Opportunity)、脅威(Threat)といった要因を洗い出し、分析していく。
- 「５Ｗ１Ｈ」──５Ｗ１ＨとはWho？(誰が)、What？(何を)、When？(いつ)、Where？(どこで)、Why？(どうして)、How？(どのようにして)したのか。その場の映像をモレなく、ダブリなく文章化するためのフレームワークだ。報告書、状況把握などの場面でよく使われる。
- ＰＤＣＡのサイクル──目標管理のためのフレームワーク、それが「ＰＤＣＡサイクル」だ。目標管理は、まず計画(Plan)するところからはじまり、それを実行(Do)し、実行した結果をチェック(Check)し、必要なフィードバックを得て、次なるアクション(Action)へ。この一連のサイクルをまわすことで目標に向けて確実に近づいていく。
- 「７Ｓ」──７Ｓとは、戦略や組織を診断するのに使うフレームワークだ。マッキンゼー社により開発されたフレームワークだ。「７つのＳ」とは、戦略(Strategy)、組織構造(Structure)、システム(System)、共通の価値観(Shared　Value)、組織風土(Style)、スキル(Skill)、人材(Staff)。この７つの視点から、戦略と組織を診断し、新たな企業戦略、組織デザインをする際に利用するフレームワークだ。

　代表的なフレームワークを知っておくことで、スピーディかつ的確な思考ができるようになる。フレームワークを使うことで、モレなく、ダブりなく、スピーディに構造的に物事を考えることができるようになる。つまり、既存の「視点」を知っているかどうかが、思考における大きな差をもたらす。

ただし、既存のフレームワークを借りる場合、その限界も心得ておく必要がある。

> 独自のフレームワークをつくりあげて考えるということ。なぜなら、環境変化が激しい現在、既存のフレームワークなど古くて役に立たず、無理にあてはめればかえって、初めに見えていた問題点が見えなくなる可能性があるからだ。
> （齋藤嘉則『問題解決プロフェッショナル』）

つまり、既存の視点を借りるだけでなく、独自の視点でフレームワークを創ることも大切だ。次に、もうひとつのアプローチ、フレームワークを「創る」を見ていこう。

② 自らフレームワークを「創る」

● **独自のフレームワークは、想像力と論理力の融合でできあがる**

どうやって、独自のフレームワークを「創る」のか。いかにして鋭い「切り口」を見つけるか。

フレームワークの3つのパターン（レンズ）を使って、「切り口」を見つけていく。どんなパターン、どんな視点でテーマ全体を切り取るか、その「切り口」を考えるわけである。**独自のフレームワークづくりは、左脳だけで考えるというよりも、左脳と右脳をバランスよく使ったクリエイティブな作業だ。想像力と論理力を融合させながら「創る」。**この独自のフレームワークづくりで鍵を握るのは何か。

● **「まず、はじめにビジョンありき」。「視点」はビジョンから生まれる**

どんな視点で、どのパターンを使い、テーマ全体を切り取るのか。そして、「これは！」という「切り口」となるフレームワークをいかに創るか。

フレームワークは「視点」がすべて。「視点」、つまり「目のつけどころ」次第で、切れ味鋭い「切り口」になるか、ありきたりで平凡な「切り口」になるのか、命運が分かれる。

「視点」選びを左右する一番大きなもの。それは、何であろうか。ズバリ、「ビジョン（理想の未来）」だ。視点は、頭の中にどんな「ビジョン」があるかで決まる。「この問題解決って、そもそもどのような「ビジョン」を実現するためのもの？」。この問いで「視点」をセレクトする。「視点」を見つけ、そのビジョンを実現するための問題解決の「切り口」を見つけるのがフレームワークづくりである。

まず、はじめに「ビジョン（理想の未来）」ありき。見えている世界（ビジョン）のちがいが、「視点」のちがいをもたらす。問題が解決された「ビジョン（理想の未来）」から眺めた「視点」。フレームワークの前にビジョンありき。想像力を働かせて、フレームワークをつくる。頭の中に描かれた「ビジョン」をたよりに「視点」を見つける。どうやって？

● **独自のフレームワークを創る「3つのコツ」はこれだ!**
コツを3つほどお教えしよう。

① 「ビジョン（理想の未来）」を頭に思い浮かべる
② その「ビジョン（理想の未来）」にかなった「視点（メガネ）」を見つける
③ このとき、手元で「らくがき」をしながら考える

この3つだ。

① 「ビジョン（理想の未来）」を頭に思い浮かべる。すでにソリューション・ボックス上に「ビジョン」が描き出されている。それを眺めながら、

頭の中で「ビジョン」を映像化する。

②「視点（メガネ）」を見つける。「ビジョン（理想の未来）」を出現させるには、どんな視点でテーマ（全体）を切り取ればいいのか。フレームワークの3つのパターンを使いながら、独自の視点を見つけよう。

③「らくがき」をする。独自の視点から「これは！」という「切り口」のフレームワークを見つける作業をしている間、**手元は「らくがき」をしている**。手を動かし、3つのパターンの絵を描きながら、「視点」を見つける。たとえば、ステップだったらステップの絵を描いてみる。マトリックスだったらマトリックスの絵を描きながら考える。ステップやマトリックス以外の場合、そのテーマの全体をイメージ（丸、ピラミッド、階段、人間など）として描きながら、「視点」を見つけていく。

　図7-15のように、脳のスクリーンに映像化されたビジョンを思い浮かべ、手元で「らくがき」しながら視点を見つけ出し、フレームワークを創っていく。

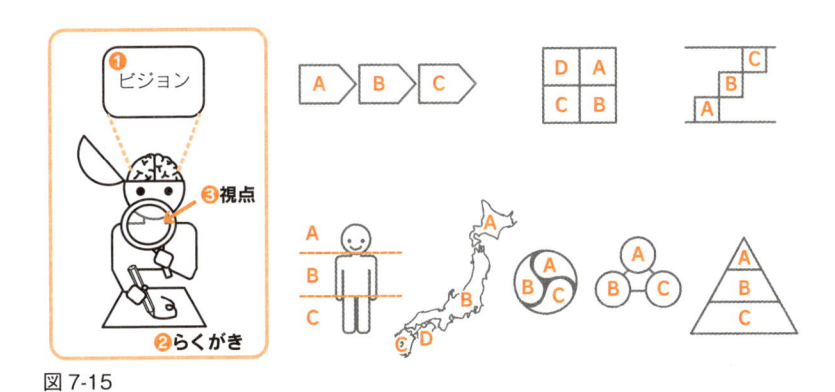

図7-15

● 例）ダイエット

　たとえば、ダイエットをするとしよう。

　「心身ともに健康的な毎日を過ごしている私」というビジョンを思い描いて、ダイエットをする場合、

　「アクションもこなせるカッコいい女優になりたい」というビジョンを思い描いて、ダイエットをする場合、

　「来年のボクシングの世界タイトル制覇に向けて」というビジョンを思い描いて、ダイエットをする場合、

　どんな「ビジョン」を思い描き、ダイエットをどんな「視点」でとらえるかで、まったく別の「切り口」が出現する。

　「視点」の違いはどこから生まれるのか。

　「そもそも、何のためのダイエットなのか？」、「そもそも、何のため？」、最終的なビジョンがそこにはある。

　本書の中でも、たくさんこのフレーム創りのテクニックを使った。その一部をあげれば、

・ロジカルな「らくがき」のピラミッドのフレームワーク。
・ピラミッドを出現させる、「削る」、「足す」、「強化する」というフレームワーク。
・「4Steps」というフレームワーク。

　こうしたフレームワークがあることで、物事の理解はスムーズになる。**フレームワーク（＝思考の枠組み）は、ロジカルに考えるだけでなく、ロジカルに伝わるためにも、とても効果的な道具なのだ。**

　ここまで、MECEとフレームワークという道具について見てきた。つづいて、残りひとつの法則「So How ？（具体的には？）」を見ていこう。

4 ヨコ方向に分解する法則（ルール）── So How？

「ソリューション・ツリー」は、「フレームワーク」でテーマを切り取る軸を決め、その後、「MECE」と「So How？」でもってテーマを分解して、構造化するツールだ。

「So How？」についてカンタンに説明しておこう。「それって、具体的にどういうこと？」、ご自身に問いかけをしながら、左側から右方向へツリーを展開していく。最初は、大きな塊だったテーマがどんどん分解され、最終的に個々の解決策にまでブレイクダウンされていく。全体を部分に分解していく「問い」、それが「So How？」だ。

次は、いよいよ「フレームワーク」「MECE」「So How？」を統合して使う「ソリューション・ツリー」づくりをやってみよう。

● **例）ロジカル・レストラン④**

ロジカル・レストランの「客数をいかにアップするか？」というテーマで考えてみよう。

まず、客数のアップ＝新規客のアップ＋リピート客のアップに分ける。
さらに、新規客のアップ＝認知度のアップ＋来店動機のアップ。
リピート客のアップ＝再来店客数のアップ＋来店頻度のアップ。

以上で分け、それをさらに分解していき、解決策を対応させる。その後、個別の解決策の実現性を検証し、最終的にできあがった「ソリューション・ツリー」が次のページのツリーだ（図7-16）。

この具体的な手順については、サブステップの手順のところで詳しく解説していく。

● ロジカル・レストランの「ソリューション・ツリー」

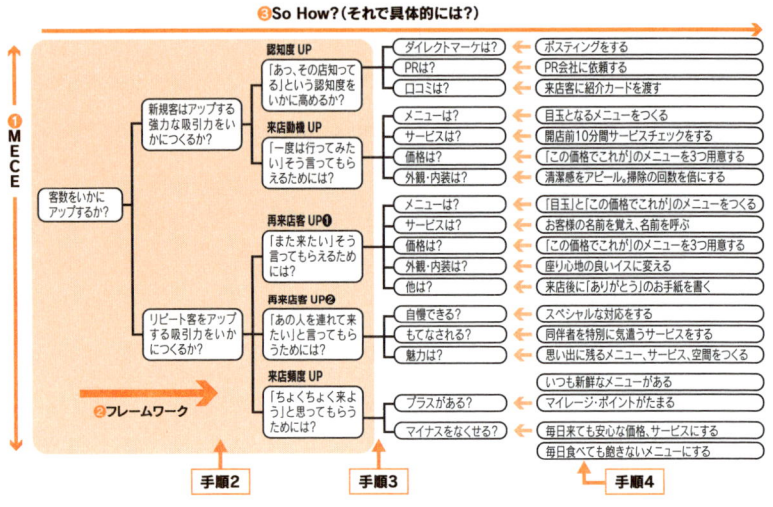

❸ So How?（それで具体的には？）

		認知度 UP「あっ、その店知ってる」という認知をいかに高めるか？	ダイレクトマーケは？	ポスティングをする
	新規客はアップする強力な吸引力をいかにつくるか？		PRは？	PR会社に依頼する
			口コミは？	来店客に紹介カードを渡す
		来店動機 UP「一度は行ってみたい」そう言ってもらえるためには？	メニューは？	目玉となるメニューをつくる
			サービスは？	開店前10分間サービスチェックをする
客数をいかにアップするか？			価格は？	「この価格でこれが」のメニューを3つ用意する
			外観・内装は？	清潔感をアピール。掃除の回数を倍にする
		再来店客 UP❶「また来たい」そう言ってもらえるためには？	メニューは？	「目玉」と「この価格でこれが」のメニューをつくる
			サービスは？	お客様の名前を覚え、名前を呼ぶ
			価格は？	「この価格でこれが」のメニューを3つ用意する
			外観・内装は？	座り心地の良いイスに変える
	リピート客をアップする吸引力をいかにつくるか？		他は？	来店後に「ありがとう」のお手紙を書く
		再来店客 UP❷「あの人を連れて来たい」と言ってもらうためには？	自慢できる？	スペシャルな対応をする
			もてなされる？	同伴者を特別に気遣うサービスをする
			魅力は？	思い出に残るメニュー、サービス、空間をつくる
		来店頻度 UP「ちょくちょく来ようJと思ってもらうためには？	プラスがある？	いつも新鮮なメニューがある
				マイレージ・ポイントがたまる
			マイナスをなくせる？	毎日来ても安心な価格、サービスにする
				毎日食べても飽きないメニューにする

❶ MECE
❷ フレームワーク

手順2　手順3　手順4

図 7-16

　これで道具とツールのインストールは終わりだ。つづいて、「ソリューション・ツリー」の具体的な作り方の手順、サブステップに移ろう。

第3節 サブステップ

サブステップ

手順1. 相手の「問い」を分類する
手順2. 軸となるフレームワークを見つける
手順3. 「MECE」と「So How ?」で全体を部分に分解する
手順4. 解決策を対応させる
手順5. 解決策の検証をする

　ソリューション・ボックスを眺めながら、パズルのボードの上にピースを並べていき、モレなく、ダブリのない一枚のパズル（「ソリューション・ツリー」）を完成させる。問題と解決が構造化されている一枚の絵である。
　さきほどの図7-16を見ながら説明しよう。

手順1. 相手の「問い」を分類する

　ソリューション・ボックスの左上の「相手」のスペースに洗い出された相手の「問い」を分類する。やり方はカンタン。カラーペンで色分けする。カラーペンを3色用意する。たとえば、青、緑、赤。まず青のペンで同じカテゴリーの「問い」に丸をつけていく。そして、次は、緑……という具合に、どんどん同じカテゴリーの「問い」を色で分類していく。

　色のついた項目を眺めながら、青、緑、赤、それぞれの色のカテゴリーをひとくくりに束ねる言葉を書いておく。

手順2. 軸となるフレームワークを見つける

　次に、相手の「問い」を構造化する「視点」を見つける。相手の「問い」を、どんな枠組み（フレームワーク）で整理するかを決める。

　ソリューション・ボックスに見える化されたピース（思考の断片）を、洗い出したままの状態だ。

　たとえば、「いかに売上をアップするか？」という問いに対し、どのような視点で思考を整理するか、「切り口」はたくさんある。

- 売上＝客数×単価……：「いかに客数と単価をアップするか」という視点
- 売上＝Ａ商品＋Ｂ商品＋Ｃ商品＋……：「いかに商品ごとの売上をアップするか」という視点
- 売上＝営業マンＡ＋営業マンＢ＋……：「いかに営業マンひとりあたりの売上をアップするか」という視点
- 売上＝集客数×購入客数×単価……：「いかに集客数をアップし、単価アップをするか」という視点

　いずれの切り口も、「いかに売上をアップするか？」というテーマ全体をモレなく、ダブリなく切り分けている。「視点」がちがうだけだ。

テーマを切り取る「切り口」が決まったら、「ソリューション・ツリー」を描きはじめる。

テーマ（全体）をフレームワークで分解したツリー構造の大枠ができあがる。

手順3．「MECE」と「So How？」で全体を部分に分解する

「ソリューション・ツリー」の大きな箱を、さらに小さな箱に分解していく。大きな問いをより小さな問いに分解していく作業だ。このときの分け方のルールは、「MECE」と「So How？」。

この一連の作業のほとんどは、並べ替え。「ソリューション・ボックス」からピースを選び、並べていく。すでに目に見えているピースを並べていく作業だ。脳にストレスなく、スピーディにできる。

手順4．解決策を対応させる

テーマ（最大の問い）が、小さな問いに分解されたら、それぞれの小さな問いに対応する解決策のピースをあてはめていく。ソリューション・ボックスの右下の解決策のところから見つけていく。

ダブリを排除しながら、個々の問いに解決策を対応させていく。手持ちのピースが埋まったところで、ぽっかり抜けているピースがあれば脳の中から探してきてあてはめていく。

これで「ソリューション・ツリー」は完成した。この時点ではあくまでも仮説である。このあと、仮説を検証するプロセスが必要となる。

手順5．解決策の検証をする

列挙された解決策の仮説が実行可能かどうかを検証する。「その解決策を実施すれば、その問題は解決できるのか？」を客観的な事実をもとに検証していく。そのために分析作業を行う。

第4節

ロジ男の「らくがき」

Step3:「構造化」——「ソリューション・ツリー」を完成する

　ロジ男は「ソリューション・ボックス」に「見える化」された自分の頭の中を眺めながら思った。
　「へぇ〜、こんなにたくさんのパズルのピースが僕の頭の中にあったんだ」
　「そうか、ママや先生から、自分の考えをしっかり整理してから話しなさい、と注意されてもしかたないや。だって、僕の頭の中にはこんなにたくさんのパズルのピースがあるのだから。僕が作文が苦手な理由ももしかしたら、頭の中にうごめいているこれほどたくさんのパズルのピースの中から、ピースをいくつか選んで、組み合わせて文章にするという作業を全部頭の中でやっていたからなのでは……」
　ロジ男は構造化の作業にとりかかった。まず、ママの「問い」を色ペンで色分けしながら分類していく。つづいて、別の新しい用紙を取り出した。そして、ロジ男は「ソリューション・ボックス」とにらめっこしながら、新しい用紙の上にツリー構造を描いていく。

ロジ男は、「ロジカルな『らくがき』読本」でStep3のサブステップを確認した。

そこには、次の5つのサブステップが記載されてある。「構造化」するための5つのサブステップだ。

Step3の「構造化」では、5つのサブステップがある。

手順1．相手の「問い」を分類する
手順2．軸となるフレームワークを見つける
手順3．「MECE」と「So How？」で分析
手順4．解決策の対応
手順5．解決策の検証をする

手順1．相手の「問い」を分類する

ロジ男は完成した「ソリューション・ボックス」とにらめっこしている。まず、ママの箱（スペース）だな。この中のママの「問い」を色ペンで色分けしていくんだな。ロジ男は、赤、青、緑の3色のペンを取り出し、色分けしていった。赤が、ママが「いやだな」と思っているときに言いそうな質問、青が、ママが「それっていいわね」と思っているときに言いそうな質問、緑が……。

「こうすると、丸をつけた情報がくっきり浮かび上がってくる。これがおじいちゃんの言っていた"地図化"ということだな」

ロジ男が色ペンで丸をつけて情報を色分けしていくと、赤、青、緑の花が次々と開くように、丸をつけたところの情報がくっきり浮かび上がってくる。**思考が洗い出された「ソリューション・ボックス」が「地」**

だとすると、丸をつけたところが「図」として浮かび上がる。まさに、地図化だ。情報が立体的に浮かび上がってくることで、情報が分類されていく。

手順2. 軸となるフレームワークを見つける

　ロジ男は新しい用紙を取り出し、軸となるフレームワークを見つける作業に移行した。さて、このテーマ（＝ママの一番大きな「問い」）をどんな視点で分解していくか？

●2軸：「誰にとって」×「メリット or デメリット」

	ママ	ロジ男	その他
メリット			
デメリット			

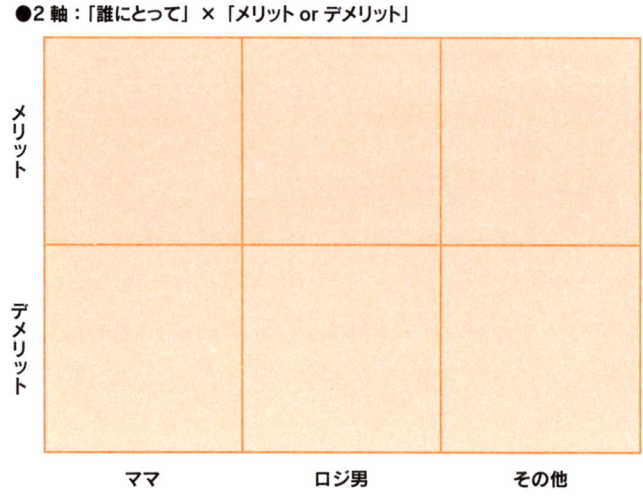

図7-17

　ロジ男は、「らくがき」をしながらあれこれ切り口を考えていくうちに、最終的に、図7-17のようなマトリックスを描いた。この「誰にとって」×「メリット or デメリット」という2つの軸でテーマを分解することに決めた。「これならスッキリ整理できそうだ！」、ロジ男はうなずいた。

手順 3.「MECE」と「So How？」で分析

また新しい用紙を取り出し、ひとつ四角い箱を書き、その中にテーマ「Zii を買うべきか？」と記入した。そこから枝分かれさせ、先ほどのフレームワークに基づき図 7-18 のようなツリー構造を書き出した。

●ロジ男の選んだフレームワーク

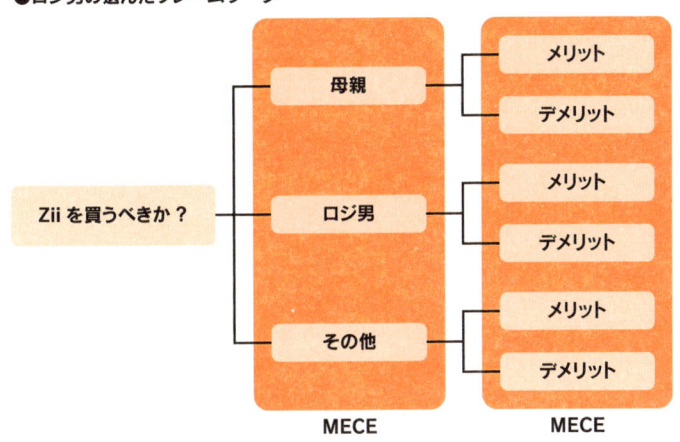

図 7-18

「誰にとって、どんなメリットやデメリットがあるのか？」という視点で、まず、ママ、ロジ男、その他という MECE となる切り口で枝分かれをさせた箱を書いた。つづいて、メリットとデメリットという切り口で分けた。その後、ソリューション・ボックスに洗い出された思考のピースをこの軸で構造化していく。

手順 4. 解決策の対応

ロジ男は、ソリューション・ボックスを眺めながら、鍵の箱（スペース）から解決策のピースを取り出し、構造化された「問い」に対応させていく。

まず、一番上の「ママにとってメリットあるの？」という「問い」に対

して、「インターネットも使えるようになる」、「ダイエットに効果的」、「教養豊かになれる」という解決策を対応させていく。つづいて、「ママにとってのデメリットは解消できるの？」という「問い」に対しても解決策を対応させていく。同様に、それぞれの「問い」についても解決策を対応させていく。

●ロジ男のツリー展開

```
                                    ┌─ インターネットが使えるようになる？
                        ┌─ メリット ─┼─ ダイエットに効果的？
                        │           └─ 教養豊かになれる？
                  ┌─ 母親 ─┤
                  │        │           ┌─ 注意することが増える？
                  │        │           ├─ 片付けの手間が増える？
                  │        └─ デメリット ┤
                  │                    ├─ 新たな家計出費になる？
                  │                    └─ 週末のデパートは混雑する？
                  │
                  │                    ┌─ 仲間はずれにならないか？
                  │        ┌─ メリット ─┼─ 成績がアップする？
                  │        │           └─ 知識社会に必要なインフラになる？
  Ziiを    ─┼─ ロジ男 ─┤
  買うべきか？        │           ┌─ ゲーム脳になってしまわないか？
                  │        │           ├─ 勉強時間が減るのでは？
                  │        └─ デメリット ┤
                  │                    ├─ 目が悪くなるのでは？
                  │                    └─ 自宅にひきこもらないか？
                  │
                  │                    ┌─ 家族団らんの時間が増える？
                  │        ┌─ メリット ─┼─ 友人にママの料理を振る舞える？
                  └─ その他 ┤          └─ 家族みんなの知識がアップする？
                           │
                           └─ デメリット ── お父さんがはまってしまうのでは？
          MECE         MECE
```

図 7-19

　こうしてできあがったのが図 7-19 のツリー構造だ。「Zii を買うべきか？」というテーマからはじまり、最終的な解決策までが構造化されている。全体と細部の問題─解決の構造が明確となった。

手順 5. 解決策の検証をする
　ロジ男には、もうひとつ最後にやらなくてはならない作業がある。それは、解決策の検証だ。

たとえば、「ママにメリットはあるの？」という問いに対して「ダイエットに効果的」と言った場合、ママから「本当なの？」という突っ込みが出てくる。この突っ込みに対して具体的な根拠を提示し、「なるほどね！」とママに言ってもらう必要がある。

　そのために、「ダイエットに効果的なの？」という解決策に対応する根拠を調べ検証する必要がある。ロジ男は「拓也君、理沙ちゃんのママもみんなダイエットに成功した。具体的には……」という証拠を用意した。これにより、ママも「なるほど！」と納得してくれるはずだ。

　このように、ロジ男は、それぞれの解決策を具体的な根拠でもって検証していく。そしてできあがったソリューション・ツリーが図7-20だ。全体と細部の問題—解決—根拠がしっかり構造化されている。これなら、ママも「なるほど！」と納得してくれるはずだ。

●ロジ男の「ソリューション・ツリー」

母親	メリット	インターネットが使えるようになる？	← なぜ主婦がZiiなのか（調査）
		ダイエットに効果的？	← 拓也君、理沙ちゃんのママはZiiで
		教養豊かになれる？	← 忙しいママにぴったりのカリキュラム
	デメリット	注意することが増える？	← Ziiの母親100人に聞きました（調査）
		片付けの手間が増える？	← Ziiの母親100人に聞きました（調査）
		新たな家計出費になる？	← おじいちゃんが投資をしたいとのこと
		週末のデパートは混雑する？	← 電話一本でZiiが自宅に
ロジ男	メリット	仲間はずれにならないか？	← クラスの8割がZiiを持っている
		成績がアップする？	← その8割のZii購入後の成績の推移
		知識社会に必要なインフラになる？	← 東大の吉田先生のコメント（日経新聞）
	デメリット	ゲーム脳になってしまわないか？	← Ziiゲーム脳
		勉強時間が減るのでは？	← 現状の1日2時間⇒3時間へ
		目が悪くなるのでは？	← 視力回復ソフトが付いている
		自宅にひきこもらないか？	← 日体大の先生のコメント（朝日新聞）
その他	メリット	家族団らんの時間が増える？	← Ziiの1000世帯に聞きました（調査）
		友人にママの料理を振る舞える？	← じつは僕が一番したいことはこれ
		家族みんなの知識がアップする？	← インテリジェントファミリー！
	デメリット	お父さんがはまってしまうのでは？	← 僕が鍵を持っているから大丈夫

Ziiを買うべきか？

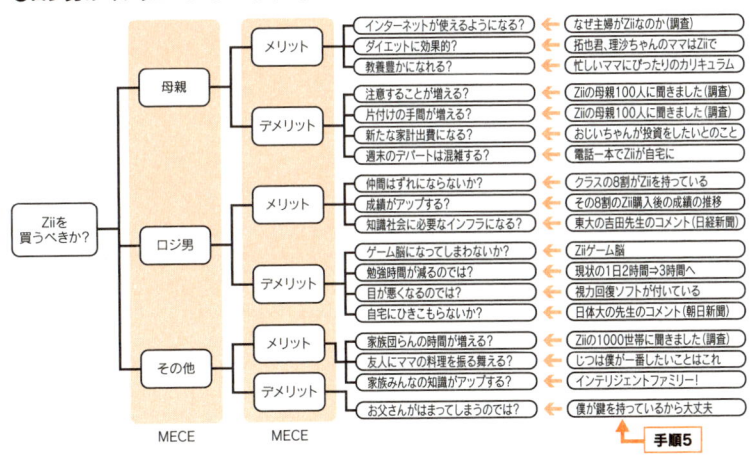

MECE　MECE　　　　　　　　　　　　　　　　　　　　　手順5

図7-20

Step3 は一見すると複雑な作業だ。だからこそ、サブステップをしっかり順番どおりにやる。小分けにすることで、ひとつひとつの手順はとてもシンプルになる。ロジ男は、5つの手順を順番にこなしていった。まず「問い」の情報を分かりやすく色分けした上で、次に「問い」を分割するための「軸」を決める。大きな枠組み（フレームワーク）を決めて、「問い」を分解していき、解決策を対応させていく。

　ロジ男がやったようにどんな視点（フレームワーク）を軸に情報を整理するかを決めるとき、手元でらくがきをする。ロジ男はマトリックスの図を描いた。イメージを働かせて、どうやったら全体の情報を整理できるかを考える。

　ロジ男が、このロジックツリーをそのまま文章にしてママに見せたら、ママはどんな気持ちを抱くだろうか。「あんたいつの間にそんな理屈っぽい子になったの」と、かえってママの気持ちを逆なでするようなことも考えられる。そこで、続くStep4の「物語」でもって、ママの心に届く伝わる提案書にしていく。

第5節 ポイント解説

ポイント

ポイント1.「見ながら」組み立てる
ポイント2. 迷ったら、「戻る」
ポイント3.「書き直す」ことをためらわない
ポイント4.「フレームワーク」をあてはめる
ポイント5.「想像力」のスイッチはONのままにしておく

「ソリューション・ツリー」づくりは慣れが必要だ。ところが、ポイントを押さえてステップバイステップで攻略していくと、かなりスピーディにマスターできる。

以下、ポイントを押さえよう。

ポイント1.「見ながら」組み立てる

「今までのツリー構造づくりと何がちがうのですか？」という質問を受ける。

ちがいはズバリ、「**見える化**」だ。

- 「ソリューション・ボックス」を眺めながら、作業をすすめる。すでに、思考の素材となるピースは、「ソリューション・ボックス」の「箱」の中に洗い出され、見える化されている。
- あらかじめ洗い出された思考の断片（ピース）を目で確認しながら、パズルの枠（フレームワーク）にピースをはめていく。

「**見える化**」された状況では、実際のパズルのピースを手にとりながらパズルを組み立てていく作業になる。

あなたの目の前にはすでにパズルのピースの山がある。それを眺めながら、必要なピースだけつまんでパズルを完成させていけばいいだけだ。ところが、目の前にあるパズルのピースの山を眺めずに、ふたたび脳のスクリーンの中からピースを探し出そうとする方がいる。これでは非効率である。すでに見える化されたパズルのピースを並べることに注力しよう。

ポイント2. 迷ったら、「戻る」

途中で、「うまくいっていないな」、「思考が堂々巡りをしているな」と気づいたら、「戻る」。何に戻るのか。

- **基本**に「戻る」。サブステップをきちんと小分けしてやっているかチェックする。2つのステップをいっぺんにしようとしていないか。また、どのステップがうまくいっていないのか、どこで停滞している

のか、チェックする。ぜひ、小分けにして、スピーディにロジックを組み立てていこう。

・「ソリューション・ボックス」に「戻る」。すでに、問題解決の思考の全体、そして思考の断片はそこにある。断片をつなぎあわせるロジックづくりがStep3の「構造化」だ。迷ったら、問題解決の下地となる「ソリューション・ボックス」に戻ること。

ポイント3.「書き直す」ことをためらわない

「ソリューション・ツリー」は、何度でも書き直そう。ひとたび「ソリューション・ツリー」を書き出すと、それきり書き直さない人がいる。そこから先、思考が止まる。「書き直すのがめんどうくさくてね」とおっしゃる方もいる。だが、これも「らくがき」なのだ。**私たちの思考は「書き直す」ことで洗練される。**

> 「脳の頑固さとはそういうもので、『1回分類をしてしまうと、それ以外の尺度では分類ができなくなってしまう』という性質がある。「知ってしまう不幸」というか……。……クリエイティブなことを仕事にするというのは、常識をちょっと破ってみることが必要ですよね。ですから、脳に逆らった仕事をしなければいけないわけです。脳が刺激をもとめているから、刺激を満たす必要はあるけど、その先には、『脳がいつでも安定した見方をしてしまいたがる』ということに対して挑戦しなければならないこともあるんです。脳への挑戦というのは、ひとつのキーワードです」
> 　　　　　　　　　　　（池谷裕二・糸井重里『海馬——脳は疲れない』）

つまり、ひとたび目の前に書き出された「ソリューション・ツリー」を書き直すことに脳は抵抗する。「めんどうくさい」と。でも、"「らくがき」だから"という軽い気持ちでどんどん書き直そう。

ポイント4.「フレームワーク」をあてはめる

　いろんな「視点（フレームワーク）」で相手の問い（問題）を構造化してみよう。

　「フレームワーク」をあてはめる。「フレームワーク」をあてはめるには、2つのアプローチがある。

- 先人の知恵が結晶化されたフレームワークを「借りる」。書籍などを見ると、既存のフレームワークはたくさんある。こうしたフレームワークを積極的に使う。
- フレームワークを「創る」。「らくがき」しながら視覚的に構造をとらえた上で、「フレームワーク」を描き出す。
- フレームワークを考えるとき、**「3の法則[※]」**を意識する。人は一度にたくさんのことは考えられない。3つ〜5つが限度といわれている。思考や情報を整理するとき、フレームワークの切り口は大きく3つに枝分かれさせていくことを習慣化する。

　「借りる」「創る」「3の法則」などを意識しながら、フレームワークにあてはめていこう。

ポイント5.「想像力」のスイッチはONのままにしておく

　「ソリューション・ツリー」はややもすると、現実味がなくなってしまう。つい文章を書いていると、教科書的になってしまう。こうした机上の空論を避けるために、鍵を握るのが「想像力」。**「想像力」のスイッチをONにしたまま、ロジックを組み立てる。**

※「3の法則」については、161ページのコラムを参照ください

「相手」の「問い」を構造化していき、「相手」の「問い」に対する「答え（解決策）」を対応させる。これが「ソリューション・ツリー」。「相手」が主語の問題解決の全体像を浮かび上がらせる。
　そこで、鍵を握るのが、**「想像力」**。想像力、それは「相手」に対する洞察力と言い換えてもいいだろう。
　「想像力」のスイッチは ON のままにして、「ソリューション・ツリー」を組み立てよう。

・・・

　さて、「ソリューション・ツリー」を眺めると、そこにはジグソーパズルが完成している。思考の断片（ピース）がモレなく、ダブりなく、埋め尽くされたジグソーパズル。そこには、一枚の絵がある。問題解決の全体構造だ。

　さあ、いよいよ「4Steps」の最後の一歩、Step4 の「物語」だ。

Column　肝心なのは、「MECE感」!

「それって、MECEなの?」
　ここ数年、クライアント先の会議に参加すると、この質問がとびかっている。
　MECEであるかどうかは物事の本質を見極める上で、とても大切だ。MECEは、思考を構造化する共通言語だ。しかし、「MECEはあくまでも道具なんだ」という視点が大切だ。なぜか?

　「論理的にMECEにしようとすると、ビジネス的にみると、そのMECEに意味がなくなる。……そのためコンサルタントの間でも「厳密なMECEにする必要はない、MECE感が大事」というような言い方がされる。練習としてMECEにこだわってみるのはいいが、実務でこだわることにはあまり意味がない……「MECEに考えるように」と言われると、多くの人は先にMECEの枠組みを探し、そこに現実をあてはめようとする」
　　　　　　　　　（渡辺パコ『論理思考を鍛えるトレーニングブック』）

　「MECEでとらえることは、問題の背景や構造をとらえる際に、まずいったん整理するという意味で重要である。ただし、考えるプロセスにおいてこうした発想をすることが重要なのであって、最後までMECEにこだわれということではない」
　　　　　　　　　（齋藤 嘉則『問題解決プロフェッショナル「思考と技術」』）

　MECEは便利な思考の道具だ。モレなく、ダブりなく、思考を構造化するのには欠かせない思考の道具だ。しかし、道具に振り回されてはいけない。道具に振り回されずに、道具を使い倒す。

　「MECE感」という言葉を意識し、MECEという思考の道具を使い倒そう。

実践編

第8章

「ストーリー・ピラミッド」で「ひとつの物語」に結晶化する

Step4 「物語」

Step4「物語」。

4Stepsの最終工程。思考を、伝わる物語に結晶化させる（図8-1）。

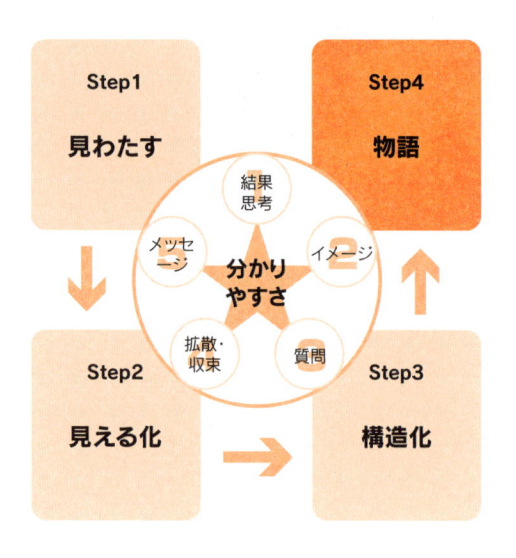

図8-1

　ジグソーパズルは完成した。問題解決の全体像の一枚の絵がそこにある。できあがったソリューション・ツリーをそのまま文章にしたら提案書ができあがるか。

　答えはYES。しかし、ここで問題が発生する。「確かにロジカルだけど、なんか伝わらない」ということがよく起こる。何かが足りない。「**ロジカルだけど、伝わらない**」現実がそこにある。

　すでに問題解決のロジックが目の前にあるわけだから、ロジカルな提案書ができあがる。しかし、伝わらない。「ロジカルだけど、伝わらない」提案書。何かが足りない。相手は頭では理解する。しかし、相手の感情や行動につながらない。相手の脳裏にイメージが刻まれない。相手の心

第8章●物語

に火がつかない。そこに、人を動かし、人が巻き込まれていくような提案書はない。

「ロジカルだけど、伝わらない」提案書。この問題を解く鍵がある。
それは、「物語」だ。

●カンタン、確実に、伝わる提案書ができる秘密
提案書では、物語を語れ！

これが本書のメッセージだ。ロジカルシンキングを学ぶと、提案書はロジカルになる。しかし、「ロジカルだけど、伝わらない」現実。確実に相手に伝わる方法はないものか。その方法は、ここにある。

ひとつ、エピソードを紹介しよう。

●彼女の胸に刻まれたひとこと、「物語を語れ！」

彼女はMBA取得者。外資系広告代理店に勤務する。提案書をつくり、プレゼンテーションをする。これが彼女の毎日だ。彼女はいつもひとつの言葉を胸に提案書をつくり、プレゼンテーションをしてきた。彼女の胸にあるひとことを刻んだのは2人の男性だ。ひとりは、イタリア系アメリカ人。もうひとりはギリシャ人。

イタリア系アメリカ人は、彼女のMBAの同級生だ。彼のプレゼンテーションを聞いたとき、彼女の目からウロコがボロボロ落ちた。「こんなプレゼンが存在するのか」、彼女はあ然とした。これまで、広告代理店の世界で数々の名プレゼンを見てきた。それなりにプレゼンを知っていた。しかし、彼のプレゼンはずば抜けていた。クラスの誰もが彼のプレゼンの番になると聞き耳を立てた。ある日、彼女は彼に聞いた。「あなたのプレゼンのコツって何？」と。すると、彼はこう答えた。

「物語を語れ！」

彼女にとってこの言葉が決定的になったのは、帰国後、外資系広告代理店に勤めて間もなくのこと。社内でもプレゼンの達人として名の通ったギリシャ人の上司のプレゼンに触れたとき、彼女は見てしまった。「これぞプレゼンテーション！」というものを。彼女は、上司に食事の席で、彼のプレゼンの圧倒的な存在感の理由を尋ねた。上司の口からもれた言葉は、またもやあのひとことだった。
　「物語を語れ！」

●「提案書では、物語を語れ！」

　私は彼女に尋ねてみた。「で、物語はどうやって語ったらいいの？」、すると彼女はこう言った。「『物語を語れ！』とは教えてくれたけど、やり方については教えてくれなかったの」。
　私が仕事をしてきた３つのタイプのプロは、みな絶品のプレゼンターだ。そして彼らの武器もやはり「物語」だった。クライアントは彼らの語る物語の世界に引き込まれていく。いや、巻き込まれていく。私は一流のプロに尋ねた。「どうやったら、物語を語れるようになるのか？」と。彼らの多くは、「センスだから……」と答えた。ひとりを除いて。そのひとりが私を物語の世界へ導いてくれた。

　ここで紹介する物語の手法は、彼から引き継いだエッセンスを私が試してみてブレンドし、誰でも使えるフォーマットにしたものである。
　彼は言う。
　「**提案書では、物語を語れ！**」と。
　伝わるには理由がある。答えは「物語」。そして、物語は物事の核心を浮き彫りにしてくれる。
　誰でも、カンタンに、伝わる物語ができるやり方をお教えしよう。

第1節

本ステップの目的を明確にする

1 「伝わる」物語に結晶化する

　本ステップの目的は、思考を「伝わる」カタチに結晶化することだ。伝わるカタチ、それは「物語」だ。
　人は正論だけでは動かない。筋の通ったロジックは理解しやすい。しかし、「ロジカルだけど、伝わらない」という問題にぶつかる。これを解消してくれるのが物語だ。**相手が思わず「なるほど！」と膝をたたき納得してくれる提案書には、物語がある。**相手が自己投影したくなる共感の物語をつくる。これが本ステップの目的だ。

2 「ストーリー・ピラミッド」を使いこなせるようになる

　本ステップを経ることで、伝わる物語ができあがる。そのために、思考を物語に結晶化するツール、「ストーリー・ピラミッド」を使いこな

せるようになる必要がある。

物語の素材はすべてそろっている。「ソリューション・ボックス」と「ソリューションツリー」だ。この2つの素材を使い、物語の構成を考える。そして、最終的に「ひとつの物語」に結晶化していく。このとき、物語を描き出すツールが「ストーリー・ピラミッド」だ（図 8-2）。

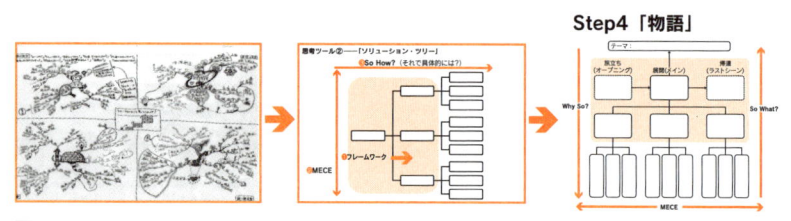

図 8-2

3 物語で「結果」につながる

思考がひとつの物語に結晶化されることで、何が生まれるのか。

物語の誕生は、可能性を生み出す。物語というカタチの提案書に結晶化させる。提案書では、物語が語られる。物語が語られた瞬間、そこに新しい「つながり」が生まれる。

① 物語は、「**共感**」につながる。相手がこちらの提案に共感してくれる。
② 物語は、「**想像**」につながる。相手の頭のスクリーンに問題解決の具体的なイメージ（想像）がつくられる。
③ 物語は、「**記憶**」につながる。相手が提案の中身をひとつの物語として記憶してくれる。
④ 物語は、「**行動**」につながる。相手が具体的にどんな行動をしたらいいのか自分の言葉で語れる。

⑤ 物語は、「**未来**」につながる。相手の心の中に理想の未来の映像を刻み込むことができる。

物語なら伝わる。物語は人を動かす。そして、物語は「結果」につながる。

物語だと短時間で伝わる。相手の心の中に具体的なイメージを刻み込むことができる。

誰でも、カンタン、確実に、伝わる「物語」がつくれるようになるツール、「ストーリー・ピラミッド」を見ていこう。まずは、「ストーリー・ピラミッド」の背景にある物語の世界を少しのぞいてみることにしよう。

第2節

「ストーリー・ピラミッド」の インストール

1 物語って何？

(1) 物語とは、「旅」である

なぜ、映画を見ると感動するのだろうか？
その理由は、そこに「物語」があるからだ。
長年ハリウッドの世界で活躍してきたクリス・ボグラーはこう言う。

> 「ヒーローのストーリーはいつも『旅』の物語である」
>
> ヒーローは住み慣れた環境を飛び出して道の世界に旅立つ。迷宮・森・洞窟・見知らぬ町や国。ここはヒーローにとって、新しい挑戦を受けたり葛藤を抱える舞台となる。しかし、同じくらい多くのストーリーが、自己の精神や心、魂といった内面的な「旅」へとヒーローを導く。
> すべての優れたストーリーに共通して言えることは、ヒーローに、「失望から希望へ」、「弱さから強さへ」、「愚者から賢者へ」、「愛から憎しみへ、そしてまた愛へ戻る」という変化の過程があるということだ。

> ヒーローはひとつの段階から次へ進むための旅をすることにより、成長し変化を遂げるのである。こうした精神的な旅が観客を引きつけ、そのストーリーを見るに値するものにしているのだ。
> クリストファー・ボグラー『神話の法則（ヒーローズ・ジャーニー）』

ひとことで言うと、**"物語とは、『旅』である"**。

ヒーロー（主人公）が今までの日常から抜け出し、成長し、変化を遂げていく。旅とは、このヒーローが成長していく一連の過程のことだ。その過程で、ヒーローはさまざまな事件や出来事に遭遇する。そのひとつひとつをクリアしていき、最後には旅の最終地点に到達する。この過程を通して、主人公は真のヒーローへと進化していく。これが物語の流れだ。

私たちが映画に感動するのは、自分をヒーローに自己投影し、ヒーローが成長していく旅を疑似体験できるからだ。2時間の映画を通して、ハラハラドキドキする旅ができるから映画を見て感動する。

(2) 物語とは、「問題解決」である

このヒーローの旅のプロセスはどこかで見たことがないだろうか。そう、それは**「問題解決」**だ。

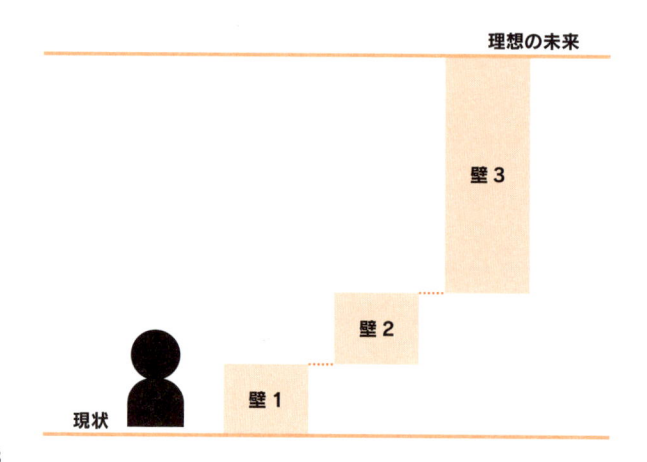

図8-3

ヒーローの旅は、図8-3のように、現状からスタートして、目の前の壁をひとつひとつクリアしていき、理想の未来にたどりつく。旅とは、問題解決のプロセスである。つまり、物語においては、主人公のまわりで問題が発生し、主人公が問題を解決していきヒーロー（理想の未来）になっていくドラマだ。

いつも変わらぬ日常（現状）をおくっている主人公のまわりに大きな問題（テーマ）が発生する。それがきっかけとなり、主人公の旅がはじまる。行く手にはいくつもの事件や出来事が発生する（壁）。壁をひとつひとつクリアしていくごとに主人公は成長していく。そして、主人公が最後の壁（クライマックス）を乗り越えたとき、旅の目的地（理想の未来）にたどりつく。

物語とは、このような問題解決の一連のプロセスの旅といえる。

では、すぐれた物語はどうやってつくるのか。
それには、3つの要件がが必要となる。

2 すぐれた物語には「3つの要件」がある

物語には、3つの要件がある。

① 物語には、「テーマ」がある
② 物語は、「3幕」で構成される
③ 物語は、「メッセージと事実」で構成される

つまり、「テーマ」「3幕構成」「メッセージと事実」の3つが物語をつくる上でのキーワードだ。

(1) 物語には、「テーマ」がある
● **物語には、「最大の謎」が潜んでいる**
映画を想像してみよう。

静かな町にひとつの事件が発生する。主人公がその解決に向けて立ち上がる。ドラマが展開していき、やがて事件が解決する。そもそもなぜ物語が展開するのか。それは事件の鍵をにぎる「最大の謎」が存在するからだ。この「最大の謎」を解き明かすために主人公の旅がはじまり、やがて謎が解決され物語が終わる。

● **物語では、「最大の謎」を解き明かす旅が展開する**
「最大の謎」。

それが物語を展開するきっかけであり、原動力だ。この「最大の謎」が物語の「テーマ」だ。

提案書でいえば、相手が知りたい一番大きな「問い(謎)」がテーマだ。**提案書とは、「テーマ(最大の謎)」を解決していく物語**だ。

- **物語とは、「テーマ（最大の謎）」に対する「メッセージ（答え）」を見つける旅である**

　旅の目的は、テーマ（大きな問い）に対するメッセージ（答え）を見つけること。つまり、すぐれた物語には魅力的なテーマがあり、それに対応するメッセージがある。物語をつくることは、テーマを設定し、答えとなるメッセージを結晶化させていく作業だ。

(2) 物語は、「3幕」で構成される
- **物語には、「はじめ」「中」「終わり」の3幕がある**

> 「物語の原型をつきつめれば、『まず何かの始まり』があって、『それが進行し』、『何らかの結末を迎える』、つまり、『発端』、『展開』、『結末』が浮かび上がる。……人に『ものがたりを語って聞かせる』という行為は、ある事象（主体）が変化する際の『発端』と『結末』を用意し、それを順序だてて『展開』させ、聞く人の興味を引くように口述していくことであるといえる。……ストーリーの展開を三幕で構成することによって観客にわかりやすさと期待感をいだかせ、感動させ、満足させる技術にたどり着いたのだ」
>
> 　　　　　　　　　（金子満『シナリオライティングの黄金則』）

　このように物語は、「発端」「展開」「結末」の3幕で構成される。つまり、物語には「はじめ」があり、「中」があり、そして「終わり」がある。

- **物語には、物語の重み全体を支えるフレーム（骨組み）がある。——それが「3幕構成」だ**

> 「高層建築物の骨組みや彫刻家が作る彫像の仮枠のように、それはストーリーの重みをささえる、脚本の基礎となる構成である。しっかりとした枠組みがなくては、……ドラマの構成は数千年にわたって分析され、……それは本質的に三幕から構成される。第一幕　始まり。第二幕　中盤。第三幕　結末。ちょっと見たところでは、この三幕構成は、あまりにも基本的でばかばかしいぐらいに明らかに見えるが、しかし、ピラミッドの建築的構成もまた実に単純ながら、その丈夫な耐久性には誰も疑問を差しはさまない」
>
> （ニール・D・ヒックス『ハリウッド脚本術』）

相手の心に、ずしりと刻み込まれる物語には、物語の重みを支えるフレーム（骨組み）、「3幕構成」がある。

- **物語の3幕構成とは、「旅立ち（オープニング）」、「展開（メイン）」、「出現する未来（ラストシーン）」だ**

たとえば、第1幕は日常の世界から逃れること、第2幕前半は見知らぬ土地で生き延びること、第2幕の後半はそこで恩恵を受け見知らぬ土地から脱すること、第3幕は世界を再生し共有できるものをもって無事に家に帰るという構成である。

(3) 物語は、「メッセージと事実」で構成される

- **物語とは、テーマに対する「メッセージ」が結晶化されたもの**

　物語とは、「テーマ（最大の謎）」を解き明かす旅。

　物語の目的は、「テーマ（最大の謎）」を解き明かすこと。最大の謎（問題）の解決が物語という旅のクライマックスだ。はじめに問題（テーマ）があり、旅の過程で答え（メッセージ）を見つけていく。

● **物語のメッセージは、ひとつひとつのシーン（事実）の積み重ねから生まれる**

　物語は図8-4のようなピラミッドのカタチをしている。最大の謎（メインテーマ）を頂点に、謎解きの物語が左から右に展開していく。メインテーマは、さらに3つのテーマに分かれ、それぞれのテーマをひとつひとつのシーンを積み重ねて解いていく。その一連の物語が、このピラミッドに結晶化される。

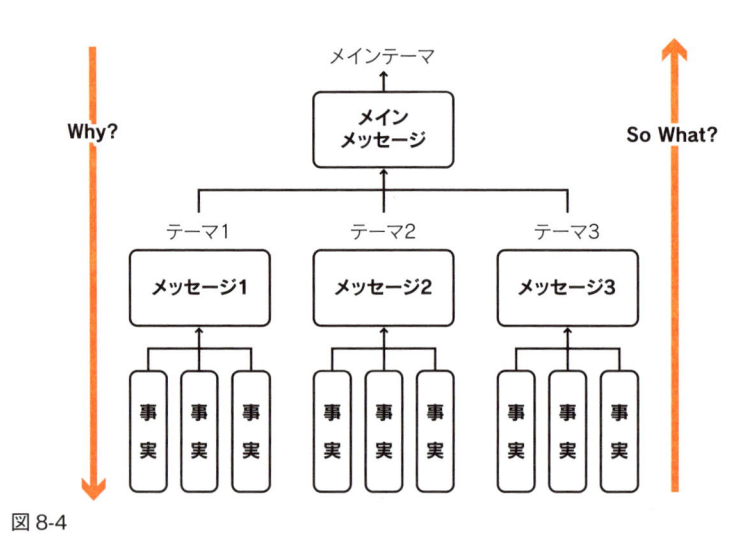

図8-4

　以上、「テーマ」「3幕構成」「メッセージと事実」。すぐれた物語の3要件について見てきた。

　物語の「テーマ」を決め、「3幕構成」の骨組み（フレーム）をつくり、「メッセージ」とそれを支える事実を積み重ねる。これが物語づくりだ。こうしてつくられた物語の最終的なカタチは、ピラミッド構造に結晶化される。物語の3要件を押さえてピラミッド構造に結晶化できるツールが、「ストーリー・ピラミッド」だ。

誰もが、カンタンに、確実に、伝わる物語がつくれる思考のツール、「ストーリー・ピラミッド」。どのようなものなのか、見ていこう。

3 カンタン、確実に、伝わる物語がつくれる！ ──「ストーリー・ピラミッド」

　「ストーリー・ピラミッド」＝問題解決を物語に結晶化するための思考ツールだ。
　物語づくりは、「テーマ」、「構成」、「メッセージと事実」の３つの要件を満たすこと。この３つの要件を押さえ、誰でも、カンタンに、伝わる物語をつくることができるツールが「ソリューションツリー」だ。物語づくりとは、テーマを設定し、構成（枠組み）を考え、メッセージと事実で枠組みを埋める作業だ。

　「ストーリー・ピラミッド」を使えば、テーマを設定し、構成を考え、メッセージと事実を構成要素とし、ひとつの物語に結晶化することができる。「ストーリー・ピラミッド」の手順どおりに作業をしていくと、３つの要件を押さえた物語が完成する。

図8-5

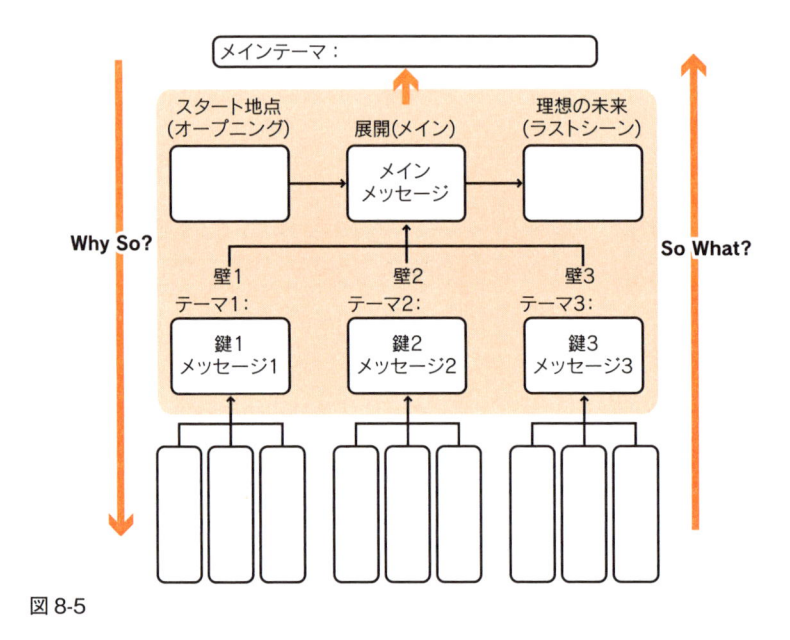

　図8-5が「ストーリー・ピラミッド」だ。
　ロジカルシンキングのピラミッド・ストラクチャーをご存知の方は、「同じでは？」と思ったのではないだろうか。基本的には、ピラミッド・ストラクチャーと同じだ。テーマに対するメッセージとそれを支える事実でもって、ひとつのピラミッドの構造が構成される。

　ちがいは、「カンタン」、「確実」、そして「物語」。「ストーリー・ピラミッド」は誰もがカンタンにつくれ、確実に伝わる提案書（物語）に結晶化することができる。

　「ストーリー・ピラミッド」は、問題解決策の全体像を、相手に伝わる物語に結晶化するためのツールだ。Step1からStep3でやってきた思

考を、最終的に相手が「なるほど！」と納得してくれる物語に結晶化する。
要は、思考を伝わる提案書に結晶化してくれるツールが、「ストーリー・ピラミッド」だ。

「ストーリー・ピラミッド」というツールを使えば、誰でも、スピーディに伝わる物語がつくれるようになる。

物語づくりは、テーマを設定し、3幕構成を考え、メッセージと事実で構成する。このプロセスで物語が結晶化される。

以下、「ストーリー・ピラミッド」に組み込まれた2つの道具、「3幕構成」（構成を組み立てる道具）と「So What？／Why So？」（事実をメッセージに結晶化させる道具）を見ていこう。

4 構成を組み立てる道具──「3幕構成」

(1)「物語の3幕構成」とは？

> 「構成を、『何が』『どのようにして』『どうなった』という形でまとめる三幕構成を基準とする考えは、ハリウッドではすでに40年前から確実にルール化されていた」
> 　　　　　　　　　　　　　（金子満『シナリオライティングの黄金則』）

物語は、「何が」（＝発端）、「どのようにして」（＝展開）、「どうなった」（＝結末）で構成される。

つまり、「物語を語る」というのは、「何が、どのようにして、どうなった」かを語ることだ。

桃太郎の物語で説明しよう。

> **桃太郎**
>
> 　昔々、ある所に子供のいない老夫婦が住んでいた。ある日、おばあさんが川で洗濯をしていると、大きな桃が流れて来たので、おじいさんと食べようと持ち帰った。2人で桃を割ると中から男の子が生まれたので、「桃太郎」と名付けて大事に育てた。
>
> 　成長した桃太郎は、鬼ヶ島の鬼が人々を苦しめていることを知り、鬼退治を決意する。おじいさんとおばあさんからきび団子を餞別にもらい、道中にそれを分け与えてイヌ、サル、キジを家来に従える。鬼ヶ島で鬼と戦い、見事に勝利を収め、鬼が方々から奪っていった財宝をおじいさん・おばあさんの元に持ち帰り、幸せに暮らしたという。

「何が」＝桃から生まれた桃太郎が

「どのようにして」＝きび団子を持ち、桃太郎は鬼退治に出かける。道中、イヌ、サル、キジという仲間にめぐりあう。鬼ヶ島へ向かい、力を合わせて鬼退治した

「どうなった」＝鬼たちの財宝を持ち帰り、おじいさんとおばあさんと幸せに暮らした

　これをチャート化してみると、図8-6のようになる。

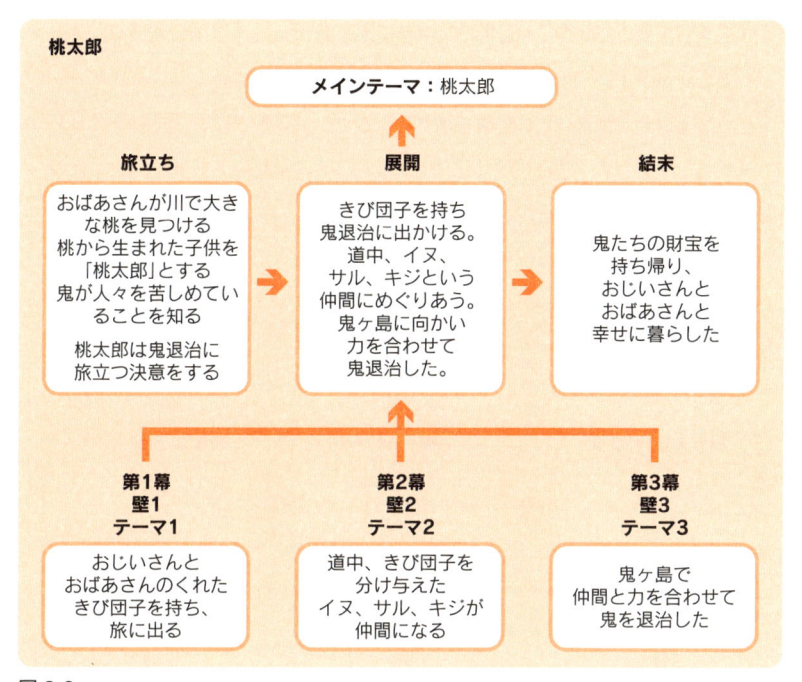

```
桃太郎
                    メインテーマ：桃太郎
                           ↑
     旅立ち              展開              結末
  ┌──────────┐     ┌──────────┐     ┌──────────┐
  │おばあさんが川で大き│     │きび団子を持ち   │     │鬼たちの財宝を  │
  │な桃を見つける    │     │鬼退治に出かける。 │     │持ち帰り、    │
  │桃から生まれた子供を│  →  │道中、イヌ、    │  →  │おじいさんと   │
  │「桃太郎」とする   │     │サル、キジという  │     │おばあさんと   │
  │鬼が人々を苦しめてい│     │仲間にめぐりあう。 │     │幸せに暮らした  │
  │ることを知る     │     │鬼ヶ島に向かい   │     └──────────┘
  │桃太郎は鬼退治に   │     │力を合わせて    │
  │旅立つ決意をする   │     │鬼退治した。    │
  └──────────┘     └──────────┘
                           ↑
              ┌────────────┼────────────┐
           第1幕          第2幕          第3幕
           壁1           壁2           壁3
           テーマ1         テーマ2         テーマ3
        ┌────────┐    ┌────────┐    ┌────────┐
        │おじいさんと │    │道中、きび団子を│    │鬼ヶ島で    │
        │おばあさんのくれた│  │分け与えた   │    │仲間と力を合わせて│
        │きび団子を持ち、│    │イヌ、サル、キジが│  │鬼を退治した  │
        │旅に出る   │    │仲間になる   │    └────────┘
        └────────┘    └────────┘
```

図 8-6

　これを見ると分かるように、物語にはテーマがあり、主人公はそのテーマの答えを探し旅立ち、物語が展開し、結末をむかえる。

　展開のところはさらに3幕に分かれる。

　このように、物語は「旅立ち、展開、結末」に分かれ、展開がさらに「第1幕、第2幕、第3幕」に分かれる構造になっている。

　思考をこの枠組み（フレーム）にあてはめると、カンタンに3幕構成の物語ができあがる。

（2）これならカンタンに物語が構成できる！「3幕構成のフレームワーク」

どうすれば、物語の3幕構成ができるか。本書では、物語のフレームワークを用意した（図8-7）。このフレーム（枠組み）を使えば、カンタンに3幕構成ができあがる。

物語構成のフレームワーク

メインテーマ：

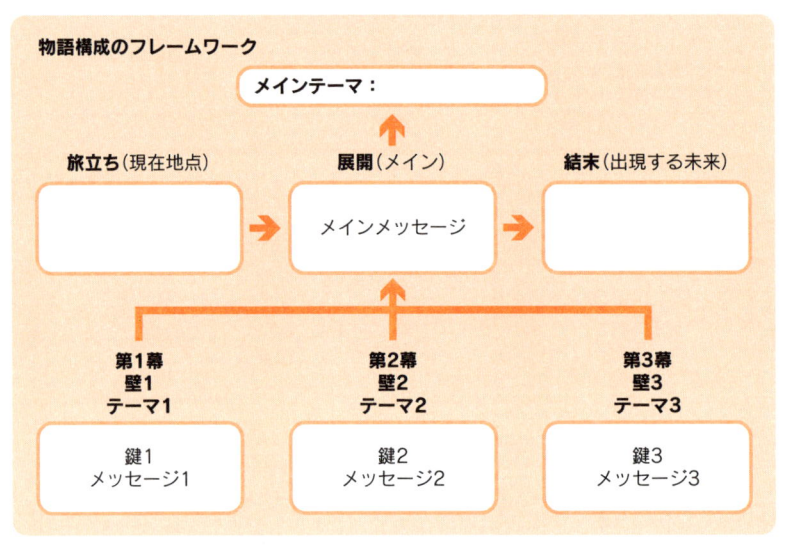

旅立ち（現在地点）	展開（メイン）	結末（出現する未来）
	メインメッセージ	

第1幕 壁1 テーマ1	第2幕 壁2 テーマ2	第3幕 壁3 テーマ3
鍵1 メッセージ1	鍵2 メッセージ2	鍵3 メッセージ3

図8-7

物語のメインテーマがあり、そのメインテーマの答え（メインメッセージ）を手に入れるのが物語という旅の目的だ。このメインテーマの結末に向けて、現在地点から旅立つ。展開では、3つの壁が登場する。それぞれの壁を突破する鍵を手に入れ、壁を次々とクリアしていくと結末を迎える。こんな流れだ。

第8章●物語

● **人生という物語を3幕構成のフレームワークにあてはめてみると……**

　人はなぜ物語に感動するのか。その理由のひとつに、「人生そのものが3幕構成だから」というのがある。人生とは、生まれて、生きて、死ぬ。これを、物語のフレームワークにあてはめると、図8-8のようなフレームができあがる。生きるを、さらに3幕に分けて、子供、成人、老人と分けることができる。このようにメインテーマ（大きな問い）を3つに分けることで、物語の構成ができあがる。

物語構成のフレームワーク

メインテーマ：人生とは？

旅立ち	展開	結末
生まれて	生きて	死ぬ

| 第1幕 | 第2幕 | 第3幕 |
| 壁1 | 壁2 | 壁3 |
テーマ1	テーマ2	テーマ3
子供	成人	老人

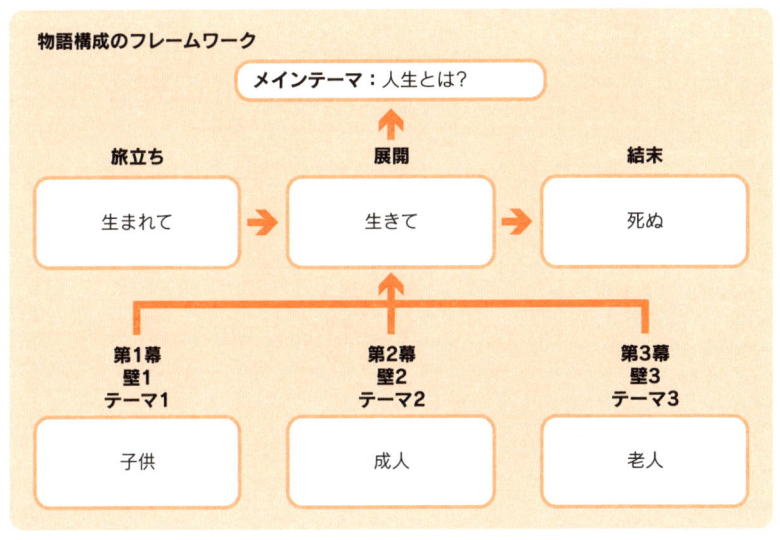

図8-8

　人生を物語ると、こんな感じになる。
　「人生とは何か？　それは旅だ。生まれて、生きて、死ぬという旅だ。おギャーと生まれて人生という舞台へ旅立ち、そして旅の結末には死ぬ。それが人生だ。
　人生のメインは生きる。生きるには3幕ある。1幕は子供。2幕は成人。

3幕は老人……」

すべての物語はこれと同じ3幕構成になる。

● **3幕構成のフレームワーク図で「らくがき」するとさらにカンタンに!**

構成を考えるときに使うと便利なのが、図8-9のフレームワーク図だ。3幕構成のピラミッドを絵的に表現したものだ。これだとイメージしやすい。

3幕構成のフレームワーク
テーマ：

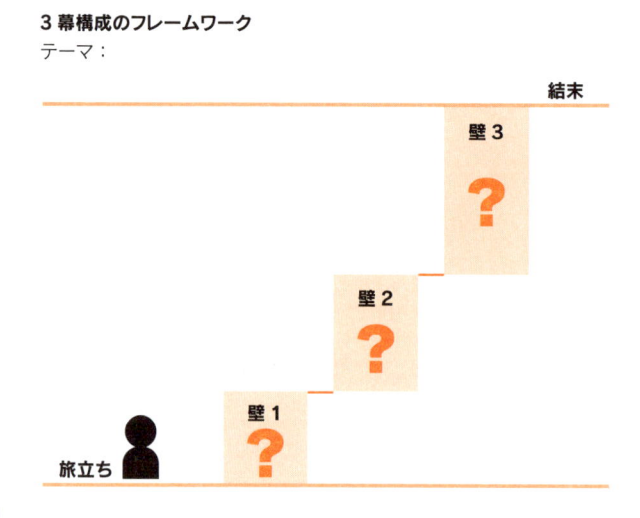

```
                                   結末
                            壁3
                             ?
                    壁2
                     ?
            壁1
             ?
旅立ち
```

図8-9

「旅立ち」、「壁」をクリアする「鍵」を手に入れ、「結末」を迎える3幕構成がイメージできる。

作業として、このフレームワーク図を使って「らくがき」をしながら考えたのち、ピラミッドの第1階層、第2階層に文章を書きいれるとやりやすい。3幕構成のフレームワーク図を描きながら考えれば、想像力豊かな物語の構成ができあがる。

● 例) ロジカル・レストラン⑤
ロジカル・レストランで「客数アップ」

3幕構成のフレームワーク
テーマ：リピート客数はアップするか？

結末
リピート客
20%UP

壁3
来店頻度 UP
テーマ3
「ちょくちょく来たい」
と言ってもらえるか？

壁2
再来店率 UP ❷
テーマ2
「あの人を連れて来たい」
と言ってもらえるか？

壁1
再来店率 UP ❶
テーマ1
「また来たい」と
言ってもらえるか？

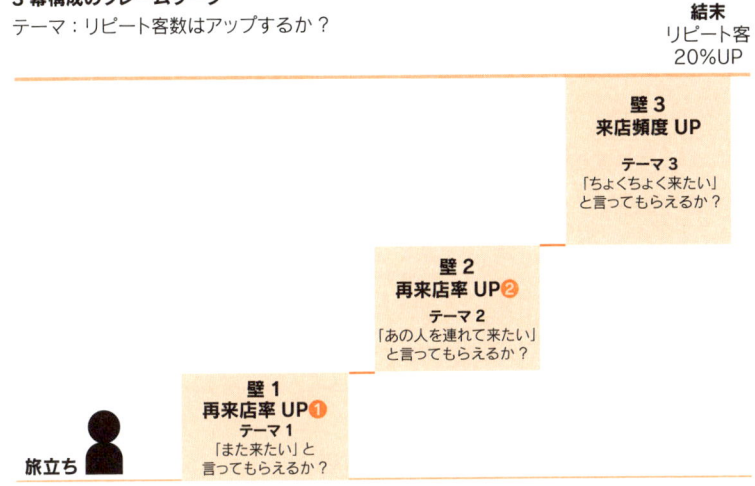

旅立ち

図 8-10

　メインのテーマを、「いかにリピートしてくれるお客さんを増やすか？」と設定したとしよう。
　すでに、Step3で「リピート客UP」というテーマに関してはサブテーマが3つある。これを壁として、壁1：再来店率UP①、壁2：再来店率UP②、壁3：来店頻度UPとした（図8-10）。

壁1に対応するテーマ1は、「また来たい」と言ってもらえるか？
壁2に対応するテーマ2は、「あの人を連れて来たい」と言ってもらえるか？
壁3に対応するテーマ3は、「ちょくちょく来たい」と言ってもらえるか？

この３つの壁をクリアする鍵を見つけたら、リピート客のアップは期待できる。
　これを今度は、ピラミッドの第１階層、第２階層に展開してみると、このようになる（図 8-11）。

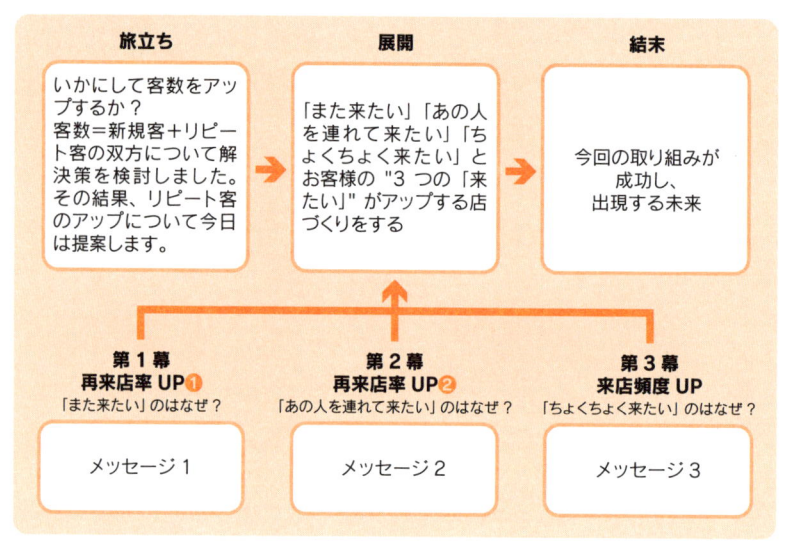

```
┌─────────────────────────────────────────────────────────────────┐
│   旅立ち              展開                結末                    │
│  ┌─────────┐      ┌─────────┐        ┌─────────┐                │
│  │いかにして│      │「また来たい」│    │          │                │
│  │客数をアッ│      │「あの人を連れ│    │今回の取り │                │
│  │プするか？│      │て来たい」「ち│    │組みが    │                │
│  │客数＝新規│ ───▶ │ょくちょく来た│───▶│成功し、  │                │
│  │客＋リピー│      │い」とお客様の│    │出現する未来│               │
│  │ト客の双方│      │"3つの「来た │    │          │                │
│  │について解│      │い」"がアップ │    │          │                │
│  │決策を検討│      │する店づくりを│    │          │                │
│  │しました。│      │する          │    │          │                │
│  │その結果、│      └─────────┘        └─────────┘                │
│  │リピート客│            ▲                                       │
│  │のアップに│            │                                       │
│  │ついて今日│                                                    │
│  │は提案しま│                                                    │
│  │す。      │                                                    │
│  └─────────┘                                                    │
│                                                                 │
│   第１幕            第２幕             第３幕                     │
│   再来店率 UP❶     再来店率 UP❷       来店頻度 UP                 │
│  「また来たい」   「あの人を連れて    「ちょくちょく来たい」       │
│   のはなぜ？      来たい」のはなぜ？   のはなぜ？                  │
│  ┌─────────┐    ┌─────────┐       ┌─────────┐                 │
│  │メッセージ１│    │メッセージ２│       │メッセージ３│             │
│  └─────────┘    └─────────┘       └─────────┘                 │
└─────────────────────────────────────────────────────────────────┘
```

図 8-11

　さらに詳しい使い方については、「ストーリー・ピラミッド」の手順のところで説明しよう。
　ひとまず物語の構成はできた。あとは、ひとつひとつのシーン（事実）を積み重ね、ひとつのメッセージに結晶化していく。
　すでに、物語の３幕構成がある。この３幕ごとの「３つのお話」を組み立てる。ひとつひとつのシーン（事実）を積み重ねていき、１幕のメッセージはこれ、２幕のメッセージはこれ、３幕のメッセージはこれ……と３つのメッセージに結晶化させていく。そして、最終的に３幕のお話

を貫くたったひとつのメッセージに結晶化させていく。こうして、物語のピラミッド構造ができあがる。ひとつひとつの事実をメッセージに結晶化させ、物語のピラミッド構造を出現させるツールを次に紹介しよう。「So What ？／Why So ？」だ。さっそく、見ていこう。

5 思考をメッセージに結晶化する道具 ──「So What ？／Why So ？」

(1) メッセージとは？

● 「何が、どのようにして、どうなる」、これがメッセージだ!

メッセージとは何か。

メッセージとは、「！」だ。

つまるところ、「テーマ（問い）＝？」に対する「答え＝！」がメッセージだ。

では、テーマに対する答え、メッセージであるためには何を満たせばよいのか。桃太郎の物語を例に見ていこう。

「桃太郎って要はどんな話？」と聞かれたら、

答えA：「桃太郎が、鬼退治をしに出かけた話」
答えB：「桃から生まれた桃太郎が、仲間を連れて鬼退治に出かけ、鬼を退治して財宝を持ち帰り、お爺さんとお婆さんと幸せに暮らしたという話」

答えAは何かが足りない。答えBはメッセージになっている。ちが

いは何か。

　ちがいは、「何が、どうなって、どうなる」。

　「何が、どのようにして、どうなる」。これが物語のメッセージであり、物語そのものだ。
　桃太郎であれば、「桃から生まれた桃太郎が……どのようにして……お爺さんとお婆さんと幸せに暮らしたとさ」が物語のメッセージだ。売上はアップするか？　というテーマであれば、メッセージのカタチは、「売上が……どのようにして……アップする」となる。

● 「何が、どのようにして、どうなる」は、3幕すべてにある
　「桃から生まれた桃太郎が……どのようにして……お爺さんとお婆さんと幸せに暮らしたとさ」
　どのようにして（＝展開）のところには、さらに、
　「何が、どのようにして、どうなる」の3幕の物語がある。

1幕：「桃太郎は、おじいさんとおばあさんのくれたきび団子を持って旅に出る」
2幕：「桃太郎は、道中、きび団子を分け与え、イヌ、サル、キジを仲間にする」
3幕：「桃太郎は、鬼ヶ島で仲間とともに鬼を退治した」

　という具合に、メインの「桃から生まれた桃太郎が……」というメッセージをサポートする3幕ごとの「メッセージ」があり、物語がある。このように、大きな物語のメッセージを、3幕の小さな物語のメッセージがサポートしてひとつの物語ができあがっている。

(2)「ピラミッド構造」で、メッセージを結晶化する

物語は最終的に、図8-12のようなピラミッド構造に結晶化される。

最大の謎（メインテーマ）があり、その謎解きの3幕の物語が展開される。ひと幕ごとにドラマがある。ひと幕ごとに小さな謎解きをしていく。

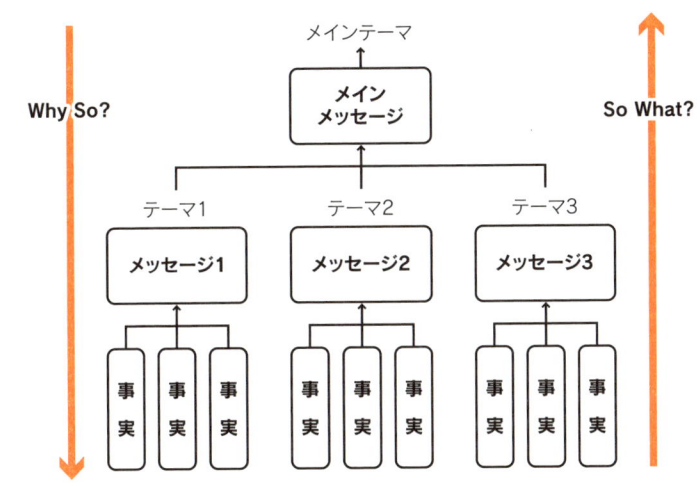

図8-12

たとえば、第1幕では、小さな謎（テーマ1）に対する答え（メッセージ1）を見つける。これを第1幕から順番に行っていき、第3幕ですべて小さな謎解きが行われると、最終的に最大の謎（テーマ）についての答え（メインメッセージ）を手に入れる。

では、メッセージをいかにして抽出するか。メッセージを抽出し、結晶化する道具「So What？／Why So？」について見ていこう。

(3) メッセージの結晶化は、「So What？／Why So？」を使って

メッセージとは、「何が、どうなって、どうなる」ということを話した。

物語づくりは、ピラミッドの頂点の最大の謎（＝テーマ）に対する答え（＝メインメッセージ）に結晶化される。そのためには、ピラミッドの底辺から頂上に向けて、ひとつひとつのシーン（事実）からメッセージを抽出し、3幕の物語ごとにメッセージを抽出する。そして、最終的に物語全体がたったひとつのメッセージに結晶化される（図8-13）。

このメッセージを抽出し、結晶化するための思考の道具が、「So What？／Why So？」だ。

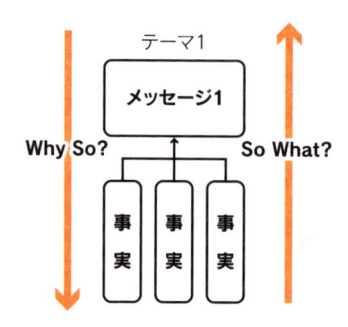

図8-13

● **下から上に「So What？」、上から下へ「Why So？」を繰り返す**

So What？＝「要するに、何が、どうなるのか？」で、複数の情報からメッセージを抽出する。Why So？＝「なぜ、そう言えるのか？」で、抽出されたメッセージを支える事実の妥当性を検証する。下から上に、「So What？（＝要するに、なにが、どうなるのか？）」でメッセージを結晶化していき、上から下へ、「Why So？（＝なぜ、そう言えるのか？）」でメッセージを支える事実を検証していく。これが事実をメッセージに結晶化していく作業だ。

● **桃太郎で見てみよう**

桃太郎は第2幕で、仲間たちと巡り合う。

事実1：桃太郎は、イヌを仲間に加えた
事実2：桃太郎は、サルを仲間に加えた
事実3：桃太郎は、キジを仲間に加えた

テーマ2
桃太郎の鬼退治の鍵となる、強力な助っ人が仲間に加わった

- きび団子でイヌが仲間に加わる
- きび団子でサルが仲間に加わる
- きび団子でキジが仲間に加わる

Why So? ← → So What?

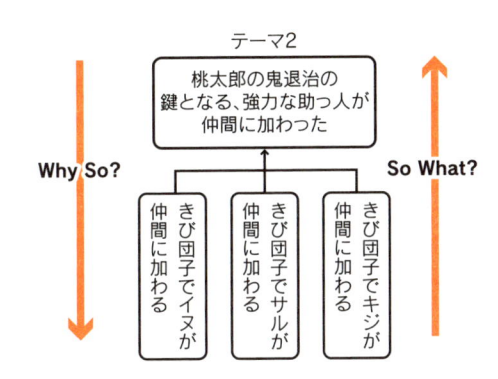

図 8-14

　この3つの事実から、「So What？（要するに、何が、どうなるのか？）」。その答え（メッセージ）は、「桃太郎の鬼退治の鍵となる、強力な助っ人が仲間に加わった」だ。
　「Why？（なぜ）」で、このメッセージの正しさを検証する。具体的な根拠に基づいていて、その根拠が客観的な事実に立脚しているかどうかをチェックする（図 8-14）。
　具体的な事実から抽象度の高いメッセージを抽出し、結晶化していくための道具が、「So What？／Why So？」だ。

● 要は、「ひとり突っ込み」を入れるということ
　会議の席で、こんな言葉が飛び交わないだろうか。
　「なんでそうなるの？」「で、いったい何が言いたいの？」「理由があいまいじゃないか」「ひとことで言うとどういうこと？」……。

これは、「So What ?／Why So ?」だ。意見があいまいであったり、意見をサポートする事実が不明瞭だと、ついこのような「突っ込み」を入れたくなる。
　こうした「突っ込み」を人から指摘されるのでなく自分で行う作業が、「So What ?／Why So ?」だ。
　私はこれを「ひとり突っ込み」と呼んでいる。
　「So What ?／Why So ?」という英語だと日常使っていないのでピンとこないかもしれない。そこで、次にあげるような日本語に言い換えて、ひとり突っ込みをする。
　たとえば、
　So What ?
　「要は、何が、どうなるのか？」「要は、何が言いたいの？」「それで結論って何？」「ひとことで言うと？」「それで、どうするの？」……。
　Why So ?
　「なぜ？」「なんでそうなるの？」「理由は何なの？」……。
　あなたがなじみのある言葉で、「So What ?／Why So ?」を言い換えてやってみよう。
　このような言葉を使い、自分にどんどん突っ込みを入れる。
　物語のピラミッドを下から上に「So What ?」を使って登り、そして「Why So ?」を使ってまた上から下に降りてくる。「それで？」「なんで？」と自問自答を繰り返す。
　じつは、私たちは無意識のうちにこれをやっている。先ほどの会議で飛び交う言葉のように、他人のことだと「突っ込み」を入れることができる。ところが、自分の思考となると「突っ込み」がなくなる。これを意識的にやるのが、「So What ?／Why So ?」だ。**「ひとり突っ込み」**、ぜひ習慣化してほしい。

(4) 例) ロジカル・レストラン⑥

　先ほどのロジカル・レストランの事例、テーマ：「いかにリピートしてくれる客を増やすか？」のつづき。

　2階層以降をピラミッド構造で展開してみよう。

　第7章でつくった、「ロジカル・レストラン」の「ソリューション・ツリー」と、以下の事実をもとに、ロジカル・レストランについて、ピラミッド構造の物語をつくるとどうなるか。

事実1：アンケートの結果、「目玉」と「この価格でこれが」というのが、この店のお客様の再来店動機の上位を占めた。

事実2：来店頻度の高い上位20％のお客様にインタビューをしたところ、「毎日食べても飽きない」という声が圧倒的だった。

事実3：お客様の名前を覚え、名前を呼ぶことで再来店率が10％アップするとのデータが飲食店経営にあった。

事実4：お客様の「この店に連れて来てあげたい」という理由の一番のキーワードは、「スペシャルな対応」だ。

事実5：来店理由のトップが、「連れて来てもらって、同伴者の私を気遣ってくれるサービスが気に入って」というもの。

事実6：ほぼ毎日顔を出すお客様いわく「毎日来ても価格が安心だし、なじみのサービスをしてくれるから」とのこと。

事実7：「思い出に刻まれるメニュー、サービス、空間づくりをする」。これは当店の創業以来のスタンスだ。

事実8：来店後に「ありがとう」のお手紙を書いている上野さんのお客様の再来店率は他の店員の2倍となっている。

事実9：「マイレージにポイントが貯まればいいのに」という声が女性のお客様から多い。

解説

メインテーマ：　「リピート客はアップするか？」に対して、
メインメッセージ：「『また来たい』、『あの人を連れて来たい』、『ちょくちょく来たい』というお客様の"3つの『来たい』"がアップする店づくりをする」

となっている。
これが物語の全体だ。
物語の全体は、3幕構成で展開されている。

1幕：「驚きの目玉商品と価格、そして、お客様一人ひとりの『名前』と向き合うサービスで、お客様の『また来たい』にこたえます」
2幕：「『きめ細やかな心配りをしてくれる』とお客様が実感してくれる、記憶に刻まれるメニュー、サービス、空間づくりで、お客様の『あの人を連れて来たい』にこたえます」
3幕：「『毎日来たい』とお客様から言ってもらえる、財布と心に優しいメニューとサービスを提供し、お客様の『ちょくちょく来たい』にこたえます」

そして、第1幕から第3幕は、それぞれ、客観的な事実によりサポートされている。「で、なぜそう言えるの？」という突っ込みに対応した、具体的な事実にサポートされている。

図8-15が、3幕のピラミッド構造の展開例となる。

第8章 ● 物語

解答例：ロジカル・レストランの「ストーリー・ピラミッド」

```
                    ┌─────────────────────────────┐
                    │ メインテーマ＞リピート客はアップするか？ │
                    └─────────────────────────────┘
                                    ↑
                              もちろん Yes!
                    ┌─────────────────────────────┐
                    │      「また来たい」、          │
                    │  「あの人を連れて来たい」、      │
                    │    「ちょくちょく来たい」       │
                    │      という、お客様の          │
                    │     3つの「来たい」が         │
                    │  アップする店づくりをする      │
                    └─────────────────────────────┘
```

再来店率 UP❶　　　　　　**再来店率 UP❷**　　　　　**来店頻度 UP**
「また来たい」のはなぜ？　　「あの人を連れてきたい」のはなぜ？　　「ちょくちょく来たい」のはなぜ？

| 驚きの目玉商品と価格、そして、お客様一人ひとりの「名前」と向き合うサービスで、お客様の「また来たい」にこたえます。 | 「きめ細やかな心配りをしてくれる」とお客様が実感してくれる、記憶に刻まれるメニュー、サービス、空間づくりで、お客様の「あの人を連れて来たい」にこたえます。 | 「毎日来たい」とお客様から言ってもらえる、財布と心に優しいメニューとサービスを提供し、お客様の「ちょくちょく来たい」にこたえます。 |

- アンケートの結果、「目玉」と「この価格でこれが」というのが、この店のお客様の再来店動機の上位を占めた。
- お客様の名前を覚え、名前を呼ぶことで再来店率が10％アップするとのデータが飲食店経営にあった。
- 来店後に「ありがとう」のお手紙を書いている上野さんのお客様の再来店率は他の店員の2倍となっている。
- お客様の「この店に連れて来てあげたい」という理由の一番のキーワードは、「スペシャルな対応だ」。
- 来店理由のトップが、「連れて来てもらって、同伴者の私を気遣ってくれるサービスが気に入って」というもの。
- 「思い出に刻まれるメニュー、サービス、空間づくりをする」。これは当店の創業以来のスタンスだ。
- 「マイレージにポイントが貯まればいいのに」という声が女性のお客様から多い。
- ほぼ毎日顔を出すお客様いわく「毎日来ても価格が安心だし、なじみのサービスをしてくれるから」とのこと。
- 来店頻度の高い上位20％のお客様にインタビューをしたところ、「毎日食べても飽きない」という声が圧倒的だった。

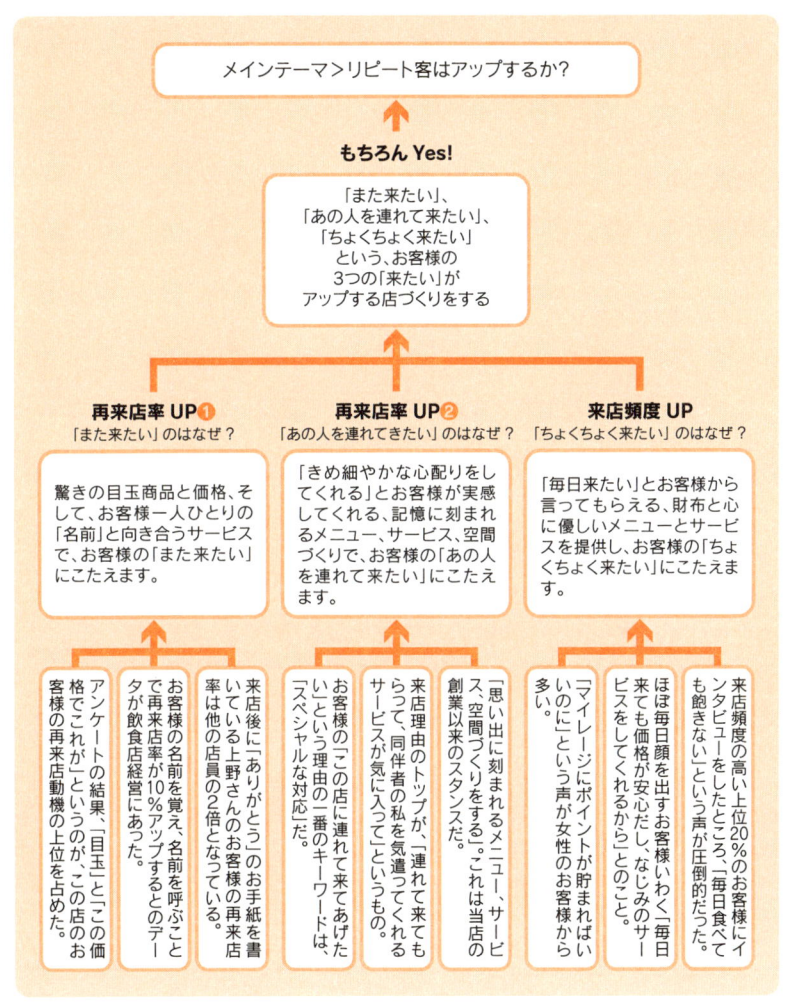

図 8-15

6 「ストーリー・ピラミッド」とは？

　物語づくりは、

①テーマを決めて
②構成を考えて
③思考をメッセージに結晶化させる

　この一連の作業を行うことだ。

　この物語づくりの作業をスムーズに行う思考ツールが、「ストーリー・ピラミッド」だ。
　さっそく、手順を見ていこう。

第3節 サブステップ

> **サブステップ**
>
> 手順1. 物語の「ラストシーン」を想像する
> 手順2. 物語の「フォーカス」を決める
> 手順3. 物語の「クライマックス」を決め、物語の「3幕構成」をつくる
> 手順4. 物語の中身を肉付けし、「メッセージ」を抽出する
> 手順5. 物語全体の構造を整え、「メインメッセージ」に結晶化させる
> 手順6. 「ストーリー・ピラミッド」を「メディア(提案書)」に展開する

　提案書という物語づくり、それは映画づくりといっしょだ。

　提案書は、映画の脚本のようなもの。あなたは、脚本家であり、映画監督だ。あなたの脚本に、主人公である相手が「なるほど！」と納得してくれたとき、ドラマがはじまる。

映画づくりは、映画監督の脳裏に最初に浮かぶ映像からはじまると言われる。たとえばヒッチコックでいえば、最初に「このシーンが撮りたい！」という映像が浮かぶことが多かった。ヒッチコック、黒澤明、宮崎駿、巨匠たちはみな、映画の中での見所のワンシーンがはじめに頭の中にあって、そのワンシーンから映画づくりがスタートするといわれる。映画は、映画監督の頭の中の一枚の映像からイメージが膨らんでいく。

　提案書という物語も、あなたが相手の脳裏に刻み込みたい物語のワンシーンからはじまる。
　はじめに、一枚の映像がある。ラストシーンやクライマックスだ。そのシーンを鮮明にイメージするところから、物語づくりもはじまる。提案書の最後の一ページをめくった瞬間、クライアントの担当者の脳裏にどのような映像が刻まれるか。

　さっそく、物語づくりをはじめよう。

手順1．物語の「ラストシーン」を想像する

　まず1階層目を完成させる。
　3つの箱と矢印を描き、それぞれ「スタート地点（オープニング）」「展開（メイン）」「帰還（ラストシーン）」とタイトルを記入する（図8-16）。つづいて、ラストシーンをイメージしよう。ソリューション・ボックスの理想の未来のところを眺めながら、想像する。

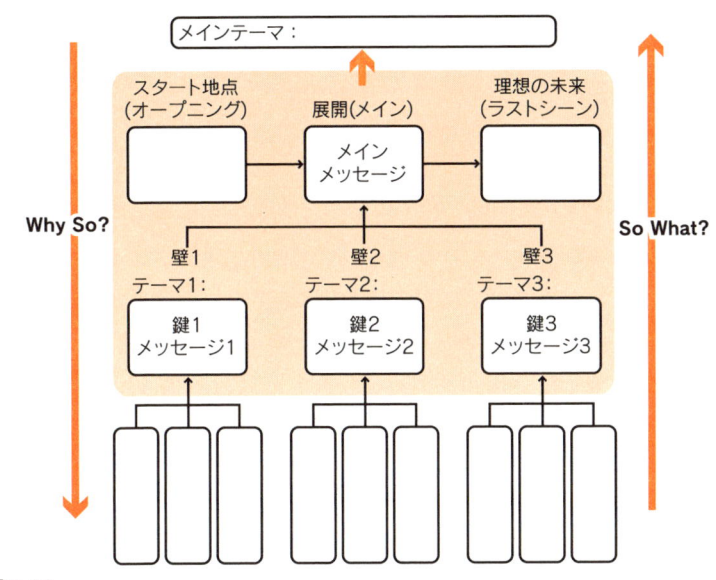

図 8-16

まず、理想の未来のイメージをより豊かにする。

ソリューション・ボックスに描き出された「理想の未来」について再度想像してみよう。

理想の未来が実現されたとき、相手はどんな表情をしているだろうか。あなたはそのとき、どこで何をしているだろうか。まわりにどんな光景が広がっているだろうか。

想像力を豊かにして、具体的にイメージしていく。これが物語の「ラストシーン」になる。物語はこのラストシーンを目指してスタート地点から組み立てられることになる。

以下、ラストシーンづくり、スタート地点づくりのヒントをあげる。

● 「ラストシーン」を決める際のヒント

　ラストシーンづくりにあたって、以下の質問を自分にインタビューしてみる。

・提案書を読み終えた瞬間、相手の脳のスクリーンにはどのような映像が映し出されるか？
・どんなシーンがあれば、相手の頭の中に、「で、次にどのような行動をとったらいいのか？」という疑問を起こさせることができるか？
・ラストシーンでは、相手の心の中でどんな感情が湧き上がっているか？
・右端のボックスにどんなラストシーンの光景が浮かぶか？

　ラストシーンが決まったら、スタート地点の「箱」に移る。

● 「スタート地点」を描き出す際のヒント

　想像力を働かせて、次の手順でイメージしてみる。

・ラストシーン（理想の未来）が現実のものとなっているとしたら、そのとき何を感じるだろうか？
・今、あなたはそのラストシーンにいて、この物語のスタート地点を回想している。
・スタート地点はどんな状況だっただろうか？

　とても想像力を必要とする。リラックスして、理想の未来が実現されたワクワクした感覚で取り組んでほしい。

手順2. 物語の「フォーカス」を決める

2層目の3つの壁の構成を考える前に、物語のフォーカスを決めておく。

なぜ、フォーカスを決めるのか。映画の例で見てみよう。見ていて間延びして退屈な映画がある。ひとつの映画の中にいくつもストーリーラインがある、メリハリがない、ラストシーンまでの筋道が複雑だなど、いろんな理由があげられるが、要は、フォーカスがはっきりしていない。

提案書でも同じだ。たとえば、こんなプレゼンをされたらどう思うだろうか。「売上アップのためには10の策がある。1、2、3……」。退屈だ。要は、あなたの一押しは何なのか。何をしたら一番レバレッジ（テコ）が働くのか。売上アップに一番インパクトのあるロジックはどこなのか。そう突っ込みを入れたくなる。洋服を買いにいって、あれもこれも勧められると分からなくなってしまうのといっしょ。いい店員さんは、「この3点はいかがでしょうか……きっとこれがお似合いですよ」と、そこに自分の意思がある。相手にとってベストな一押しをしてあげられる。それがプロだ。

ラストシーンまでの筋道（ロジック）を考える。どうやって？
Step3で組み立てられた「ソリューション・ツリー」に、「これは！」というロジックや解決策に赤丸をつける。どこにスポットライトをあてるのか。どの箇所のロジックを切り取るのか。あなたがセレクトする。ここでは、「決め」が必要になる。あなたの意思だ。

カメラの撮影にもたとえられる。「ソリューション・ツリー」では、レンズのフレームでその風景の全体を押さえている。そして、「ストーリー・ピラミッド」ではその風景の全体から「ここ！」という箇所を切り取る。レンズの**フォーカス（焦点）**を合わせて、物語をつくる。

ここで、スタート地点からラストシーンに向けてどんなストーリー・ラインで展開されるのかが少しずつ見えてくる。

手順3. 物語の「クライマックス」を決め、物語の「3幕構成」をつくる

次に2層目をつくる。

3つの箱と矢印を描き、それぞれ「第1の壁は突破できるか？」「第2の壁は突破できるか？」「第3の壁（クライマックス）は突破できるか？」とタイトルを記入する。つづいて、クライマックスをイメージする。

ソリューション・ボックスとソリューション・ツリーを眺めながら、先ほどの手順2で選んだラストシーンから見て、壁を洗い出していき、3つの壁に集約（グルーピング）する。すでに、ソリューション・ツリーのところで体系化されているので、それほど時間はかからないだろう。その3つの壁の中から、クライマックス（最難関の壁）を選ぶ。一番難しい壁、この壁がクリアできれば劇的に状況が変わる壁、最も手ごわい壁は何なのかを選ぶ。

クライマックスを描くヒントを以下にあげておく。

● 「クライマックス」を描くヒント

もし、ひとつだけ壁を選べと言われたらまっ先に思い浮かぶイメージは何か？
- 最大の難関（壁）を突破する瞬間をイメージしてみよう
- この壁を乗り越えたらラストシーンが出現する、最後の砦は何か？

つづいて、このクライマックスに至る、第1の壁、第2の壁を選び、2層目の3幕構成を完成させていく。

手順 4. 物語の中身を肉付けし、「メッセージ」を抽出する

　物語の中身を肉付けするというのは、第 1 の壁、第 2 の壁、第 3 の壁に対応する解決策をソリューション・ツリーから選び、第 3 層の箱の中にあてはめていくことである。ソリューション・ツリーが完成していれば、ここで新たな解決策を考える必要はない。壁（問題）— 鍵（解決策）を対応させる。なぜその壁を突破できるのか？　という「問い」を、第 3 層の解決策が支えている構図だ。

　コツをいくつか紹介しておこう。
- それぞれの壁を小さな壁に分解する
- その小さな壁に対応する解決策を見つける
- 第 1 の壁が突破できるの？　という「問い」に対する「答え（メッセージ）」を抽出する。第 2、第 3 の壁についても「メッセージ」を抽出する。
- そして、第 1 層のまん中のボックスの「展開（メイン）」の「問い」に対応した「メッセージ」に結晶化させる。

　これで、物語の構造ができあがる。あとは、全体を見わたし流れるようなストーリーに調整していく仕上げの作業を残すところとなる。

手順 5. 物語全体の構造を整え、「メインメッセージ」に結晶化させる

　できあがったピラミッド構造に追記や修正を加えていきながら、物語全体がスムーズに流れるように整えていこう。左脳と右脳をバランスよく使いながら、物語のピラミッドを結晶化させていく。

- ピラミッドの上方向に向けて、「So What ?（それで、何が言いたい

の？）」、ピラミッドの下方向に向けて、「Why So？（なぜそういえるの？）」と「突っ込み」を入れながら、全体のロジックのチェックをする。
・第1幕から第3幕までの全体の流れをイメージする。物語の展開にあわせて、相手の脳裏にどのようなイメージが広がるのか、想像力を働かせて観ていく。

　コツをいくつか紹介しよう。
・このとき、相手の頭の中のスクリーンにどんな映像が展開されるかをイメージしながら考える。
・声に出して読みたい提案書。声に出して読むと物語のリズムを感じ取ることができる。そのリズムが相手に伝わる。声に出して読み上げて、つかえるところ、なんとなくしっくりこないところを手直ししていく。
・「らくがき」だから、ピラミッド構造はどんどん書き直す。
・他の人に、「で、どんな物語なの？」とインタビューしてもらい、実際に物語ってみる。

　どれもカンタンな作業である。しかし、物語の完成度を上げる上では欠かせないことである。最後のひとふんばりだ。

手順6.「ストーリー・ピラミッド」を「メディア（提案書）」に展開する

　手順5までで、すでに「ストーリー・ピラミッド」は完成した。あとは、「ストーリー・ピラミッド」を「メディア化（提案書）」するだけだ。
　物語のロジックと中身はあるわけだから、メディア化はいわばお化粧。相手と状況に応じたメディアをセレクトする。

パワーポイント、ワード、手書き……。「ストーリー・ピラミッド」のボックスごとに、メディアに展開していく。

第4節

ロジ男の「らくがき」

Step4：「物語」──「ストーリー・ピラミッド」を完成させる

　さあ、これが最後のステップだ。
　すでに自分の考えの全体構造は見えている。Step4では、ママに伝わる物語に結晶化するだけだ。

手順1．物語の「ラストシーン」を想像する
　ロジ男は、まず新しい用紙を用意する。まず、そして、ソリューション・ボックスの「ビジョン（理想の未来）」の箱（スペース）の中にある思考のピースを眺めながら、提案書のラストシーンを想像していく。
　新しい用紙を用意。図8-17のように3つの箱を書いた。

```
            Ziiを買うべきか?
  Intro      もちろんYES!        Next Steps
  ┌────┐    ┌────┐           ┌────┐
  │    │ →  │    │     →     │    │
  └────┘    └────┘           └────┘
```

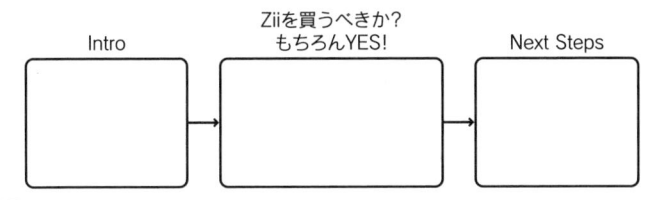

図 8-17

　ソリューション・ボックスを眺めながら、ラストシーンを想像する。ロジ男が想像したラストシーンは、「ママとパパといっしょにデパートに出かけて、Ziiを買う。その後、みんないっしょにデパートの最上階でごはんを食べて楽しい家族のひとときを過ごす」というものだった。

　その状況(ラストシーン)を、Next Stepsのボックスに言葉で埋めていく(図8-18)。

```
                 Ziiを買うべきか?
  Intro           もちろんYES!        Next Steps
┌─────────┐     ┌────┐            ┌─────────┐
│ママ、Ziiを │     │    │            │でも電話1本 │
│買いたいんだ│     │    │            │でなくてデ │
│けど。3分で │ →   │    │     →      │パートに行 │
│いいから僕の│     │    │            │こうよ。ママと│
│話を聞いて。│     │    │            │パパといっ │
│あの後、僕は│     │    │            │しょに久しぶり│
│じっくり考え│     │    │            │にデパートへ│
│たんだ。ねぇ、│    │    │            │行って、最上 │
│いい?     │     │    │            │階のレストラン│
│          │     │    │            │でチョコ   │
│          │     │    │            │レートパフェ │
│          │     │    │            │を食べたい │
│          │     │    │            │な〜。ねぇ、 │
│          │     │    │            │いつにする? │
└─────────┘     └────┘            └─────────┘
```

図 8-18

　このラストシーンがママの脳裏に刻まれるために、どんな「視点」で考えを編集したらいいのか? それが手順2だ。

手順2.　物語の「フォーカス」を決める

　ロジ男は、ソリューション・ツリーを眺めながら、どこに物語のフォーカスを定めるかを考えはじめる。

　「家族でデパートに出かけ、買い物をして、食事をしている楽しいひ

ととき」という理想のイメージを実現するためには？
　このような観点で、ロジックツリーを眺めてみる。色ペンを手にとって、視点になりそうな切り口に印をつけたり、思い浮かんだ視点を記入していく。「これって面白い！」という視点が生まれた。それは、**「悪魔と天使」という視点**。

　どういうことか。「ママは何を言っても、絶対ダメと言っている。まるでZiiが悪魔ででもあるかのように。でも、じつは悪魔に見えたのが天使だったとしたら」というアイデアがロジ男の中で芽生えた。そう、「もしも悪魔が天使だったら」という視点だ。この視点でとらえるなら、まず悪魔でないことを証明してあげる。そして、悪魔に思えていたけど、結構いいところがある。そして、最後には天使だったというシナリオはどうだろうか。

　ママが「絶対ダメ」と言っている背景にある心配を取り出し、それが解決されることを見せてあげる。そして、ママの心配が取り越し苦労だったということも見せてあげる。じつは、ママの心配の根っこにある一番のこと、「僕を思ってくれ、僕の将来を心配してくれる親心」の琴線に触れるメッセージをつむぎだせるはずだ。ロジ男はそう思った。

　「悪魔と天使」という視点で、フォーカス（焦点）して情報を再編集していく。これがロジ男の方針となった。

　この提案書で、ママの心と行動に変化が生まれる。「絶対ダメ」と言っていた状態が、「買ってもいいわよ」に変化する。この提案書は、見終わった瞬間、「絶対ダメ」と言っていたママが、「買ってもいいわよ。デパートいっしょに行こう」とひとことを言ってくれる。その提案書は、「絶

対ダメ」という地点から、「デパートいっしょに行くわ」という地点に向けてのママが変化していく旅。そう、ママの旅。大げさにいうと、ママのヒーローズ・ジャーニー、それがこの提案書だ。

このママの旅のフォーカスが、「悪魔と天使」。ママが理想の状態に向けて「絶対ダメ」と言う現在地点から、一歩踏み出すため、旅のフォーカスを「ママの心配」にした。

では、次にこの「ママの心配」にフォーカスをして、どんな3幕構成の物語をつくるのかを見ていく。

手順3. 物語の「クライマックス」を決め、物語の「3幕構成」をつくる

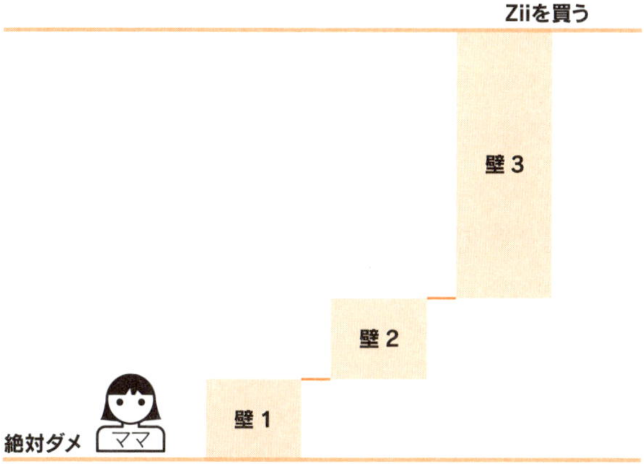

図8-19

手順3の目的は、「はじめ・中・終わり」の物語の3幕構成を明確にすること。

まず、ロジ男は3つの壁を明確にする。そのためにロジ男は、ソリュー

ション・ツリーを眺めながら作業をはじめる。3つの壁をイメージしやすいように、図8-19のようなイラストをソリューション・ツリーの空いているスペースに書いておく。ロジ男は、「悪魔と天使」にフォーカスして、ロジックツリーを眺めている。「これは悪魔だな。これは天使だな」という具合にピースが色分けできてくる。実際に、色ペンを持ちながら「らくがき」をしていく。

そして、浮かび上がった3つの壁が、「悪魔→ちがうかも」、「こんないいところがある→もしかすると」、「天使」だ。

次に、クライマックスを、「じつは天使だった」と決める。第1の壁を「悪魔でない」、第2の壁を「いいところがある」とする。
つづいて、ピラミッドに戻り、2階層目の「はじめ・中・終わり」の文章を記入する。
こうすると、「絶対ダメ」と言っていたママが、「そんなに悪いものではないかも」、「結構いいところもあるのね」、「いいやつじゃない」と気持ちが変化する可能性が高い。

これなら、ママはスムーズにゴールに向けて一歩を踏み出せる。最後の3番目の壁は何にするか。これがクライマックスだ。ママが「えっ、本当なの！」と驚き、とびあがって喜んでくれるそんな壁。

これで物語の3幕構成ができた。あとは、物語の中身、肉付け、そして「メッセージ」をよりクリアにしていく作業だ。

手順4. 物語の中身を肉付けし、「メッセージ」を抽出する

すでにロジ男は、手順3で色ペンを手にとり、ソリューション・ツリーの情報を色分けしている。3つの壁を突破するための解決策が色分けされている。これを3階層目に並べていく。

●ロジ男の「ストーリー・ピラミッド」

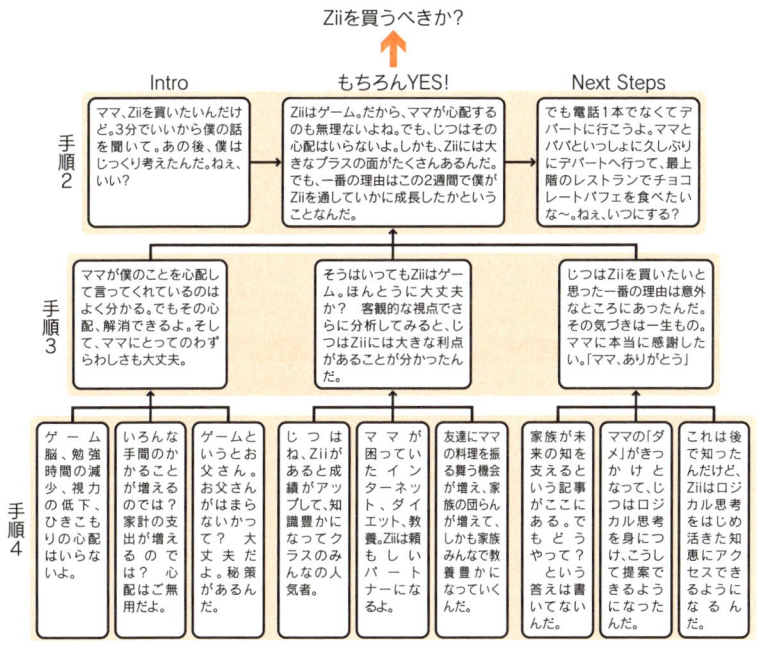

Ziiを買うべきか？

	Intro	もちろんYES!	Next Steps
手順2	ママ、Ziiを買いたいんだけど。3分でいいから僕の話を聞いて。あの後、僕はじっくり考えたんだ。ねぇ、いい？	Ziiはゲーム。だから、ママが心配するのも無理ないよね。でも、じつはその心配はいらないし、しかも、Ziiには大きなプラスの面がたくさんあるんだ。でも、一番の理由はこの2週間で僕がZiiを通していかに成長したかということなんだ。	でも電話1本でなくてデパートに行こうよ。ママとパパといっしょに久しぶりにデパートへ行って、最上階のレストランでチョコレートパフェを食べたいな〜。ねぇ、いつにする？
手順3	ママが僕のことを心配して言ってくれているのはよく分かる。でもその心配、解消できるよ。そして、ママにとってのわずらわしさも大丈夫。	そうはいってもZiiはゲーム。ほんとうに大丈夫か？ 客観的な視点でさらに分析してみると、じつはZiiには大きな利点があることが分かったんだ。	じつはZiiを買いたいと思った一番の理由は意外なところにあったんだ。その気づきは一生もの。ママに本当に感謝したい。「ママ、ありがとう」
手順4	ゲーム脳、勉強時間の減少、視力の低下、ひきこもりの心配はいらないよ。	いろんな手間のかかることが増えるのでは？ 家計の支出が増えるのでは？ 心配はご無用だよ。	ゲームというとお父さん。お父さんがはまらないかって？ 大丈夫だよ。秘策があるんだ。	じつはね、Ziiがあると成績がアップして、知識豊かになってクラスのみんなの人気者。	ママが困っていたインターネット、ダイエット、教養。Ziiは頼もしいパートナーになるよ。	友達にママの料理を振る舞う機会が増え、家族の団らんが増えて、しかも家族みんなで教養豊かになっていくんだ。	家族が未来の知を支えるという記事がここにある。でもどうやって？ という答えは書いてないんだ。	ママの「ダメ」がきっかけとなって、じつはロジカル思考で提案できるようになったんだ。	これは後で知ったんだけど、Ziiはロジカル思考をはじめ活きた知恵にアクセスできるようになるんだ。

図8-20

手順5. 物語全体の構造を整え、「メインメッセージ」に結晶化させる

ロジ男は、できあがったピラミッド構造を「So What ？／ Why So ？」でもって論理チェックをし、さらに第1幕から第3幕までの物語の展開を頭の中で映像化し、足りないところ、修正するところを見つけ、「ストーリー・ピラミッド」を完成させていく。そして、「これで物語がスムー

ズに流れるな。これなら伝わるはずだ」と確信した(図8-20)。

　ロジ男にとって残る作業は、この物語のピラミッドをメディアに展開することだけだ。口頭で伝えるのがいいのか、書面にするのがいいのか、どんなかたちでママに届けたらいいのか……。このメディアへの展開作業は、物語のピラミッドがしっかりできた今、ボックスの中の文章をそのままメディア化することだけだ。特別なことはなにもない。カンタンにできる。

　ロジ男の4Stepsは、これでおしまいだ。
　ロジ男がどのようなメディアに展開したかは、終章の中で紹介しよう。

　さあ、Step4のポイントを解説しよう。

第5節 ポイント解説

ポイント

ポイント1. 物語は、「見ながら」つくる
ポイント2. フォーカス！ フォーカス！ フォーカス！
ポイント3. 「手」をフル活用する
ポイント4. 想像力のスイッチをオフにしない
ポイント5. 「So What？／Why So？」で、物語をチェックする

　このStep4は、すでに完成している「ソリューション・ボックス」「ソリューション・ツリー」を素材にして物語の構造をつくりあげていく。それほど難しい作業ではない。ところが、ポイントをはずしてしまうために、カンタンなはずのこの作業が複雑になってしまう人がいる。ポイントを押さえていこう。

ポイント1. 物語は、「見ながら」つくる

　ひとつ目のポイントは、「見ながら」だ。すでに、素材はある。あとは組み立てるだけだ。

　「ソリューション・ボックス」と「ソリューション・ツリー」を見ながら、物語をつくる。それだけだ。

　料理の素材は全部あるのに、さあ料理しようとしたら、ニンジンが足りないと大慌て。サンダルをつっかけて急いでスーパーに買い出しに。でも、もどってくると、ニンジンはキッチンのテーブルの上に置いてあった。というようなものである。
　素材はすべて手元にある。素材をよく見て、物語を組み立てていこう。

ポイント2. フォーカス！　フォーカス！　フォーカス！

　映画は、撮影した膨大なフィルムをカットしていくことで物語が引き立つ。映画では、撮影した膨大なフィルムの一部だけを使う。あとは捨てる。提案書という物語づくりも、いっしょ。全部を話すのでなく、一番伝えたいことにフォーカスする。**枝葉を切り落とし、骨太のストーリー・ラインをつくる**。話の焦点をどこにおくのかを決める。そのために、

- 「ラストシーン」「クライマックス」「3つの壁」をしっかりと意識しながら構成を組み立てる。
- 相手の頭の中に刻まれるクライマックスのシーンは何なのか？　を押さえる。

ポイント３．「手」をフル活用する

物語づくりは、「**物語を描く**」という表現がぴったりだ。「**手**」を使い、**物語を描き出す**。

- 「四角」の箱はしっかり描く。「四角」が描かれた瞬間、まん中に空白が生まれる。箱を描いた瞬間から、脳は、その箱の空白には何が入るのだろうと連想を広げていく。これは、マインドマップのところで紹介したゲシュタルト効果だ。
- 「ストーリー・ピラミッド」づくりも、「らくがき」だ。どんどん書き直す。脚本家の台本も書き直されることで磨かれていくように、新しい用紙を取り出し、ピラミッドを書き直すことをためらわない。
- ペンを走らせる。頭の中からひねり出すというよりは、「らくがき」をしているうちに物語が浮かび上がってくる感覚が大切だ。

ポイント４．想像力のスイッチをオフにしない

「**想像力豊かに物語をイメージする！**」

ビジュアライゼーションという言葉を聞いたことがあるだろうか。プロのスポーツ選手などが試合前に、試合を想定して頭の上のスクリーンでその状況を映像にしてイメージするというものだ。そして、映像が曖昧な箇所がクッキリ鮮明に浮かび上がるまで、この脳内でのビジュアル・シミュレーションを繰り返すというものである。

あなたの頭の中でイメージできないことは、相手には伝わらない。新しい行動は生まれない。人は、心で想像できないことを行動に移すことは難しいのである。スポーツ選手のビジュアライゼーションと同じように、何度も、何度も頭の中で五感を使って具体的なイメージを描写して

いこう。

ポイント５.「So What？／ Why So？」で、物語をチェックする
　物語のロジックを整え、一貫性ある物語に結晶化させる。結晶化されたメッセージの論理が一貫しているかどうかをチェックする。

- 結晶化されたメッセージの論理が一貫しているかをチェックする。
- そのために、「So What？／ Why So？」で、タテ方向の論理をチェックしていく。
- 「この物語はどんな物語なの？」と聞かれたとき、ひとことのメッセージで言い切れるまで、メッセージを磨く。

　4Stepsはこれで終わる。

　できあがった「ストーリー・ピラミッド」を眺めると、そこには「ひとつの物語」がある。４つのステップを経て、思考が「ひとつの物語」に結晶化されている。あとは、これを相手に合わせたメディアにすれば提案書はできあがる。それぞれの箱の中の物語をスライドに落とす、テキスト文章に落とす、あるいは口頭で伝えていけばいい。

　さあ、それでは最後の章、明日から4Stepsを使うためにとっておきの話をしよう。

Column　物語を消費する時代

　なぜ、物語なのか。

　『提案書では「物語」を語れ！』と本論の中で言った。物語には、じつはそれ以上のインパクトがある。物語が人と仕事のあり方に大きな影響をもたらす時代がすぐそこまでやってきている。

　「未来の市場で成功を目ざす人は誰でも、ストーリーテラーでなければなりません。ストーリーはものごとの核心です」
　　　　　　　　　　　　　　　（ロルフ・イェンセン『物語を語れ』）

　「「コンセプトの時代」では、物語の重要性を軽視していると、仕事の上でも、一人一人の人間として危機に陥る」
　　　　　　　　　　　　（ダニエル・ピンク『ハイコンセプトの時代』）

　「物語を消費する時代」、こう指摘する人は多い。では、物語を消費する時代において、大切なことは何か。

　答えは、「実践」。

　「物語を語り始める前に必ず避けて通れないのが、物語を実践することだ。それによって物語はホンモノになる。あなたの行動一つひとつ、あなたが送るシグナル一つひとつが、物語を支えるものでなければならない」
　（セスゴーディン『マーケティングは「嘘」を語れ！
　　　　　　　　－顧客の心をつかむストーリーテリングの極意』）

　顧客に売り込む以前に、自分が一番の物語の実践者であること。「物語を消費する時代」を征するのは、物語の偉大なる「実践者」ということになるだろう。

終章

明日から使う「4Steps」

ラストシーン

さて、いよいよ終章。

基礎編では、ロジカルな「らくがき」の「ピラミッド（全体像）」を理解してきた。

実践編では、ロジカルな「らくがき」の具体的な手順、「4Steps」について見てきた。

いよいよ、これが最後の章になる。

終章は、明日への旅立ち。あなたが明日から「4Steps」を使いこなすために必要なことを話す。まず「4Steps」をカンタンに振り返る。そのあと、あなたが、明日から「4Steps」を活用する際に参考になる話をしよう。

それでは、明日に向けてのはじめの一歩。終章をスタートしよう。

1 「4Steps」を振り返る

4Stepsをカンタンに振り返っておこう。

● 4Stepsとは、「ジグソーパズル」や「料理」といっしょ

4Stepsを、「ジグソーパズル」や「料理」にたとえて見てきた。

「ジグソーパズル」にたとえると、Step1の「見わたす」で、ピースを入れる箱、「ソリューション・ボックス」を用意する。Step2の「見える化」では、頭の中からピースを取り出し、箱の中に入れていく。それぞれの箱がピースでいっぱいになると、「ソリューション・ボックス」の完成だ。Step3の「構造化」では、実際にピースを手に取り、パズルの枠の中に

モレなく、ダブりなく、はめていき、パズルを完成させる。完成したパズルが、「ソリューション・ツリー」だ。そして、最後のStep4の「物語」は、完成したパズルから「ひとつの物語」を浮かび上がらせる。「物語」はピラミッド構造に結晶化される。「ストーリー・ピラミッド」だ。

「料理」でいえば、Step1で「レシピ」を準備し、Step2で「素材」をそろえて下ごしらえをし、Step3で「料理」をし、Step4で料理を皿に盛りつけ相手を「もてなす」という一連のストーリーで思考を組み立て、結晶化させる。

これが、「4Steps」だ。

● 見えてくる、「ひとつの物語」

「4Steps」は、小さな思考の旅のようなものだ。

4つの階段（ステップ）で、思考を「ひとつの物語」に結晶化させていく小さな旅。振り返ってみると……。

一歩一歩、確かな足取りで階段（ステップ）を登っていく。すると、そこに未来の風景（ビジョン）が浮かび上がってきた。はじめは白いスクリーンがただあるだけ。そこにぼんやりと思考の断片が見えてきた。しばらく眺めていると、そこに一枚のパズルの地図が浮かび上がってくる。そして、最終的に「**ひとつの物語**」が映し出された。

4Stepsの思考プロセスには、「**見えてくる**」という表現がしっくりくる。

まず、相手を見る。そこに、未来が見えてくる。未来が見えてくると、壁が見えてくる。壁が見えてくると、それを解く鍵が見えてくる。鍵が

見えてくると、理想の未来に向けての筋道が見えてくる……。そして、**最終的に、相手に伝えたい「ひとつの物語」**が鮮明な映像として見えてくる。

小さな思考の旅をしていくと、そこに「ひとつの物語」が見えてくる。これが 4Steps における思考の流れだ。

この一連の思考の流れの中で鍵を握るのが、**「想像力」**だ。
「想像力」を ON にしたまま、「4Steps」で思考する。これが 4Steps の肝の部分になる。
そこでひとつの疑問が生まれる。
想像力のスイッチを ON にしてくれるものは何か。という疑問だ。

●「楽しむ」ことが、想像力のスイッチを ON にしてくれる

4Steps は、思考の手順である。手順どおりに考えていくと、思考が物語に結晶化していく。しかし、このプロセスで、想像力のスイッチがオフになっていたら、その効果は半減してしまう。では、どうやって想像力のスイッチを ON のままにしておくのか。

その答えは、**「楽しむ」**ということ。

自分が楽しんでつくったものでなければ、人は喜んでくれない。ロジックだけでは、人は動かない。そこに、「参加」したくなる「楽しさ」があってはじめて、提案書は「結果」という果実をもたらす。**結局のところ、提案書とは、人を幸せにするもの**。つらいな、苦しいなと思いながら考えたもので、人の心が動くはずはない。

ものを考えるとなると、眉間にしわを寄せて苦しんでやっているようなイメージがある。苦しみから生まれた提案書では、「確かにロジカルだけど、伝わらない」、そこに「参加性」が芽生えない。**提案書には、思考のエネルギーが転写される**。そのとき、どんな感情でその提案を考えたのか、そのすべてが提案書にはにじみ出る。

そこで、「楽しむ」。

生みの苦しみからでなく、「**生みの楽しみ**」**から結晶化された提案書**。
まっ白なキャンバスに、あなたの思考の断片がひとつまたひとつと写し出されていくところから、キャンバスいっぱいに鮮明な物語の風景が浮かび上がっていく様を、とにかく「楽しむ」。

あなたの「楽しみ」から生まれた提案書には、エネルギーがある。クライアントが思わず「なるほど！」と膝を叩きたくなるエネルギーがある。人や組織がひとりでに動き出す「参加性」がある。その提案書の完成を心待ちにしているクライアントがいて、そしてあなたがいる。クライアントとあなたのまん中にある物語。そこに、どんな物語が生まれるのか、「生みの楽しみ」を味わいながら考えていこう。

「**生みの楽しみ**」**から結晶化された提案書とは、どのようなものなのか**。

ロジ男の小さな思考の旅のつづき。
ロジ男は、「生みの楽しみ」を味わいながら、自分の考えを「ひとつの物語」に結晶化していった。ロジ男は、ストーリー・ピラミッドをどのようにしてメディア（提案書）に展開したのか、見てみよう。

2 明日から「4Steps」を使うためのヒント

(1)「ストーリー・ピラミッド」を「メディア(提案書)」に展開する

　ロジ男は、すでに物語のピラミッド(「ストーリー・ピラミッド」)を手にしている。あとは、これをママに伝わるメディア(提案書)に展開するだけだ。ママにとって一番しっくりくるメディア(提案書)のカタチを選ぶ。ロジ男は「お手紙」にすることにした。

　以下は、ロジ男がストーリー・ピラミッドを展開した「提案のお手紙」だ。

ママへ、

ここ数日 Zii のことでママを困らせてごめんね。僕もじっくり考えてみたよ。なぜママが「絶対ダメ」と言っていたのか。僕がどうして Zii が欲しかったのか。すると、分かったんだ。ママ、やっぱり僕は Zii を買いたい。その理由、3分でいいから聞いてくれる。話を聞いてくれたらうれしいな。ねえ、ママ、いい？

(1) ママが僕のことを心配して言ってくれているのはよく分かっている。でも、ママのその心配、解決できるよ。そして、ママにとっての煩わしさも大丈夫。
- ゲーム脳、勉強時間の減少、視力の低下、ひきこもり、ママがもしこうなったらどうしようと思っていることは心配いらないよ。このデータを見てよ。その根拠は……。
- いろんな手間のかかることが増えるのでは？　家計の支出が増えるのでは？　心配いらないよ。その根拠は……。
- ゲームというとお父さん。お父さんがゲームにはまらないかって？　大丈夫だよ。秘策があるんだ。その根拠は……。

(2) そうとはいっても Zii はゲーム。ほんとうに大丈夫か？　客観的な視点でさらに分析してみると、じつは Zii には大きな利点があることが分かったんだ。
- **じつはね、Zii があると成績がアップして、知識豊かになってクラスの人気者になれるんだ。その根拠は……。**
- **ママが困っていたインターネット、ダイエット、教養、Zii は頼もしいパートナーになるよ。その根拠は……。**
- **友達にママの料理を振る舞える機会が増える。家族の団らんが増えて、しかも家族みんなで教養豊かになっていくんだ。その根拠は……。**

(3) じつは Zii を買いたいと思った一番の理由は意外なところにあったんだ。その気づきは一生もの。ママに本当に感謝したい。「ママ、ありがとう」
- **家族が未来の知を支えるという記事がここにある。でもどうやって？という答えは書いていないんだ。**
- **ママの「ダメ」がきっかけとなって、じつはロジカルシンキングを身につけ、こうして提案できるようになったんだ。**
- **これは後で知ったんだけど、Zii はロジカルシンキングをはじめ活きた知にアクセスできるようになるんだ。**

電話一本で買えるけど、デパートに行かない？　ママとパパといっしょに久しぶりにデパートへ行って、最上階のレストランでチョコレートパフェを食べたいな〜。ねえ、いつにする？

ロジ男がその思考プロセスをどれほど「楽しむ」ことができたのかが見てとれる。ロジ男は、**生みの「楽しみ」**を味わいながら、思考を提案書に結晶化してきた。この提案書の特徴は何か。それは**「共感のあるロジック」**だ。物語でもって、相手に共感をもたらす。それでいてロジックの構造はしっかりしている。これが本書の目指すロジカルな「らくがき」である。

ラストシーン、ロジ男にとって家族と過ごすひととき。

この提案書づくりを通して、ロジ男は大きく成長した。それが手にとるように分かるのではないだろうか。
　提案書は、相手に「なるほど！」という気づきをもたらす。そして、同時に自分自身にとっても大きな気づきをもたらすことが少なくない。ロジ男は、大切な気づきを得た。この提案書を通して、家族でデパートの最上階でパフェを食べるあの光景が自分にとってかけがえのない「宝物（ギフト）」だということを。

　この提案書の裏のテーマは、「家族の絆」。じつは、提案書を書き終えてはじめて気づく裏のテーマというものがある。裏のテーマには、提案するサービスや商品、ソリューションを通して、あなたと相手が出会う本当の意味が隠されている。隠れた本当の意味、それはあなたがその提案書を通して手に入れる「宝物（ギフト）」だ。宝さがしは、あなたが「楽しむ」ところからはじまる。

　あなたが「楽しむ」ことから生まれた提案書には、あなたと相手がめぐりあった意味が潜んでいる。あなたと相手の間にある「つながり（＝ご縁）」の意味だ。ひとつひとつの提案書には、かけがえのない「宝物（ギフト）」が隠れている。その「宝物（ギフト）」であなたと相手が「つながる」瞬間、新しい世界への扉が開かれる。

　じつは、ロジ男のこのお話には後日談がある。翌週の日曜日、ロジ男とパパとママはデパートに向かった。まず、デパートの最上階で食事をして、その後 Zii を買う予定だった。ところが食事のとき、あることが起こる。ロジ男が、「やっぱり Zii はいらないよ。なぜならね……」とある理由を話しはじめたのだ。いったいロジ男に何があったのか。このつづきはまたの機会に。

（2）各ツールを単独で使う

● **4Steps は、途中下車しても、「結果」が出る!**

本書では、思考プロセスを４つのステップで構成した。4Steps は、３つの思考ツールから構成される。

いつも、この３つの思考ツールを全部使い、4Steps を全部クリアしなければダメなのか。そんなことはない。全部のフルセットを使わなくとも、「結果」が出るのが 4Steps の特徴だ。

要するに、4Steps は、途中下車しても「結果」が出る。

どういうことかというと、思考ツールをフルセットで使わなくとも、それぞれのツールを単独で利用するだけでも「結果」が出るということだ。

思考ツールを単独で使うだけでも、あなたの思考のキレとスピードは大きく向上する。実際の活用シーンでは、この３つの思考ツールを単独で使う機会も多い。それぞれの思考ツールを単独で使う際のヒントをあげておく。

TOOL ①──「ソリューション・ボックス」の活用

- 問題解決のあらゆるシーンで使える。15 分間もあれば、全体を見わたし、問題の本質を見極め、解決策について検討することができる。なぜ、「ソリューション・ボックス」を使うのか。それは、問題解決の５つの要素を身落とすことなく、短時間で全体感のある思考ができるからだ。まずは使ってみる。15 分間の「らくがき」を楽しむ。ぜひ、明日から使って、「結果」を出していってほしい。
- マインドマップだけで使うこともももちろんできる。私の場合では、マインドマップだけ単体で使う時間はじつに多い。それは、問題解決の

みならず、脳を動かす作業ならあらゆるシーンで使えるからだ。たとえば、企画、会議、会議録、知識の習得など、知的生産のあるところにマインドマップがある。

TOOL ②——「ソリューション・ツリー」の活用
- たとえば、会議。ブレーンストーミングなどで、個々人の意見をホワイトボードに見える化した後、チームでディスカッションしながら思考のピースを「ソリューション・ツリー」で整理する。すると、チームで共通のフレームワーク（思考の枠組み）を共有しながら議論ができるので、問題解決の全体を押さえ、ブレない議論が短時間でできるようになる。
- ポイントは、身近なものにする。そのために必要な心構えは、"「ソリューション・ツリー」も「らくがき」だ"ということ。「らくがき」の感覚だと、何度でも書き直すことが苦にならない。「らくがき」だと思えば、いつでも手軽に使えるようになる。

「ソリューション・ツリー」を完成させようと思ったら、完璧な「ソリューション・ツリー」をつくろうとしないこと。「らくがき」感覚で何度も書き直していくうちに、パズルができあがる。これが大事なポイントだ。

TOOL ③——「ストーリー・ピラミッド」の活用
- 「伝わる」ことが求められるあらゆるシーンで活用できる。
  たとえば、文章を作成する。セミナーを構成する。講演原稿をつくるなど、見ちがえるほど相手に「伝わる」内容に変わる。
- ポイントは、「3幕構成」で骨太のロジックをつくること。

以上、3つの思考ツールを単独で使うヒントを話してきた。ポイントは、「習うより慣れろ」。ほんのちょっとした機会を逃さず、ツールや思考の道具を使う習慣を身につけていただきたい。

「マインドマップ」「ソリューション・ツリー」「ストーリー・ピラミッド」に関しては、より詳しい良書がたくさんある。巻末に参考図書をあげておいた。ぜひ参考にしてみてほしい。

3 「明日への旅立ち」

●新しい「80：20」の法則

「80：20の法則」をご存知だろうか。

上位20％が全体の結果の80％を決定づけるという法則だ。企業に適用すると、20％の管理職の活躍が組織の業績を決定づけるというもの。

かつてはそうだったかもしれない。しかし、時代は変わった。**「結果」は最前線で生まれる**。これが新しい現実だ。知識経済化という時代の流れだ。いまや企業の業績は、最前線の社員ひとりひとりの問題解決力で決まる。上位20％でなく、その他の80％の人たちの能力が企業の成長を決定づける(図9-1)。

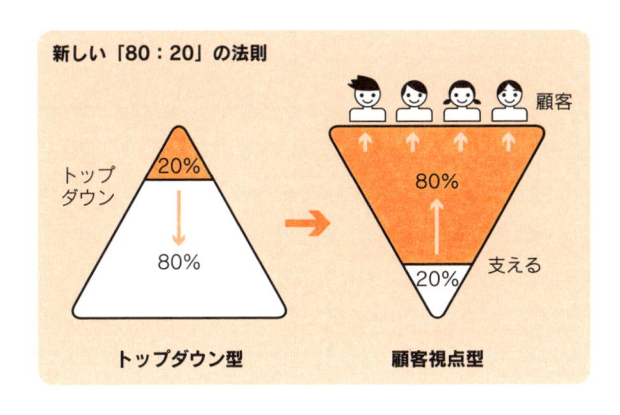

図9-1

ロジカルシンキングは、これまでコンサルタントや管理職のためのものだった。マネジメントを専門とする人たちだ。マネジメントを専門とする人たちの共通言語、それがロジカルシンキングだった。そのためロジカルシンキングは、難しすぎた。少なくとも最前線を含む全社員がマスターするには。

　最前線の結果力が試される時代。「**誰もが、カンタンに、ロジカルに、問題解決できる！**」ようになるためのロジカルシンキングが求められる。本書の目指したところは、全社員がマスターできるロジカルシンキング。それは、**全社員の共通言語**として組織に大きな「結果」という果実をもたらす。

　「結果」は、最強の最前線とそれを支えるリーダーから生まれる。「結果」の果実は報酬、昇進、転職、新たな可能性。「結果」を出した人から豊かさと自由を手に入れていく。そんな時代のロジカルシンキング。それが、ロジカルな「らくがき」だ。

● **ブレイン・スターの時代のロジカルシンキング**
　あなたは、すでにロジカルな「らくがき」を手に入れた。あとは、明日から実践で使うだけだ。
　必要なのは、カラフルなペン、まっ白な紙、そしてあなたの「手作業」。**まるで子供が「らくがき」をするような感覚で、「楽しむ」**。生みの「楽しみ」を思う存分味わってほしい。

> 知識は、ふたつの形で存在する。
> ひとつは、本の中に、生命のない形で。
> もうひとつは、人の意識の中に、生きている形で。
> 後者こそがとにかく本質的なものである。
> 前者は、絶対必要であるように見えるが、
> たいしたことはないのだ。
>
> アルバート・アインシュタイン

　本書で、あなたは知識を手に入れた。しかし、アインシュタインがいうように、知識は本質的なものではないのかもしれない。知識より大切なものがある。何か？

　それは、あなたの内側に宿る、「**経験**」だ。

　「経験」を大切にしてほしい。知識は、あなたの経験がブレンドされてはじめて生きた知恵になる。提案書とは物語だ。提案書には、あなたの経験がブレンドされた「ひとつの物語」が描かれる。物語を描く際に、本書のロジカルな「らくがき」を役立ててくれたら幸いだ。

　新たな提案書を書き上げた瞬間、「新しい世界」に出会う。新たな扉が開かれ、人生というドラマの新たなステージが幕をあける。

　「**らくがき**」**で描く**「**物語**」**。あなたの**「**生みの楽しみ**」**から生まれた世界で**「**ひとつの物語**」**。あなたの描く**「**ひとつの物語**」**で、新しい未来は出現する。**「新しい世界」を切り拓くあなたの提案書に出会う日を楽しみにしている。

　最後に、この本をここまで読んでくださったあなたに心から感謝する。この本を通してあなたと対話してきた実りある時間は、私にとってかけがえのない「宝物（ギフト）」になった。

　心から、「ありがとう」。

クイックスタディ・ガイド

■ **目的**──「問題解決」

問題解決のフレームワーク

(図：現状から理想の未来へ、GAP＝テーマ、壁1・壁2・壁3、解決策1・解決策2・解決策3)

■ **原理**──「分かりやすさ」

「分かりやすさ」＝「再現性」×「納得性」×「参加性」

● **「問題解決」とは**
「ビジョン（理想の未来）から逆算し、「現在時点」を眺めたときにあらわれる「ギャップ（テーマ）」をクリアするために、ひとつひとつの「壁（課題）」を乗り越える「鍵（解決策）」を手に入れる一連の物語。
「人を動かし、理想の未来を出現させること」。

● **「再現性」とは**
相手の脳内スクリーンに「メッセージ」が描かれ、自分の言葉で「再現」できること。

● **「納得性」とは**
相手の「？」が、「なるほど！♥」に変わること。

● **「参加性」とは**
相手が提案書の中にある物語の世界に、実際に「参加」してくれること

ロジカルな「らくがき」Pyramid

(ピラミッド図)
- 目的：「問題解決」
- 原理：「分かりやすさ」
- プロ思考5原則：❶結果思考 ❷イメージ ❸質問 ❹拡散と収束 ❺メッセージ
- ステップ 4Steps：「見わたす」⇒「見える化」⇒「構造化」⇒「物語」
- 3つのツール：「ソリューション・ボックス」「ソリューション・パズル」「ストーリー・ピラミッド」

■ **原則**──「プロ思考5原則」

❶「結果思考」	理想の未来（ビジョン）から逆算して、壁（問題）をクリアする鍵（解決策）を考える	原則1 結果思考の原則
❷「イメージ」	自分の頭の中にイメージを描くところからスタートし、最終的に相手の脳裏にイメージを刻み込む	原則2 イメージの原則
❸「質問」	「質問」を引き金（トリガー）として、左脳と右脳を活性化しながら思考する	原則3 質問の原則
❹「拡散と収束」	拡散と収束をリズミカルに繰り返しながら、思考を結晶化させていく	原則4 拡散と収束の原則
❺「メッセージ」	「相手」の「問い」に対する答えを、「根拠」に支えられた、イメージできる「ひとこと」に結晶化させる	原則5 メッセージの原則

クイックスタディ・ガイド

■ **サブ・ステップ**

手順1	思考の断片(ピース)を入れる箱を用意する
手順2	箱のまん中にイラストを描く
手順3	提案書のテーマを設定する

■ **サブ・ステップ**

手順1	物語の「ラストシーン」を想像する
手順2	物語のフォーカスを決める
手順3	物語の「クライマックス」を決め、物語の「3幕構成」をつくる
手順4	物語の中身を肉付けし、「メッセージ」を抽出する
手順5	物語全体の構造を整え、「メインメッセージ」に結晶化させる
手順6	「ストーリー・ピラミッド」を「メディア(提案書)」に展開する

■ **ポイント**

ポイント1.	「考えること」を考える
ポイント2.	想像力豊かに問題解決の全体像をイメージする
ポイント3.	ショートカットや、機械的な作業にしない

■ **ポイント**

ポイント1.	物語は、「見ながら」つくる
ポイント2.	フォーカス！ フォーカス！ フォーカス！
ポイント3.	「手」をフル活用する
ポイント4.	想像力のスイッチをオフにしない
ポイント5.	「So What ?／Why So ?」で、物語をチェックする

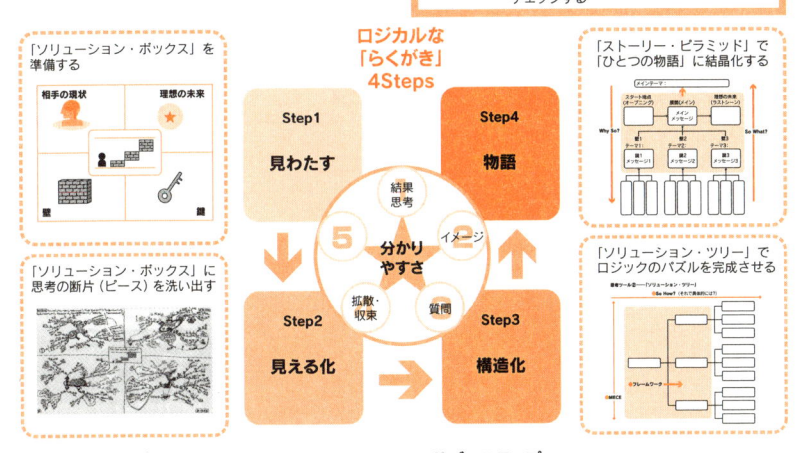

ロジカルな「らくがき」4Steps

- Step1 見わたす
- Step2 見える化
- Step3 構造化
- Step4 物語

中心：分かりやすさ（結果思考／イメージ／質問／拡散・収束）

「ソリューション・ボックス」を準備する
「ソリューション・ボックス」に思考の断片(ピース)を洗い出す
「ストーリー・ピラミッド」で「ひとつの物語」に結晶化する
「ソリューション・ツリー」でロジックのパズルを完成させる

■ **サブ・ステップ**

手順1	左上：「相手」に関する思考の断片(ピース)を洗い出す
手順2	右上：「理想の未来」に関する思考の断片(ピース)を洗い出す
手順3	左下：「障壁」に関する思考の断片(ピース)を洗い出す
手順4	右下：「鍵」に関する思考の断片(ピース)を洗い出す
手順5	U字で各スペース(箱)を見わたしながら、追記していく

■ **サブ・ステップ**

手順1	相手の「問い」を分類する
手順2	軸となるフレームワークを見つける
手順3	「MECE」と「So How ?」で全体を部分に分解する
手順4	解決策を対応させる
手順5	解決策の検証をする

■ **ポイント**

ポイント1.	「相手の視点」で考え、イメージする
ポイント2.	判断という「ろ過器」を通さない
ポイント3.	「質問」を「トリガー(引き金)」にする
ポイント4.	箱単位で、「小分け」して考える

■ **ポイント**

ポイント1.	「見ながら」組み立てる
ポイント2.	迷ったら、「戻る」
ポイント3.	「書き直す」ことをためらわない
ポイント4.	「フレームワーク」をあてはめる
ポイント5.	「想像力」のスイッチはONのままにしておく

参考・引用文献(順不同)

『考える技術・書く技術―問題解決力を伸ばすピラミッド原則』 バーバラ・ミント著　山崎康司訳　グロービスマネジメントインスティテュート監修、ダイヤモンド社
『ロジカル・シンキング―論理的な思考と構成』 照屋華子 岡田恵子著、東洋経済新報社
『ロジカル・ライティング』 照屋華子著、東洋経済
『MBAクリティカル・シンキング』 グロービス・マネジメント・インスティテュート著、ダイヤモンド社
『質問力を鍛える　クリティカル・シンキング　練習帳』 M・ニール・ブラウン　スチュアート・キーリー著　森平慶司訳、PHP
『クリティカル・シンキング』 リチャード・ポール　リンダ・エルダー著　村田美子訳、東洋経済新報社
『クリティカル・シンキング(ライトワークスビジネスベーシックシリーズ)』 岡本義行　江口夏郎著　ライトワークス監修、ファーストプレス
『通勤大学MBA　クリティカルシンキング』 グローバルタスクフォース著　青井倫一監修、総合法令
『思考・論理・分析』 波頭亮著、産業能率大学出版部
『仮説思考』 内田和成著、東洋経済新報社
『はじめてのロジカルシンキング』 渡辺パコ著、かんき出版
『京大式ロジカルシンキング』 逢沢明著、サンマーク文庫
『はじめてのロジカルシンキング』 渡辺パコ著、かんき出版
『論理力を鍛えるトレーニングブック』 渡辺パコ著、かんき出版
『ロジカルシンキング入門』 茂木秀昭著、日本経済新聞出版社
『論理思考と発想の技術』 後正武著、プレジデント社
『意思決定のための分析の技術』 後正武著、ダイヤモンド社
『ロジカルシンキングが身につく入門テキスト』 西村克己著、中経出版
『論理的な考え方が身につく本』 西村克己著、PHP研究所
『地頭力を鍛える』 細谷功著、東洋経済新報社
『オブジェクティブ＆ゴール』 山崎康司著、講談社
『「超」MBA式ロジカル問題解決』 津田久資著、PHP研究所
『シナリオ構想力　実践講座』 生方正也著　株式会社アダット監修、ファースト・プレス
『実践！問題解決法』 大前研一　齋藤顕一著、小学館
『問題解決プロフェッショナル「思考と技術」』 齋藤嘉則著、ダイヤモンド社
『実践論理思考』 高橋俊之著、東洋経済新報社
『問題解決のレシピ』 河瀬誠、日本能率協会マネジメントセンター
『世界一やさしい問題解決の授業』 渡辺健介著、ダイヤモンド社
『ワンランク上の問題解決の技術(実践編)』 横田尚哉著、ディスカヴァー・トゥエンティワン
『マッキンゼー式　世界最強の問題解決テクニック』 イーサン・M・ラジエル、ポール・N・フリガ著　島本恵美　上浦倫人訳、英治出版
『プロフェッショナル・プレゼンテーション』 土井哲　高橋俊介著、東洋経済新報社
『マッキンゼー流プレゼンテーションの技術』 ジーン・ゼラズニー著　数江良一　菅野誠二　大崎朋子訳、東洋経済新報社
『パワー・プレゼンテーション』 ジェーリー・ワイズマン著　グロービス・マネジメント・インスティテュート訳、ダイヤモンド社
『BCG流 非連続思考法　アイデアがひらめく脳の運転技術』 リュック・ド・ブラバンデール　森澤篤著、秋葉洋子訳、ダイヤモンド社
『ひとつ上のプレゼン』 眞木準著、インプレス
『ひとつ上のアイデア』 眞木準著、インプレス
『オリジナルシンキング』 高橋宣行著、ディスカヴァー・トゥエンティワン
『神話の法則』 クリストファー・ボグラー著　岡田勲監訳、愛育社
『物語を語れ』 ロルフ・イェンセン著、TBSブリタニカ
『マーケティングは「嘘」を語れ！－顧客の心をつかむストーリーテリングの極意』 セスゴーディン著、沢崎冬日訳、ダイヤモンド社

参考・引用文献

『ハイコンセプトの時代』　ダニエル・ピンク著、三笠書房
『夢を語る技術シリーズNo.4　書きたい！書けない！』　マリサ・デュバリ著　別所里織訳　岡田勲監修、愛育社
『ドラマとは何か？―ストーリー工学入門』　川邊一外著、映人社
『映画ライターズ・ロードマップ』　ウェンデル・ウェルマン著　吉田俊太郎訳、フィルムアート社
『ハリウッド脚本術』　ニール・D・ヒックス著　濱口幸一訳、フィルムアート社
『物語力』　クレイグ・ワートマン著　イーストプレス編集部編・訳、イースト・プレス
『クリエイティブ脚本術』　ジェームス・ボネット著　吉田俊太郎訳、フィルムアート社
『the Power of Metaphor』　Michael Berman and David Brown著、Crown House Publishing
『ソリューション・フォーカス』　マーク・マカーゴウ＋ポール・Z・ジャクソン著、青木安輝訳、ダイヤモンド社
『ポジティブ・チェンジ＜主体性と組織力を高めるAI＞』　ダイアナ・ホイットニー＆アマンダ・トロステンブルーム著、HUMAN VALUE
『オプティミストはなぜ成功するか』　マーティン・セリグマン著、講談社文庫
『Theory U: Learning from the Future As It Emerges』　C. OTTO SHARMER著、SOL
『出現する未来』　P. センゲ　O. シャーマー　J. ジャウォースキー著　野中郁次郎監訳　高遠裕子訳、講談社
『トムピータースのマニュフェスト(1)デザイン魂』　トム・ピータース著、ランダムハウス講談社
『みる　わかる　伝える』　畑村洋太郎著、講談社
『直伝！プランニング編集術』　ISIS編集学校著　松岡正剛編集、東洋経済新報社
『佐藤可士和の超整理術』　佐藤可士和著、日本経済新聞出版社
『人生を変える　80対20の法則』　リチャード・コッチ著、仁平和夫訳、TBSブリタニカ
『説明上手になれる「らくがき」の技術』　ミリー・ソネマン著　諏訪原久美子訳、PHP
『見るアイデア』　秋草孝著、毎日新聞社
『見る技術』　石岡裕邦著、PHP研究所
『内なる画家の眼』　ベティ・エドワーズ著　北村孝一訳、エルテ出版
『脳の右側で描け』　ベティ・エドワーズ著　北村孝一訳、エルテ出版
『イメージの心理学』　河合隼雄著、青土社
『あなたもいままでの10倍速く本が読める』　ポール・R・シーリィ著　神田昌典訳、フォレスト出版
『「潜在能力」であらゆる問題が解決できる』　ポール・R・シーリィ著　今泉敦子訳、フォレスト出版
『頭脳の果て』　ウィン・ウェンガー　リチャード・ポー著　田中孝顕訳、きこ書房
『エブリデイ・ジーニアス』　ピーター・クライン著　井出野浩貴　永田澄江訳　神田昌典監修、フォレスト出版
『コーチングセンスが身につくスキル』　岸英光著、あさ出版
『エンパワーメント・コミュニケーション』　岸英光著、あさ出版
『アインシュタイン150の言葉』　ジェリー メイヤー；ジョン・P・ホームズ編集、ディスカヴァー・トゥエンティワン
『ザ・マインドマップ』　トニー・ブザン　バリー・ブザン著　神田昌典訳、ダイヤモンド社
『マインドマップ(R) for kids　勉強が楽しくなるノート術』トニー・ブザン著　神田　昌典訳、ダイヤモンド社
『仕事に役立つマインドマップ―眠っている脳が目覚めるレッスン』　トニー・ブザン著　神田昌典監修　近田美季子訳、ダイヤモンド社
『頭の自己変革』　トニー・ブザン著　佐藤哲　田中美樹訳、東京図書
『60分間・企業ダントツ化プロジェクト』　神田昌典著、ダイヤモンド社
『非常識な成功法則』　神田昌典著、フォレスト出版
『お金と英語の非常識な関係』　神田昌典著、フォレスト出版
『企画力「共感の物語」を伝える技術と心得』　田坂広志著、ダイヤモンド社
『サービスの正体』　小山薫堂著、スバル舎リンケージ
『海馬―脳は疲れない』　池谷裕二・糸井重里著、新潮文庫
『あなたの話はなぜ「通じない」のか』　山田ズーニー著、筑摩書房
『「超」文章法―伝えたいことをどう書くか』　野口悠紀雄著、中公新書
『フェラーリと鉄瓶――一本の線から生まれる』　奥山清行著、PHP研究所
『シナリオライティングの黄金則』　金子満著、ボーンデジタル

謝辞

　私はかつて文章を書いたり、論理的にものごとを考えたりするのが大の苦手な子供でした。苦手意識は今も変わらない。ただ、ひとつだけ変わったことがある。
　それは、「つながり（＝ご縁）」だ。
　「つながり（＝ご縁）」に育まれて、本書は誕生した。大いなる「つながり（＝ご縁）」に感謝します。

　最初に、ALMACREATIONSの神田昌典さんに、感謝します。神田昌典さんがいなければ、本書は存在しなかっただろう。本書の執筆のきっかけ、マインドマップとの出会い、貴重なアドバイス、惜しみないサポート、そしてロジカルとクリエイティブが融合する新しい知の世界への「つながり」をつくっていただきました。ありがとうございます。
　次に、この10年間お仕事をご一緒させていただいた一流のプロの方々には、一流のプロの思考の世界への「つながり」をつくっていただきましたことに、感謝します。
　そして、マインドマップの開発者であるトニー・ブザン氏には、マインドマップという脳の新たな可能性の世界への「つながり」を切り拓いていただいたことに、尊敬の意を表したいと思います。
　また、マインドマップという世界で出会い、いっしょに研鑽を積んできたマインドマップ・インストラクターのみなさま、そして知識創造の新たなモデルづくりをご一緒させていただいているALMACREATIONSのみなさま、「地球の未来を、教育で描く」という「つながり」に感謝します。
　改めて、心より感謝申し上げます。

謝辞

　ダイヤモンド社の中鉢比呂也さんには、遅れがちな私の執筆を見守り、多大なるサポートをいただきましたことに、感謝します。

　本書の作成にあたって数十冊のロジカルシンキング関連の書籍に目を通した。私自身、目からウロコが落ちるような気づきをいくつも得た。深い気づきと学びをいただいたロジカルシンキングの先人のみなさまに、感謝します。本書は入門書です。ロジカルシンキングを深く学ぶための参考文献を載せておきました。先人の書でぜひ学びを深めていただきたいと思います。

　そして、なによりこの本をここまで読んでくださったみなさんに心から感謝申し上げます。この本を通して育まれたみなさんとの「つながり」に、心より感謝申し上げます。

　最後になりますが、私を生み育て、人生の土台をつくってくれた父と母に本書を捧げます。人生という舞台へのかけがえのない「つながり」をつくってくれたことに、感謝します。そして、執筆を温かく見守ってくれた妻・紀子と、二人の息子、遼成と秀成に、感謝します。いつも、私の原点、そして未来への「つながり」を育んでくれてありがとう。

　「ありがとう」の一言を添えて、ペンを置きたいと思います。
　すべての方々との大いなる「つながり（＝ご縁）」に、「ありがとう」。

2009年2月
高橋政史

読者限定 本書に登場した
ソリューション・ボックスをプレゼント

『マインドマップ問題解決』でご案内した著者作の
「ソリューション・ボックス」を読者の皆様にプレゼントさせていただきます。

下記、本書専用WEBページより、ダウンロードしていただけます。
本書内容をより役立てるためにお使いください。

『マインドマップ問題解決』

著者高橋政史による
本書に登場した
「ソリューション・ボックス」の
PDFファイルをプレゼント。

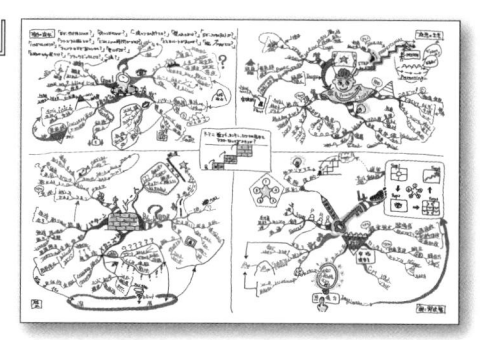

●インターネットよりダウンロードできます。

読者限定サイト：http://www.mmbook.jp/mondai/

パスワード　　　：kaiketu

※ダウンロードには上記パスワードが必要です
※ソリューション・ボックスのPDFはパソコン画面からのみダウンロードいただけます。
※マインドマップ最新情報や関連セミナーのご案内など専用ページのご用意があります。

本書の内容をセミナーで実践！

マインドマップ、ロジカルな「らくがき」の可能性を体感し、
本書の内容をスムーズにビジネス上で実践していただけるよう、
ワークショップ型のセミナーをご用意しています。

マインドマップについて詳しくは、下記サイトにてご案内しています。ぜひご覧ください。

http://www.mindmap.ne.jp/

[著者紹介]
高橋　政史（Masafumi Takahashi）
群馬県生まれ。経営コンサルタント。
株式会社ALMACREATIONSコンサルティング事業部シニアコンサルタント。
ブザン公認マインドマップ®インストラクター。

半導体製造装置メーカーおよびドキュメントマネジメント会社にて営業とマーケティングを経験、香港のマーケティング会社のCOO（取締役）を経て、戦略系コンサルティング会社にて経営コンサルタントに。戦略、マーケティングおよびサービスブランディング、クリエイティブマネジメントを専門とする。

研修講師としては、「感動でした！」「分かりやすい！」「楽しい！」と受講生から声があがる、ストーリー性の高い情熱的な講義が人気。大手流通業や事務機器メーカー、金融機関にて、マインドマップ®やロジカルシンキング、クリエイティブシンキングといった思考法の研修、および戦略策定やファシリテーションなどマネジメントスキルの研修を行っている。また、オリジナル講座をもち、次世代リーダー、ビジネスパーソンの育成・指導に力を注いでいる。

マインドマップ®問題解決

2009年2月26日　第1刷発行

著　者―――――高橋政史
発行所―――――株式会社ダイヤモンド社
　　　　〒150-8409　東京都渋谷区神宮前6-12-17
　　　　http://www.diamond.co.jp/
　　　　電話／03・5778・7234（編集）　03・5778・7240（販売）
装丁―――――松 昭教
DTP・本文デザイン―クニメディア
製作進行―――――ダイヤモンド・グラフィック社
印刷―――――堀内印刷所（本文）・慶昌堂印刷（カバー）
製本―――――宮本製本所
編集担当―――――中鉢比呂也

©2009 Takahashi Masafumi
ISBN 978-4-478-00814-0
落丁・乱丁本はお手数ですが小社営業局宛にお送りください。送料小社負担にてお取替えいたします。
但し、古書店で購入されたものについてはお取替えできません。
無断転載・複製を禁ず
Printed in Japan